MARTINA FIESS / SILVIJA HINZMANN

Bis zum letzten Tropfen

MÖRDERISCHE WEINKRIMIS

Mit Texten von
Ulf Annel · Matthias Biskupek · Wolfgang Burger
Horst Eckert · Martina Fiess · Monika Geier · Brigitte Glaser
Carsten Sebastian Henn · Elisabeth Herrmann
Silvija Hinzmann · Thomas Hoeth · Regine Kölpin
Tatjana Kruse · Christine Lehmann · Ulla Lessmann
Hannes Nygaard · Heidi Rehn · Britt Reißmann
Nina Schindler

emons:

MIX
Papier aus verantwor-
tungsvollen Quellen
FSC® C083411

FSC
www.fsc.org

© Hermann-Josef Emons Verlag
Alle Rechte vorbehalten
Umschlagfotografie: Kai Remmers / buchcover.com
Umschlaggestaltung: Tobias Doetsch
Druck und Bindung: CPI – Clausen & Bosse, Leck
Printed in Germany 2010
ISBN 978-3-89705-765-4
Originalausgabe

Unser Newsletter informiert Sie
regelmäßig über Neues von emons:
Kostenlos bestellen unter
www.emons-verlag.de

*»Der Mensch lebt nicht vom Brot allein,
nach einer Weile braucht er Wein.«*

Woody Allen

Inhalt

Matthias Biskupek

Das Gute im Wein
oder
Das Böse unter der Sonne an Saale und Unstrut

Es ist eine sanft hügelige, harmonische, fast zu liebliche Gegend, wo Ilm und Unstrut in die Saale münden. Die Menschen sprechen ebenfalls lieblich. Böswillige meinen, man sächsele hier auf besonders schaurige Weise. Es gedeihen halbgroße Weißweine und mittelhübsche Rotweine an geschwungenen Rebhängen. Im Weingut Zahn, unterhalb des Dachsberges, keltert man auch Preisgekröntes: einen Gutedel feinherb und Weißburgunder Spätlese, trocken; der Rotwein Passion Z ist eine Cuvée aus Acolon und Regent. Kenner kaufen die dazu passende Schokolade im Gutsladen: Passion besonders für leckermäulige Damen.

Wer über die B 88 aus dem kühleren thüringischen Süden kommt und in den hohen warmen Norden des Saalelandes fährt, stößt auf einen Abzweig. Rechts geht es über eine anmutige Saalebrücke. Drunter fließt frisch und klar, nahezu ohne jeden tückischen Strudel, der Fluss, der in wilden oberfränkischen Bergen entspringt und erst in großer Entfernung von diesem anmutigen Weinland, in der Ebene, hinter Orten, die Schlechtewitz, Dürrenberg oder Salzmünde heißen, seltsame Schlingen bildet.

Hier aber ist noch nichts seltsam. Alles scheint geordnet. Die Straße führt als Landstraße zweiter Ordnung über den Fluss ins Dorf Kaatschen. Nur ein schmaler Radweg leitet wieder hinaus. Wer hierherkommt, will zumindest kurz verschnaufen; ansonsten heißt es: Kehrt marsch!

Und so sah man an sonnigen Sonntagmorgen die Einwohner denn auch bei ihrem Tagwerk. Sie ehrten nicht den Sonntag, sondern die Arbeit. Ein Pärchen packte große Kisten, eine Familie beschimpfte einander laut, in einem etwas verwahrlosten Garten rechts der Straße hackte ein Herr unbestimmbaren Alters in einer Jacke von unbestimmbarer Farbe etwas zu verbissen auf die Erde ein. Eine leckermäulige Dame in einem Alter, das wir nie verraten würden, schaute nach Süden, wo Abenteuer harren mochten. Doch Abenteuer lassen viel zu lange auf sich warten.

Links der Straße breitete sich das Weingut aus: große Toreinfahrt, verglaste Veranda, Weinstube, langer Tresen. Draußen im Garten warteten Stühle und eine kleine Mannschaft auf die Freunde des guten Weines, die gewiss kommen würden.

Albord, leeche doch mah daijne Hagge weg, rief die Dame dem Gartenmann zu, mir hamm Sonntach!

Doch der brummte nur: Is' ja woll maijne Sache, nä, Ramouna.

Albert, der nur in der Redeweise von Ramona nach Abort klang, verschwand dennoch im Haus, um kurz danach mit gerötetem Gesicht und erneutem Hack-Eifer zurückzukehren. Ramona konnte dies nicht registrieren, denn sie war von der Ankunft zweier silberfarbener Autos der Marken Mercedes und Audi gefangen genommen. Die parkten am Weingut. Acht Menschen stiegen aus. Ramona sah, wie sie sich am Ufer der Saale tummelten und einander mit den üblichen Begeisterungsrufen von Touristen auf die anmutige, die herzige, die goldige, die malerische, die romantische Gegend aufmerksam machten. Jetzt wern se glei ins Weingut rammle, dachte Ramona, doch eine der Frauen schrie plötzlich auf. Es war ein schriller Schrei, unpassend zu sanften Hügeln und mildem Wetter.

Und dann hat er noch gesagt, ich soll Wein trinken, das würde mir besser bekommen. Wenn ich schon meine Umdrehungen hamm wolle. So 'n Blödsinn aber auch. Ich trinke, was ich will. Wein is' zu teuer. Ich hab's nicht so dicke, ich nicht! Wenn die Touristen wüssten, dass alles überteuert ist. Wie Benzin. Auf dem Schnaps is ja auch genug Akzise, aber der dreht. Der gute Staat verdient an allem. Und dann will der gute Staat einem auch noch reinreden. Das ist alles ein einziger Beschiss. Beschissen haben sie mich, und ich soll den Schwanz einzieh'n. Sind die was Besseres? Die Weinsäufer, die.

Inzwischen hatte sich vor den Häusern rechts der Straße eine größere Zahl von Menschen angesammelt. Es hausten offenbar mehr

Bewohner hinter den Gardinen als vermutet. Das Flussufer war rot-weiß abgesperrt. Aus Halle waren sie allesamt herbeigekommen, erstaunlich schnell, zwei Hauptkommissare, die einander mit Herbert ansprachen, und Techniker, die Schilder mit Nummern aufgestellt hatten. Man fotografierte und maß. Die Leiche war schon abgedeckt, nur der kleinere Herbert lüftete kurz das Tuch.

In einem Kleintransporter war offensichtlich der Vernehmungsraum eingerichtet. Ein jüngerer, dunkelhaariger Mann, der Marketingchef des Weinguts, klopfte vorsichtig und fragte, ob sie nun wieder öffnen könnten, man erwarte Besuchergruppen und natürlich spontane Tagestouristen, es wäre sonst ein ziemlicher Verlust …

Se können, aber sagen Se den Leuten, dass se ja nicht ans Ufer sollen, Spuren zerlatschen, knurrte jener Herbert, der sehr elegante Schuhe trug, die aber heillos verdreckt waren vom Uferschlamm. Als der Marketingchef außer Sicht war, grummelte er: Wessi! Setzt sich hier in unser'n Weinberg.

Den Weinberg gab's in dieser Art früher nicht, wies ihn der andere Herbert zurecht. Obwohl man seit fast fünfzig Jahren am Ort Weine vermarktet. Außerdem haben die eine sehr nette Gebietsweinkönigin. Und die ist von hier und versteht was von Wein.

Und ich versteh nicht, wieso der Tote so lange ungesehen liegen konnte. Die Weigand meint, der Tod sei vor mindestens sechzehn Stunden eingetreten. Irgendwann gestern Abend. Direkt in Sichtweite von mindestens zwölf Häusern. Und die Bewohner waren anwesend! Alle waren am Wochenende da! Familie Grasse, Familie Jupp, viermal Müllers, Heinowskis, die alleinstehende Rossner, Zumpe-Albert, das Pärchen Ranke und ein gewisser Czigawski. Und vom Weingut die Besatzung. Die müssen doch gestern Abend was bemerkt haben!

Herbert, sagte der andere Herbert, das sind mir einfach zu viele Verdächtige. Und alle kannten den Toten. Jeder wusste was über ihn zu sagen. General Wichtig haben manche ihn genannt. Ein Gutmensch. Hat in seinem Internet-Blog jeden Tag verkündet, was er wieder für eine gute Tat vollbracht hatte, welchem Mütterchen er über die Straße geholfen, welchem Touristen er den Tipp mit dem Weingut gegeben habe, wie achtungsvoll er allen begegne.

Und dafür hat er einen übern Deez gekriegt? Zweimal. Stumpfer und spitzer Gegenstand. Vermutlich Weinflasche. Erst ganz, dann gesplittert.

Du kombinierst falsch, Herbert. Weinflaschen sind selten klar, sondern grün oder braun. Wir haben aber Klarglassplitter gefunden. Und Metallspuren. Restbestände eines quasi zeittypischen Bauwerks. Stahl und Glas. Und für eine Weinflasche hatte der Gegenstand zu viel Gewicht. Ich guck mich jetzt noch mal hier drüben im Weingut um. Und du kannst auf der Weinwanderung die Ohren aufsperren. Die geht jetzt nämlich los.

Nie geht wirklich was los. Auf einmal ist alles von früher nichts mehr wert. Auf einmal. Jetzt macht man nur noch Weine mit Qualitätsschnulli und Säurestruktur. Reinheitsgebot, Scheinheitsgebot. Alles nur Schein, schöner Scheißschein. Wir hatten früher auch gute Weine. Nahrungs- und Genussmittel aus Weinen volksdemokratischer Länder. So hieß das. Auf dem Etikett. Nathalie oder Hemus oder Klostergeflüster. Und dann gab's den Murfatlar und den Cotnari, alla bonnör. Und die richtig guten: Morer Tausendgut, Lindenblättriger und Gamza. Gamza wurde in Kugelflaschen geliefert. Mit Korb. Da konnte man wunderbare Tischlampen draus basteln. Hamm wir doch alles gekonnt. Kannten wir. Konnten wir. Gülded auf einmal nischt mehr. Den Bacchus von hier gab's im Konsum. Nicht teurer als die andern Weine. Aber wenn es schnell drehen sollte, konnte man Schaalaer Köstlicher trinken. Gab's immer. Im Wein liegt Wermut. Zwei fümmunachtzig die Flasche. Man musste nur den richtigen Kiosk kennen. Vierzehn fuffzich kostete Goldkrone. Ich weiß alles noch. Nischt hab ich mir weggesoffen. Der hat einfach nur gesponnen. Der wollte mich fertigmachen. Wenn dir jemand einredet, du bist nischt wert, biste irgendwann nischt wert. Ich kann jetzt noch alle Preise. Hab ich im Knast immer vor mich hin gesprochen. Damit ich nicht verblöde. Pfefferminzlikör, Grünbitter, Goldkrone, alle fümmunfümmzig Pfennige, Preisstufe zwo. Adlershofer Wodka sechzig. Kleines Bier dreiundvierzig Pfennige. Preisstufe eins nur vierzich. Flasche Nathalie im Laden sechs Mark, in der Kneipe sieben achtzig. Preisstufe zwo. Da gehörten Tischdecken hin und Kellner mit weißer Jacke. Preisstufe drei – Blumen und schwarzer An-

zug. Alles weiß ich noch. Nischt hab ich mir weggesoffen. Gedächtnis wie eine Eins. Aber das Schwein wollte mich fertigmachen. Psychologisch, so macht man das jetze. Ich kann auch auf psychologisch machen, wenn nachher die Schweine von der Polizei kommen. Alles Wessis.

Im Weingut saß der Hauptkommissar mit den verdreckt-eleganten Schuhen an einem leeren Gartentisch. Die meisten Gäste waren zur Weinwanderung in den Kaatschener Dachsberg aufgebrochen, einen Tisch weiter quengelten Kinder, ein seltsamer Typ hockte ganz am Rande, wurde aber vom Marketingchef verscheucht, der sich zum Kommissar setzte.

Darf ich Ihnen ein Glas vom Gutedel empfehlen? Leichtes Zitronengelb mit grünlichen Reflexen und Schlieren im Glas. Sie müssen sich den erst genau anschauen …

Der Kommissar schaute, probierte, schlürfte, rollte mit den Augen und meinte: Mandel-Nuss-Nuancen, knackig und würzig, lebendiger Körper.

Der Marketingchef sah zum Blechsarg hinüber, der gerade abtransportiert wurde. Sie scheinen ja ein Kenner zu sein, Sie haben ihn ziemlich genau getroffen.

Ach was, meinte der Kommissar, das habe ich vorhin in Ihrem Prospekt gelesen. Leider finden wir den Mörder nicht auf diese Weise. Und Sie haben gestern Abend nichts bemerkt?

Wissen Sie, wir hatten den Laden voll. An Samstagen geht's oft bis zweiundzwanzig Uhr. Und saaleaufwärts ist es dunkel. Da verschwinden manche, die zu viel getrunken haben. Die den Weg nicht bis zu unserer Toilette finden. Wir können nicht alle im Blick haben. Können Sie sich vorstellen, was hier los ist? Jetzt ist für einen Moment Ruhe, weil viele bei der Weinwanderung sind. Aber wenn die wiederkommen …

Sie kannten doch den Herrn Wrblatschek?

Wen?

Egon Wrblatschek, den Toten.

Ach so, den Gute-Egon. Ich wusste gar nicht, wie der mit Nachnamen heißt. Den kannte hier jeder. Hieß aber immer nur der Gute-Egon, wissen Sie, da dachte ich, der heißt Egon Gute, weil man hier doch nur sagt: die Rossner-Ramona oder der Heinowski-Peter.

Der Kommissar fixierte sein Gegenüber scharf, schlürfte, schluckte, verdrehte die Augen und stellte fest: Ich habe schon bemerkt, dass Sie nicht von hier sind.

Der Marketingchef schien leicht verschnupft: Die Familie sind alles Hiesige, dass Sie's nur wissen. Ich kann Ihnen ja unsre Elvira herschicken, die Gebietsweinkönigin, die kennt die Leute hier besser.

Wunderbar! Und geben Sie ihr bitte einen Probierschluck mit von Ihrem hochgelobten Passion Z.

Wieso ist ein Weintrinker was Besseres? Die von hier sind alle mit Gallebier groß geworden. Dänne ihr Landwein hieß Wodka. Und auf einmal ist man ä Säufer, wenn man trinkt wie früher. Und dann gibt's diese windelweichen Wendehälse, die einem das neue Leben beibringen wollen. Und wer sich nicht fügt, ist ä Ewiggestriger. Einer, der die kommunistische Zwangsherrschaft wiederhaben will. Ich hab immer gemacht, was ich wollte. Wenn ich was nicht verknusen konnte, dann waren das Leute, die mir beibringen wollten, wie man zu leben hat. Deswegen bin ich bei de Kommunisten in den Knast gekommen. Angeblich Unterschlagung. Dabei war das meine eigene Kneipe, jawoll. Manche wollen mich jetzt wieder reinbringen. Nur weil ich meine Meinung deutlich sage. Und manchen muss man eben die Meinung auf den Kopf zusagen. Jawohl, auf den Kopf. Die hamm doch alle 'ne Hacke, hamm die doch alle, eine große Hacke.

Ramona schaute wie gebannt hinüber zum Weingut, aber dort tat sich im Moment gar nichts. Ihr Nachbar stierte uninteressiert in die tanzenden Sonnenflecken und hackte schon wieder auf die Erde in seinem Garten ein.

Die Gebietsweinkönigin brachte dem Kommissar ein Glas Roten und setzte sich zu ihm. Der Kommissar schlürfte, schluckte, verdrehte die Augen, schaute aufs Glas und meinte: Granatrot, jawohl. Eine … intensive schwarze Johannisbeere … zarter Brombeerduft … am Gaumen ein Korb roter Früchte – samtig, gut eingebundenes Restzuckerspiel …

Elvira lachte königlich und herzlich. Haben Sie gut gelernt. Stimmt aber nicht. Ich habe Ihnen nicht Passion Z gebracht, den hätte ich erst temperieren müssen. Das hier ist ein Zweigelt, vom nördlichsten Standort dieser Sorte. Was sagen Sie nun?

Sie sind eine Spielverderberin. Zweigelt hab ich nicht gelernt.

Ich kann Ihnen aber helfen, schauen Sie den Wein an. Und?

Rot.

Leuchtend helles Kirschrot. Und nun riechen.

Der Kommissar roch. Riecht auch nach Kirschrot.

Richtig. Frischer Duft von Süßkirschen, etwas Bittermandel und Marzipan. Und nun einen Probierschluck.

Der Kommissar schluckte. Gut im Abgang.

Sie werden doch noch ein Experte. Merken Sie sich: Rund und weich im Abgang. Am Gaumen sehr saftig.

Der Kommissar schaute der Weinkönigin in die Augen und dann ein Stück tiefer und sagte mit einer restsüßen Stimme: Und nun erzählen Sie mir alles, was Sie über Egon Wrblatschek wissen. Freunde. Feinde. Zuletzt gesehen.

Der strich gestern Abend am Zaun rum, hieß hier nur der gute Egon. Weil er allen beweisen wollte, dass er ein Gutmensch ist. Es gab da mal so Gerüchte. Wäre beim MdI gewesen, also beim Ministerium des Innern, also ganz bestimmt Stasi …

Ich weiß, sagte der Kommissar sanft. Ich bin von hier. Weiter.

Deswegen hat er sich eine Webseite eingerichtet. Der-gute-Egon.de. Dort hat er jeden Tag reingeschrieben, was er für tolle Taten vollbracht hat und wer sich nicht im Sinne der neuen Ordnung verhält. Er hat aufgeschrieben, wer mittags den Rasenmäher hat laufen lassen und wer die geleerte Mülltonne nicht sofort wieder reingeholt hat. Und wer sonntags arbeitet. Natürlich haben die Leute sich aufgeregt, aber ganz für voll genommen haben sie ihn nicht. Nur einmal war die Gessner-Ramona sehr wütend. Sie hatte sich bei einer Internet-Partnerbörse eingeschrieben, und das hat der gute Egon rausgekriegt und allen über seine Seite mitgeteilt. Über unser Weingut hat er auch lauter Blödsinn geschrieben …

Aha, sagte der Kommissar.

Aber ich hab nichts drauf gegeben. Mein Vater wollte gerichtlich vorgehen, aber ich hab gesagt, da werden sie bloß aufmerksam auf so einen Luftschwätzer.

Nicht mal ignorieren, sagte der Kommissar.

Richtig, sagte Elvira lachend. Dann hat der gute Egon geschrieben, der Albert habe wegen Kindesmissbrauchs im Knast gesessen, aber der Albert hat das nicht mitgekriegt. Der kennt Internet gar nicht. Der kennt nur Schnaps.

Die denken alle, ich bin blöd. Nur weil ich nichts von dem neumod'schen Zeug halte. Ich muss mich nicht da drüben rumtreiben und so tun, als schmecke ich Restsüße. Restsüße, Restfüße. Alles Schweinebacken. Ich komm mit einem guten, ehrlichen Schnaps zurecht. Aber wer nicht zurechtkommt, denkt sich Lügen über andere Leute aus. Das Schwein hat verbreitet, ich wäre wegen Kindesmissbrauchs im Knast gewesen. Aber ich weiß, was ich weiß. Ich saß offiziell wegen Wirtschaftsverbrechen, und der eigentliche Grund war meine Kneipe. Und das Schwein war Schließer im Knast. Und nur weil er längst Rentner war, hat das niemand interessiert. Ich war doch der Einzige, der wusste, was er war. Aber ich habe meine Gusche gehalten. Weil es ja auch keinen was anging. Nur mich. Mich ging das sehr viel an.

Im Kaatschener Dachsberg stauten sich die Besucher, schauten Löcher in die milde, gleichzeitig würzige Luft und genossen die wärmende Sonne. Ein Mann mit Winzerschürze stand zwei Stufen über ihnen im Weinberg. Der kleine Herbert-Kommissar fixierte nacheinander die Besucher. Nein, sie sahen nicht direkt nach Menschen aus, die stumpfe, glasmetallische Gegenstände nutzten, um eine Hirnschale einzudellen und dadurch den Lebenssaft abzudrehen.

Der Mann mit der Winzerschürze hatte sich langsam eingesprochen. Hier und da war ein Lachen zu hören:

Obwohl ich jetzt über Ihnen stehe, bin ich der Kellermeister. Also der Verantwortliche dafür, dass der Wein gut wird, oder in der Sprache unserer Fachblätter: Ich möchte ehrliche und regionaltypische Weine vinifizieren. Nicht infizieren, vinifizieren habe ich gesagt, meine Dame. Infizieren, das macht man vielleicht anderswo. Da wird infiziert mit Glykol und Wein-Anabolika. Merken Sie sich: Wo gute Weine wachsen, wird der Mensch gut. Im Wein liegt nicht nur Wahrheit, sondern auch Güte. Güteklasse eins-aaahhh. Wir sind hier in einer der niederschlagärmsten Regionen Deutschlands. Oder sehen Sie irgendwo Regen? Nur blauer Himmel, Sonne, gute Laune. Und trockener Humor. All das ist eine echte Basis; das Zusammenspiel von Boden und Klima hier an Saale und Unstrut ist eine der wichtigsten Voraussetzungen, die uns charaktervolle Weine erzeugen lassen, auf dem einzigen Terrassenweinberg Thüringens. Der Muschelkalkverwitterungsboden ist eine der Grundlagen – Sie müssen genau auf meine Worte hören –, eine der Grundlagen für unsere gehaltvollen Weine mit einem unvergleichlichen Spiel von Säure und Extrakt. Wir stehen hier direkt auf den Grundlagen. Auf den Grundlagen unseres Erfolgs. Wir machen filigrane, frische und elegante Weißweine und ebenso elegante, vollmundige und gehaltvolle Rotweine. Und die Menschen unserer Region gehören dazu, man ist hier freundlich, gastfreundlich. Und im Übrigen direkt. Geradezu. Auf den Kopp zu.

Ich betrachte das Ganze als Notwehr. Notwehr gegen eine Gesellschaft von bekifften Weintrinkern, von Verdrängern, von Verleumdern, denen man allemal eine richtige Schnapsflasche über den Kopp hauen müsste, damit diese Welt wieder in Ordnung kommt. Der gute Egon ist schon dort, wo die Welt in Ordnung ist. So, und nun hole ich mir noch einen Schluck vom Wodka, basta.

Ramona sah, wie Albert wieder im Haus verschwand. Der Kommissar trank jetzt mindestens schon den dritten Wein. Durften die überhaupt so viel im Dienst saufen?

Die Besuchergruppe kam aus dem Weinberg zurück und verteilte sich an den Tischen. Es wurde Weinsüppchen serviert, Antipasti-Teller mit Cristini und hausgemachtes Traubenparfait auf Ananasspiegel.

Die beiden Herberts trugen ihre Beobachtungen zusammen:

Der gute Egon hat sich Feinde gemacht, sagte der mit den eleganten, jetzt beschmutzten Schuhen. Mit seiner Internetseite. Aber wer würde deshalb einen Mord begehen, der wahrscheinlich ohnehin nur Totschlag war? Es sieht nach Beziehungstat aus. Oder Kurzschlussreaktion. Das Tatwerkzeug, vielleicht waren es auch mehrere, werden und müssen wir finden. Und wenn wir alle Alibis peinlich überprüfen, muss uns der Täter ins Netz gehen.

Der kleine Herbert seufzte laut. Das gibt wieder eine Arbeit. Am liebsten wäre mir jetzt ein klares, feines Geständnis. Mit einer Spur Bitterkeit und Selbstmitleid, weil der Täter sich schlecht behandelt fühlt. Tut der Täter immer. Wo er auch lebt, er fühlt sich schlecht behandelt. Er hatte immer eine schwere Kindheit. Weißt du Herbert, so einem stößt irgendwann das Saure in seinem Leben auf. Und das kommt zu einer Gärung. Was rauskommt ist dann aber weder Prosecco noch Champagner. Irgendwann ist's nur noch Essig. So ein Geständnis hätte ich jetzt gern. Vielleicht wartet der Täter darauf, dass wir ihm einen Stups geben? Der steht irgendwo hinter den Gardinen. Und wenn wir kommen, sprudelt es aus ihm heraus. Wir nehmen alles zu Protokoll, gerichtsfest, das könnte eigentlich die Weigand machen. Das wär's doch, oder? Und wir hätten einen runden, weichen Abgang. Passend zu einer sanft hügeligen, harmonischen, fast zu lieblichen Gegend.

Ein Rumschleicher, das war er. Das personifizierte schlechte Gewissen. Schlich gestern Abend um mich rum. Sagte, wir müssten mal reden. Er hätte das vom Kinderschänder ja nur geschrieben, weil er gehört habe, dass ich ihn angeschwärzt hätte. Habe er gehört, jawoll. Ich – ihn angeschwärzt!

Er habe jetzt einen Ruf. Und da könne man die ollen Kamellen nicht aufwärmen. Wir haben eine neue Zeit, hat er getönt, seit zwanzig Jahren läuft es hier wieder anders – also richtig rum. Und ich solle doch mal bedenken, wer ich früher war. Ein Abschaum, und jetzt wäre ich nicht viel besser. Er sei damals Vertreter der Staatsmacht gewesen. Und habe gar nicht anders gekonnt.

Da war er eigentlich schon fällig. Wer meine Menschenwürde mit seinen dreck'chen Füßen tritt, kriegt was über die Rübe. Das ist das Gesetz der harten Hand mit sauberer Flasche. So ist das für mich beschlossen, basta.

Und dann fing er an, dass ich vom Schnaps lassen solle. Die Gut-

menschen-Tour. Die fängt neuerdings jeder an. Und wenn sie damit anfangen, kommt das Geschwätz vom guten und vom schlechten Alkohol. Der gute im Wein und der schlechte im Schnaps. Der hat doch enne Hacke, hat der.

Ich hab ihm ja nur eine mit der Wodkaflasche über die Rübe gegeben. Verdient hat er's, der Anscheißer, der hat sich doch nicht geändert seit damals. Und weil er brüllen wollte, hab ich ihm die Hacke drübergezogen. Gebrüllt wird nicht mehr, die Zeiten sind vorbei. Nie mehr wird gebrüllt, hab ich ihm gesagt. Nie mehr Antreten und Vortreten und Zurücktreten mit deinem Glied.

Die Hacke hab ich mitgenommen. Die brauch ich für meinen Garten. So was lässt man nicht liegen. Und im Übrigen sollen die mir mal beweisen, dass das nicht Notwehr war. Gegen die Verleumdungen eines ehemaligen Systembüttels, eines Schließerschweines. Stasihund, jawoll. Und wie es genau war, kriegen die sowieso nicht raus. Die Kommissare sind ja alles Wessis. Die müssten einfach nur die Geschichte bis hierher lesen. Aber aufs Einfachste kommen solche Kommissare sowieso nie.

Wolfgang Burger

Kerner für Bruno

Bruno schwitzte. Er bemühte sich, ruhig zu atmen und langsam in die Pedale zu treten. Den Kopf hielt er gesenkt, als ginge ihn das, was um ihn herum geschah, nichts an. Die Kette des Fahrrads quietschte, wie sie es schon seit Ewigkeiten tat.

Der Ton der Martinshörner wurde rasch lauter. Sie schienen mit zwei oder sogar drei Autos zu kommen, jetzt hörte er auch die Motoren, die Reifen wimmerten, als sie hinter ihm in die Hauptstraße einbogen, und schon brausten sie mit in den Ohren gellendem Tatütata an ihm vorbei. Die Polizisten beachteten ihn nicht. Wer sollte sich auch für einen unrasierten Kerl in Gummistiefeln auf einem rostigen Damenrad interessieren, wenn es um einen Banküberfall ging?

Bruno seufzte. Schade um die fast neue Jeans und die tolle schwarze Lederjacke, die er vor nicht einmal vier Wochen auf dem Ludwigshafener Flohmarkt bei diesem schielenden und nach Knoblauch stinkenden Türken gekauft hatte. Schade, dass die jetzt hin waren. Manchmal musste man eben Opfer bringen.

Vorne, am Ende der Hauptstraße, bogen die Polizeiautos zackig um die Ecke und bremsten. Dann verstummten die Martinshörner, und es war wieder so still im Dorf wie immer an einem Nachmittag im Hochsommer. Nachmittagen, an denen die Männer arbeiten waren, falls sie Arbeit hatten, oder daheim im Garten saßen, wo man sie von der Straße aus nicht sehen konnte, wenn sie keine hatten. Und die Frauen waren in der Stadt einkaufen oder hockten in der Küche und starrten in ihre Heftchen mit Bildern von Filmstars und Prinzessinnen.

Die Hacke klapperte gegen den Lenker, die Kette quietschte. Hätte er sie ölen sollen? Oder wäre gerade das verdächtig gewesen, wenn sein Rad auf einmal nicht mehr die üblichen Geräusche machte? Alles war so kompliziert. Der Schweiß lief Bruno übers

Gesicht, der Rucksack drückte, und das Knie tat teuflisch weh. Dennoch grinste er verstohlen und begann, durch die Zähne ein Liedchen zu pfeifen.

Schweikert hatte die Situation mit wenigen Blicken erfasst: Die ältliche Kassiererin, die wie eine Wachspuppe hinter ihrem Schalter stand und immer noch guckte, als befände sich zehn Zentimeter vor ihrer Nase eine Revolvermündung. Daneben der die Hände ringende und zum Erbarmen schwitzende Filialleiter. Ansonsten war der Kundenraum der kleinen Bankfiliale menschenleer. Da er im Ort eine Tante hatte, wusste Schweikert, dass auch diese Bank demnächst geschlossen werden sollte, nachdem schon der Edeka, die Post und Heike Böhlers Blumenladen zugemacht hatten.

Er zeigte kurz seinen Ausweis in die Runde: »Schweikert, Hauptkommissar Schweikert«, schlug mit der flachen Hand auf den Tresen, um ein wenig Leben in die Szene zu bringen, wies Gerngroß mit den Augen an, sich schon mal ein wenig umzusehen, zerrte sein Notizbuch aus der Hemdtasche und wandte sich dem weißhaarigen Filialleiter im hellgrauen Maßanzug zu.

»So, jetzt erzählen Sie mal, was eigentlich passiert ist.«

»Grunert ist mein Name«, haspelte der Mann. »Doktor Grunert. Ich bin hier der – sozusagen – also ich …«

»Der Filialleiter.«

»Ja. Nein. Doch. Herr Schröpp ist leider seit Wochen erkrankt, und deshalb bin ich hier nun so etwas wie der – ähm – ja. Mein Auftrag ist, diese Filiale geordnet zu ähm …«

»Schließen.«

Doktor Grunert nickte. Die Kassiererin gab ein Geräusch von sich, das ein Schluchzen oder auch ein wütendes Knurren sein konnte. Oder beides zugleich.

»Und jetzt werden Sie also kurz vor Toresschluss noch ausgeraubt.« Schweikert hoffte, dass dieser Satz mitfühlend geklungen hatte.

Der Filialleiter zückte ein sorgfältig gebügeltes Taschentuch und tupfte sich die Stirn. »So etwas hat es in der Geschichte dieser Filiale noch nie gegeben! Niemals!«

»Kann man denn schon sagen, um welchen Betrag es sich handelt?« Schweikert drehte sich zur Kassiererin um, die allmählich wieder zum Leben erwachte.

»Vier-, fünftausend Euro vielleicht«, hauchte sie andächtig. »Ja, höchstens fünftausend.«

Schweikert versuchte ein Lächeln. »Und Ihr werter Name ist?«

»Hölderlein. Isabel Hölderlein.« Wie in Zeitlupe sank sie auf einen Hocker. Ihre knochigen Hände hörten nicht auf, den Rock des geblümten Sommerkleids glatt zu streichen. »Also nein«, seufzte sie. »So etwas aber auch!«

Mit einer fahrigen Bewegung wies sie auf die Fächer, in denen sich vor Kurzem noch Geldscheine befunden hatten. »Sehen Sie nur, er hat das Münzgeld gar nicht mitgenommen!«

Bruno lehnte sein Rad wie immer an den Nussbaum beim Eingang des Rebstöckle-Gartens. Die Hacke ließ er dran, und das Rad schloss er nicht ab. Hier wurde nie etwas geklaut. Der Garten war menschenleer, denn bei diesem Wetter war das Jungvolk natürlich an den Baggerseen. Leise ächzend setzte er sich an seinen Tisch ganz hinten am Zaun. Hier hatte man seine Ruhe, wenn die Kerle mit den Mopeds da waren und eine »Kouk« nach der anderen bestellten. Man konnte die Weinberge sehen, wo sich natürlich nichts regte, bei der Hitze. Und man hatte einen wunderbaren Blick auf die Bank. Ein Winzer muss nämlich ein guter Beobachter sein. Auch wenn er schon lange keine eigenen Reben mehr hatte, sondern nur noch hin und wieder gegen ein Taschengeld in den Weinbergen seiner früheren Konkurrenten aushelfen durfte.

Den Rucksack stellte er sorgfältig neben den Stuhl. Elke konnte ziemlich pampig werden, wenn man sein Zeug herumliegen ließ. Elke war rund wie ein Weinfass und manchmal ziemlich ruppig. Aber sie gab auch ohne ein Wort Kredit, wenn man nach dem Zwanzigsten mal wieder blank war. Und wenn man dann am Ersten bezahlen wollte, dann zog sie ein Gesicht und wollte sich an nichts erinnern.

Zwei Streifenwagen und ein ziviles Auto standen drüben mit aufgeregt funkelnden Blaulichtern kreuz und quer auf dem Gehweg. Vor der Glastür der Bank hielt ein Polizist in Uniform mit wichtiger Miene Wache. Bruno kannte ihn nicht. Seit sie vor zwei Jahren den Polizeiposten im Dorf geschlossen hatten, kamen die Polizisten aus Neustadt.

Auf der anderen Straßenseite lehnte die kleine Kressida von den Kösters mit einem Eis in der Hand an ihrem Fahrrädchen. Daneben stand die Frau Strobele, deren Mann sich im Frühjahr das Leben genommen hatte und die seither viel gesünder aussah. Prokurist war der Strobele gewesen, bei Weber und Söhne, und er hatte es einfach nicht verkraftet, Mitte fünfzig Knall auf Fall arbeitslos zu werden.

Über der Reinigung beugte sich die junge Lehrerin mit den Hasenzähnen aus dem Fenster, die manchmal in den Wiesen saß und so hübsche Bilder malte. Auch sie starrte zur Bank hinüber.

»Bist aber früh dran heut, Bruno.« Elke fuhr mit ihrem Lappen symbolisch über die bunt gepunktete Wachstuchdecke.

»Zu viel Schnaken«, brummte Bruno. »Gibt ein Gewitter.«

Sie schüttelte den Lappen aus. »Hast gesehen, sie haben die Bank ausgeraubt!«

»'nen Schoppen vom Kerner«, sagte Bruno und tat ganz gleichgültig. »Und ein großes Glas Wasser dazu. Hab einen Mordsdurst.«

»Hast nicht gehört? Die Bank haben sie ausgeraubt! Vor ein paar Minuten erst!«

»Mir egal.« Bruno spuckte auf den Boden, obwohl sie das nicht leiden konnte. »Hab kein Geld da.«

Ein Winzer muss den Mund halten können. Früher hatte er seinen eigenen Kerner getrunken. Drei Hektar hatte er vom Vater geerbt. Davon konnte man leben, wenn man sparsam war und fleißig dazu. Aber vielleicht hatte er über die Zeit zu viel Kerner getrunken, und drum hatte er ja auch diesen blöden Unfall mit dem Traktor gehabt, und dann hatte die Bank auf einmal Zicken gemacht. Und seither trank Bruno den Kerner anderer Winzer. Immerhin hatte er dann noch einen Job als Gabelstaplerfahrer bei Weber und Söhne gefunden. Bis die Firma auf einmal anfing, Leute zu entlassen und schließlich den Betrieb ganz einstellen musste.

Elke pflückte seine verschwitzte Kappe vom Tisch und ließ sie auf einen Stuhl fallen. »Nimm wenigstens das dreckige Ding da weg!« Kopfschüttelnd ging sie ins Haus.

Bruno lehnte sich zurück. Hier, im Schatten der mächtigen Kastanienbäume, konnte man es aushalten. Sein Puls beruhigte sich allmählich. Unauffällig versuchte er, diese verflixte Schuhwichse an seinen Händen an der Kordhose abzuwischen. Aber er erreichte nur, dass die Hose noch schmutziger wurde, als sie schon war. Bald gab er auf und schloss die Augen. Um seine mürrisch herabhängenden Mundwinkel zuckte es manchmal, und aus einigem Abstand hätte man glauben können, er würde träumen. Ein leichter Südwind ging, und wie üblich roch es nach Mist.

Vor acht Wochen war es gewesen, da hatte er zum ersten Mal den Mann im dunklen Anzug gesehen. Unwillkürlich tastete er nach dem Rucksack, den er immer und überall dabei hatte, weil man manchmal etwas fand, was man brauchen oder verkaufen konnte. Heute war Brunos Rucksack prall und schwer.

»Wer interessiert sich denn jetzt hier für Kleingeld, Fräulein Hölderlein!«, sagte Doktor Grunert streng. »Nehmen Sie sich doch bitte sehr ein wenig zusammen!«

Schweikert fing nun auch an zu schwitzen. Selbst für eine ordentliche Klimaanlage war die Filiale offenbar zu unbedeutend. Er fuhr sich mit der Hand über das Genick und sah den Filialleiter auffordernd an.

»Maximal fünftausend Euro also?«

Der Doktor nickte und glotzte auf seine blitzblanken englischen Halbschuhe.

»Wir haben meist nicht so viel Bargeld hier«, flüsterte die Kassiererin. »Wir sind ja nur eine kleine Filiale. Und demnächst werden wir nun auch noch geschlossen.« Sie stieß einen Seufzer aus und kippte mit plötzlich fast zufriedener Miene von ihrem Hocker in einen völlig leeren Papierkorb aus hellem Weidengeflecht.

Elke brachte den Schoppen und das Wasser. Das Wasser kam aus der Leitung und war umsonst.

»Einsuffzig«, sagte sie. »Wie immer.«

Bruno kramte ein paar Münzen aus dem Geldbeutel, gab ihr in einem Anflug von Übermut zwanzig Cent Trinkgeld und ärgerte sich sofort, weil sie sich jetzt bestimmt Gedanken machte. Aber sie brummte so unwirsch wie sonst auch und verschwand mit einem langen Blick über die Schulter auf die Bank.

Neben Frau Strobele stand jetzt auch der alte Feininger, der bei der BASF Schweißer gewesen war, und dem sie letztes Jahr das linke Bein abgenommen hatten, weil er so viel rauchte.

Bruno nahm einen großen Schluck vom Kerner und schüttelte sich. Trocken war das Gesöff, das musste man dem Rebstöckle-Wirt lassen. Aber ein bisschen mehr Geschmack hätte es haben dürfen. Früher, da hatte Bruno besseren Kerner getrunken. Der hatte in guten Jahren sogar nach Stachelbeeren geschmeckt. Bis die Bank den Kredit kündigte, wegen seines Unfalls und weil es ihm zwei Sommer nacheinander das Laub von den Reben gehagelt hatte. Schon damals war dieser Doktor Grunert Chef der hiesigen Volksbank gewesen.

Später hatte man sein vornehmes und immer ein wenig schiefes Gesicht hin und wieder in der Zeitung gesehen und noch später sogar im Fernsehen. Und die Leute, mit denen man ihn zusammen sah, waren von Jahr zu Jahr bedeutender geworden. Am Ende war es sogar manchmal dieser komische Dicke aus Oggersheim gewesen. Aber da war er längst ein Doktor und natürlich nicht mehr Filialleiter hier im Dorf.

Mit einem Kleinmädchenseufzer schlug Isabel Hölderlein die Augen auf und blickte um sich. Als sie Schweikert erkannte, erschrak sie und schien sich zu erinnern.

»Geht's wieder?« Er half ihr beim Aufstehen. »Der Arzt wird gleich kommen. Vielleicht setzen Sie sich solange da drüben in den Sessel.« Er gab Gerngroß einen Wink, und dieser führte sie am Ellenbogen zu der Ledersitzgruppe in der Ecke.

Der Filialleiter zerrte an seinem inzwischen reichlich zerknitterten Taschentuch herum. »Vielleicht hätten Sie die Güte, die Beschreibung des Täters aufzunehmen und eine Fahndung zu veranlassen, bevor es dunkel wird?«

Schweikert hob sein Büchlein und machte ein förmliches Gesicht. »Ich entnehme Ihren Worten, dass wir es mit einem Einzeltäter zu tun haben?«

Doktor Grunert nickte erschöpft, gab dann jedoch brav und detailliert Auskunft. Ja, ein Einzeltäter sei es gewesen, ein Mann. Nicht so groß. Er war hereingestürmt, als Fräulein Hölderlein gerade für einen Moment die Filiale verlassen hatte, um etwas zu besorgen, und hatte ihm, Doktor Grunert, einen Revolver vor die Brust gehalten. Der äußerst gefährlich wirkende Täter hatte ihn bedroht, bis Fräulein Hölderlein zurückkehrte, hatte dann auch diese bedroht, woraufhin sie ihm ohne Zögern das Papiergeld aus der Kasse aushändigte, wie es in einem solchen Fall ihre Anweisung war. Der schwer Bewaffnete hatte das Geld jedoch zunächst nicht an sich nehmen wollen, was eine kurze Irritation auf beiden Seiten auslöste. Erst als Fräulein Hölderlein alles entschlossen in eine Aldi-Tüte stopfte, die sie für private Zwecke hinter ihrem Schalter aufbewahrte, und ihm diese quasi aufnötigte, hatte er seine Beute schließlich an sich gerissen und war durch die Hintertür geflüchtet.

Dass dieser Mann Bruno Kretschmer war, der Dorftrottel, den er von Kind auf kannte, in geradezu absurder Verkleidung, mit Sonnenbrille, Pudelmütze im Hochsommer und dieser Jeans zum Beispiel, die ihm viel zu groß war, sodass man ständig fürchten musste, er könnte stolpern und einen aus Versehen erschießen, und dass er, Doktor Grunert, gerade heute in seinem Büro wieder einmal eine größere Summe in bar aufbewahrte, von der Fräulein Hölderlein nichts wissen durfte, und dass der schwachsinnige Räuber merkwürdigerweise genauestens über diesen Umstand informiert zu sein schien, all das sagte Doktor Grunert nicht, obwohl er es am liebsten herausgeschrien hätte.

Begleitet von vielen Seufzern bestätigte Isabel Hölderlein alle Angaben ihres Chefs. Nur die Täterbeschreibungen wichen voneinander ab, was aber in einem solchen Fall nicht unüblich war. Irgendwie ungeschickt, geradezu tölpelhaft bewegt habe er sich, da war man sich einig.

Endlich kam der Arzt, und Schweikert zückte sein Handy, um die Fahndung zu veranlassen. Anschließend schickte er seine Leute los, um mögliche Fluchtwege zu erkunden und nach Zeugen zu suchen, die den Täter bei seiner Flucht beobachtet hatten.

Bruno rieb sich das schmerzende Knie. Von der Bank war er nach hinten zum Weiher gelaufen. Fräulein Hölderleins Geld hatte er irgendwohin geworfen. Ihr wollte er keine Schwierigkeiten machen, wo sie immer so freundlich zu ihm war und ihm hin und wieder Kartoffeln abkaufte. Kartoffeln, die er in seinem Gärtchen am Ortsrand neben der Bundesstraße anbaute, dem einzigen Stück Land, das ihm geblieben war. Unter dem Zaun war er dann durchgekrochen, dort, wo die Brennnesseln so hoch standen, dass sich niemand außer ihm hintraute, in das Loch gesprungen, von wo man in den alten unterirdischen Regenwasserkanal kam, wenn man die Bretter zur Seite schob. Und dabei war ihm die Jeans am Ende doch noch heruntergerutscht, er war der Länge nach hingeflogen und hatte sich übel das Knie aufgeschlagen.

Im dem Kanal hatte er Jeans und Lederjacke so tief in den Matsch gedrückt, dass sie nie wieder auftauchen würden, und die Sonnenbrille auch. Nur die Sportschuhe hatte er behalten. Die waren seine eigenen, aber das wusste keiner, weil er ja immer Gummistiefel trug. Die hatten am Ende des Kanals auf ihn gewartet, dort wo er wieder ans Tageslicht kam. Und die Sportschuhe steckten jetzt im Rucksack.

Fünf Minuten nach dem Überfall hatte er den Revolver in den Weiher geworfen, war auf sein Fahrrad gestiegen und in weitem Bogen ums Dorf herumgefahren, sodass es aussah, als käme er aus seinem Garten. Letzte Woche erst hatte er das alte Schießeisen im Bach gefunden, der neben seinem Garten vorbeigluckerte, und da hatte er plötzlich gewusst, dass er den Plan durchführen würde, über den er so lange und angestrengt gegrübelt hatte.

Leider war der Revolver arg rostig gewesen. Vermutlich hatte er schon seit dem Krieg da im Dreck gelegen, aber Bruno hatte ihn mit Schmirgelpapier und viel schwarzer Schuhwichse wieder ganz ordentlich hingekriegt, sodass er fast echt aussah. Funktioniert hatte er natürlich nicht, nicht mal die Trommel hatte sich noch drehen lassen. Und eine wüste Sauerei war es gewesen damit, weil er abfärbte und einem schwarze Hände machte.

Bruno nahm noch einen Schluck Kerner.

Ja, dieser Doktor Grunert war sein Unglück gewesen, von Anfang an. Hätte der ihm damals den Kredit nicht gekündigt, dann hätte er sich bestimmt wieder berappelt. Denn fleißig war er immer gewesen und arbeiten konnte er wie ein Pferd, damals.

Vor acht Wochen hatte er zum ersten Mal den Mann im dunklen Anzug gesehen. Genau von hier, von diesem Stuhl im Rebstöckle-Garten, auf dem er auch jetzt saß. Bald hatte er begriffen, dass der jeden Mittwochnachmittag kam, immer dann, wenn Fräulein Hölderlein für ihren Chef Kuchen kaufen musste. Und immer hatte er einen großen Aktenkoffer dabei, der offensichtlich schwer war, verschwand in der Bank und kam ein paar Minuten später wieder heraus. Jedes Mal ohne Aktenkoffer.

Und da war Bruno ins Grübeln gekommen. In den Koffern war Geld, das war klar, denn was sonst bringt man in eine Bank. Aber kein normales Geld. Normales Geld gab man Fräulein Hölderlein, und die legte es in ihre Fächer und gab einem eine Quittung dafür. Das, was der Mann im dunklen Anzug brachte, musste demnach Doktor Grunerts Geld sein. Und irgendetwas stimmte nicht damit, weil Fräulein Hölderlein nichts davon wissen durfte. Wochenlang hatte er alles genau beobachtet und seine Schlüsse gezogen, und jeden Mittwoch war es das Gleiche gewesen.

Ein Winzer muss viel Geduld haben.

Bruno schrak hoch. Ohne dass er sie gehört hätte, war Elke plötzlich wieder da. Mit gerunzelter Stirn sah sie zur Bank hinüber. Dort stieg gerade der Arzt aus Neustadt in seinen Mercedes und fuhr fort.

»Ich bin doch die ganze Zeit im Garten gewesen«, murmelte sie. »Ich bin sicher, es ist die ganze Zeit niemand aus der Bank gekommen!«

»Ich verbitte mir Ihre despektierlichen Bemerkungen!«, zeterte Doktor Grunert mit hochrotem Kopf. »Die Schließung von Weber und Söhne hat die Firmenleitung sich durchaus selbst zuzuschreiben. Es kann nicht Aufgabe einer Bank sein, für die Fehler des Managements geradezustehen.«

»Hab ja nur gemeint.« Schweikert hob die Achseln und ging noch einmal seine Aufzeichnungen durch. Eben hatten sie zusammen das Video der Überwachungskamera angesehen. Darauf war Doktor Grunert zu beobachten gewesen, wie er mit Appetit ein Nusshörnchen verzehrte, sowie Isabel Hölderlein, die ihm sichtlich angewidert dabei zusah. Das Band war offenbar schon Tage alt, und inzwischen hatte der Rekorder den Geist aufgegeben. Aber er würde, und sei es nur, um diese Nervensäge von Filialleiter zu beruhigen, ein Phantombild anfertigen lassen und morgen in alle Zeitungen bringen. Falls sie den Kerl bis dahin nicht längst hatten. Ein großer Profi schien er nicht zu sein. Fünftausend Mücken, dafür überfiel man doch keine Bank! Da konnte man ja gleich bei Edeka Kaugummis klauen. Aber den gab es seit letztem Juli auch nicht mehr, fiel Schweikert ein.

»Die Globalisierung wird auch vor der Pfalz nicht haltmachen!«, erklärte Doktor Grunert würdevoll.

Schweikert klappte sein Notizbuch zu und sah die Kassiererin an. Die starrte vor sich hin, kaute auf ihren Fingernägeln und schien wegen irgendetwas furchtbar wütend zu sein.

In diesem Moment kam Gerngroß hereingepoltert und schwenkte eine Aldi-Tüte. »Seh'n Sie mal, Chef«, rief er, »was ich draußen gefunden hab!«

Isabel Hölderlein schloss die Augen und sank in sich zusammen. Dieser Bruno Kretschmer war doch wirklich ein Volltrottel! Endlich war mal einer auf die Idee gekommen, diese dämliche Bank auszurauben und diesem schrecklichen Doktor Grunert eins auszuwischen, der sie Kuchen kaufen schickte wie ein Lehrmädchen. Und dann musste ausgerechnet heute so wenig Geld in der Kasse sein, und dieser dumme Bruno brachte es auch noch fertig, sein bisschen Beute zu verlieren.

Für die nächsten fünf Pfund Kartoffeln würde sie ihm zwei Euro mehr bezahlen. Er brauchte nicht zu wissen, dass sie ihn erkannt hatte.

Das Geld war rasch gezählt, es fehlte nichts. Schweikert gab die Neuigkeit an die Einsatzleitung durch und schlug vor, die Ringfahndung abzublasen. Wo der Bank doch nicht einmal ein Schaden entstanden war.

Doktor Grunert setzte sich vorsichtig und legte das Gesicht in die Hände. Er befürchtete höchst unerfreuliche Diskussionen mit dem Präsidium der Partei. Dabei war es doch ein geradezu genial einfacher Plan gewesen. Das Geld kam köfferchenweise aus Liechtenstein, Woche für Woche eine oder zwei Millionen, wurde von hier, von dieser fast vergessenen Filiale in diesem gottverlassenen Nest an vertrauenswürdige Personen im ganzen Bundesgebiet verteilt, die es wenig später als offizielle und steuerlich absetzbare Spende an die Parteikasse überwiesen, wo es ordnungsgemäß und ganz legal verbucht wurde. Ein Notfallplan, der von ihm persönlich stammte, weil auf einmal ständig diese CDs auftauchten voller Namen und Konten und Beträge. Nur zu diesem Zweck hatte er sich von seinem Vorstandsposten in der Frankfurter Zentrale beurlauben lassen und war noch einmal an das Institut zurückgekehrt, wo seine Karriere vor so vielen Jahren begonnen hatte.

Doktor Grunert konnte ein Stöhnen nicht ganz unterdrücken. Hoffentlich ließ dieser kreuzdämliche Kretschmer sich nicht erwischen mit dem vielen schönen Geld.

Immer noch starrte Elke zur Bank hinüber. Seit Minuten stand sie nun neben Bruno, wippte auf den Fußballen und schwieg. Der Polizist hielt eisern vor dem Eingang Wacht. Der arme Kerl musste furchtbar schwitzen in seiner Uniform.

»Ich gönn's ihnen von Herzen«, sagte sie schließlich. »Hoffentlich hat sich's ordentlich gelohnt.«

Bruno betrachtete sie verstohlen von der Seite. Die runden Knie unter dem karierten Rock, den riesigen Busen in der fast weißen Bluse, das Schwänzchen, zu dem sie ihre struppigen, senfblonden Haare meistens zusammenzurrte. Bruno hatte sonst nichts mit Frauen. Aber wenn Elke sich über ihn beugte, um ein Glas hinzustellen zum Beispiel, oder auf dem Tisch herumzuwischen, dann hatte er manchmal Lust, sie anzufassen.

Mit einem Mal wurde ihm bewusst, dass sie gar nicht mehr zu der Bank hinübersah, sondern ihm direkt ins Gesicht. So, als hätte sie ihn lange nicht gesehen. Ihr Blick war ernst und nachdenklich. Sie sah auf seine schwarzen Hände, den prallen Rucksack, die matschverschmierten Gummistiefel, schließlich wieder in sein Gesicht. Bruno fühlte, wie er rot wurde, ihre Augen wurden groß und größer, und dann blitzte ein Lachen über ihr Gesicht.

»Weißt du noch, Bruno, wie wir früher Höhlenforscher gespielt haben, hinten im alten Kanal? Ob's den noch gibt, den alten Kanal, was meinst du?«

»Weiß nicht«, brummte Bruno und sah auf seine Knie, die schwarz waren von dieser gottverdammten Schuhwichse. »Ist mir egal.«

Drüben stiegen die Polizisten in ihre Autos, machten die Motoren an und die Blaulichter aus. Die Lehrerin mit den Hasenzähnen klappte ihr Fenster zu. Die kleine Kressida von den Kösters stieg auf ihr Fahrrädchen.

Elke beugte sich vor und wischte ein paar imaginäre Tropfen vom Tisch.

»Bruno, Bruno, Bruno!« Sie schien auf einmal Mühe zu haben, nicht laut zu lachen. »Magst noch einen Kerner? Er geht aufs Haus.«

Sie roch ein bisschen nach Schweiß und Saumagen, aber irgendwie auch gar nicht schlecht.

Christine Lehmann

Nonnenhorner Bengel

»Die alten Schläuche hat's zerrissen, wenn der neue Wein in ihnen gärt, daher das Sprichwort«, behauptete der Ulmer Staatsanwalt Josef-Xaver Wiggenhauser. »Aber Flaschen sieht man's halt nicht an.«

Das war so ein Moment, wo es plötzlich still wird an einem langen Tisch in einer dunkel getäfelten Weinstube, weil oben und unten die Themen ausgegangen sind und sich alle der Mitte zuwenden, die der elegante Oberstaatsanwalt Dr. Richard Weber bildete.

»Ja, Wein fälschen ist wesentlich leichter als Geld fälschen«, sagte er bedächtig. »Man sammelt auf Flohmärkten rund um Bordeaux alte Flaschen, macht mit Photoshop historische Etiketten nach, trimmt Kapseln auf Alt, und schon bringt das Ganze als Chateau Pétrus einige Tausend Euro. Top-Weine haben eine Rendite von neunzig Prozent.« Er schenkte dem jungen Kollegen ein herablassendes, eigentlich angewidertes Lächeln. »Das schaffen Sie an der Börse nicht.«

»Als ob ich das wollte!« Josef-Xaver Wiggenhauser lachte. Den größten Fehler seines Lebens hatte er bereits begangen, als er sich dem mächtigen Oberstaatsanwalt für Wirtschaftsstrafsachen beim Landgericht Stuttgart gegenübersetzte. Zum Netzwerken, Weiterkommen, Visitenkartentauschen. Der Sparkassenleiter aus Biberach hatte dafür rutschen müssen.

Da saß er nun, strudelte einen Nonnenhorner Bengel Spätburgunder Weißherbst durch die Backen und überlegte, warum Dr. Weber wohl Apfelschorle trank. Fast eine Stunde lang ignorierte Richard den jungen Mann, der deshalb mit der Frau das Gespräch suchte, also mit mir. Wobei es den Jungspund im etwas zu dunklen Anzug Mühe kostete, mich überhaupt für eine Frau zu halten, geschweige denn für die adäquate Begleitung des Stuttgarter Oberstaatsanwalts, der berüchtigt war für seine Sorgfalt, sich zu kleiden: cognacfarbener Dreiteiler, Socken auf die Krawatte abgestimmt, Platinmanschettenknöpfe.

»Und Sie sind also Journalistin?« Er schob seine Visitenkarte an meinen Bierdeckel. »Man nennt mich JX.«

»Angenehm. Schwabenreporterin Lisa Nerz.« Ich nahm seine, legte meine Karte hin. »Spezialgebiet: Tötungsdelikte.«

»Oh! Da muss man sich ja vor Ihnen in Acht nehmen.«

Ich hob mein Farny Pils. »Nur wenn Sie eine Leiche im Keller haben.«

JX lachte lauthals. »Einen Keller habe ich, aber darin lagern nur alte Weine.«

So kam es, dass das Gespräch sich zu Tanninen und Terroirs drehte. Der Großvater von JX war weiland am Bodensee Winzer gewesen, hatte Kelter und Keller in Nonnenhorn gehabt.

»Und ich bin aus allen Wolken gefallen«, verkündete JX, »als dieser Weindetektiv von Sotheby's mir schrieb, das Etikett sei gefälscht. Wo ich den Wein denn herhätte? Aus dem Keller meines Großvaters. Hat der sich offenbar gefälschten Wein andrehen lassen. Kommt in den besten Familien vor. Auch in den Kellern von Rodenstock und Koch sollen rund fünf Prozent falsch etikettierte Weine lagern. Und plötzlich wird aus einem unbescholtenen Bürger ein Betrüger.«

Richard richtete seinen Blick auf den jungen Kollegen, und es wurde erneut still im Lokal. Ein Dutzend Leute – Teilnehmer einer hochkarätig besetzten Tagung über Produktpiraterie im globalisierten Markt – schwiegen und säbelten und gabelten hungrig Fladenbrot mit Speck und Zwiebeln, Strammen Max oder Winzerkipfel.

»Unbescholten«, sagte Richard leicht ungnädig, »ist niemand, Herr Kollege. Man muss nur suchen.«

Aha! Darum also hatte Richard mich gebeten, ihn nach Wangen im Allgäu zu begleiten. »Du kannst solange ein Fährtle an den Bodensee machen. Das Wetter wird gut. Und abends treffen wir uns.«

»Was soll ich denn am Bodensee?«, hatte ich protestiert. »Kormorane vergiften? Die Nonnen von Nonnenhorn schänden?«

»Und wenn du schon dort bist, dann könntest du gleich ein altes Weingut in Nonnenhorn in Augenschein nehmen. Ob da noch wer wohnt.«

Es war nicht lustig gewesen. Der See spiegelte blau, Aberhunderte von Segeln zogen spitz von links nach rechts und von rechts nach links vor der Kulisse der Schweizer Alpen vorbei. Die Sonne hatte alles Lebendige aus den Kellern auf Fahrräder gescheucht: Flotten bleicher Wintergesichter, Wälder weißer Waden, Massen von Blasen in Sandalen. Wie Schmeißfliegen zur Leiche summten sie ans Wasser, fielen in Häfen ein, hockten auf Mäuerchen und Treppen. Und wie vollgefressene Maden zogen sie in Kolonne die Uferwege entlang, langsam, schlenkernd und ausscherend. Mehrmals hatte Richards Limousine versucht, die Nachhut zu schnappen.

Das Haus des Weinguts stand am Ende der Straße mit Namen »Im Paradies« und blickte trübe unter Trauerweiden hervor auf den See hinaus, über die Bucht hinweg nach Wasserburg. Der Garten moosig, die Tore verrostet, doch die schwere alte Haustür war mit blitzneuem Schloss versehen, das einer kurzen Probe mit meinem Pickset mühelos standhielt. Am Kieselstrand zerfiel ein Ruderboot. Die Hintertür zur Waschküche hatte Cipión interessiert, aber ich hatte keine Spuren eines Einbruchs entdecken können. Bei Regen war ich nach Wangen zurückgekehrt. Weil außer nassem Kopfsteinpflaster dort am Abend nichts los war, war ich von der Bordsteinkante, an der ich Richards Limousine abgestellt hatte, direkt in die nächste Kneipe gestiegen und hatte Richard gesimst: »Zum Kornhausmeister.«

Dass er die halbe Tagung in die Altholzkneipe mitbringen würde, die in Wangen nur Weinstube Geiger hieß, hatte ich nicht erwartet. Allerdings war mir jetzt klar: Es war nicht der freie Wille des Ulmer Staatsanwältchens gewesen, sich den Platz unterm Galgen Richard gegenüber zu erkämpfen. Richard hatte es von langer Hand vorbereitet. Das Weingut, das ich auf seine Anweisung hin besichtigt hatte, war ohne Zweifel das besagten Großvaters gewesen. Das neue Schloss in der Tür erklärte, dass sich dort auch der Keller befand.

»Daraus kann man mir keinen Strick drehen!«, erklärte JX großzügig mit sich selbst. »Wie soll jemand wie ich erkennen, ob ein Etikett gefälscht ist? Für so was braucht es Spezialisten.«

»Wer mit einer falschen Banknote zahlt, ist auch dran«, bemerkte der Sparkassenleiter. »Egal ob er sie selber gefälscht oder nur irgendwie bekommen hat. Nicht wahr, Herr Dr. Weber?«

Richard winkte ab. »Ich prüfe die Geldscheine, die ich im Geldbeutel habe, auch nicht auf Echtheit. Sie?«

Etliche fingen an, ihre Börsen zu ziehen und Geldscheine zwischen den Fingern knistern zu lassen. Sicherheitsfaden, Wasserzeichen, Hologramm. Die große weißhaarige Dame, die uns bediente, stellte Pils, Nonnenhorner Bengel und eine neue Apfelschorle zwischen das Geldbeschnüffeln. Ich spürte unter dem Tisch Richards Hand an meinem Knie. Ich hatte es geahnt. Wenn er mich brauchte, mich unbedingt dabeihaben musste, dann ging es nicht um gefälschte Weine. Es gab nur eines, wovor er sich wirklich fürchtete.

»Und wo ist die Leiche nun?«, fragte ich und spürte, wie Richard kurz den Atem anhielt.

JX riss die Augen auf. »Die Leiche meines Großvaters wurde nie gefunden. Aber wie kommen Sie jetzt darauf?«

»Also doch eine Leiche im Keller«, grinste ich. »Prost, Herr Staatsanwalt!«

Der Sparkassenleiter schmunzelte in seine Kressbronner Berghalde.

»Das müssen Sie mir jetzt aber schon erklären, Frau Nerz«, rief JX und presste staatsrechtliche Strenge in seine junge Stimme. »Es bestand niemals Zweifel daran, dass mein Großvater durch einen selbst verschuldeten Unfall ums Leben gekommen ist. Es gibt Zeugen.«

»Wofür genau?«, fragte ich.

»Das muss ich Ihnen nicht erläutern. Andererseits ist nichts dabei. Es hatte Hochwasser gegeben. 2005 war das. Ich glaube, auch in Wangen hat es eine Brücke weggerissen … Ach so, das war das Hochwasser ʼ99? Na gut. In den Buchten im Bodensee hatten sich Unmengen Treibholz gesammelt, Pfähle, Bäume, Balken und Bretter aus den Sägewerken an den Flüssen. Auch die Bucht zwischen Wasserburg und Nonnenhorn war voll. Das Holz lag dicht an dicht. Man konnte darauf laufen wie auf einem Floß. Die Leute sind gekommen, mit Anhängern, mit Transportern, der helle Wahnsinn. Und ich stehe am Fenster – vom Haus meines Großvaters kann man in die Bucht schauen – und denke noch: Das wird doch nicht der Alte sein, der da unten auf den Stämmen balanciert. Ich rufe meine Schwester. Und die sagt: Zuzutrauen wär's ihm. Mein Großvater hatte diese Nachkriegsmentalität: Geld gerade genug, aber nichts umkommen lassen, und Holz kann man immer brauchen. Also, wir sofort runter und rausgelaufen ans Ufer. Aber da war er weg. Verschwunden.«

Richards Hand sank neben dem Stuhl herab und kraulte Cipión hinter den Ohren.

»Vielleicht hätte man die Leiche noch gefunden, wenn wir die Polizei gleich gerufen hätten. Aber mein Gott! Meine Schwester und ich, wir haben halt gedacht, wir hätten uns getäuscht. Der Mann, den wir bei dieser waghalsigen Kibbelei über das Schwemmholz gesehen hatten, sei nicht unser Großvater gewesen. Wir haben zunächst das ganze Haus abgesucht, die Kelter, den Keller, den Weinberg. Aber nichts. Als die Taucher endlich anfingen zu suchen, waren fünf Stunden rum. Sie haben ihr Leben riskiert zwischen dem Treibholz. Die Strömung sei tückisch, hat es geheißen. Sie hat den Großvater raus in den See gezogen. In die Tiefe.«

»Aber irgendwann kommt so eine Leiche doch wieder hoch!«, bemerkte eine Frau am Ende des Tischs.

»Nicht unbedingt«, antwortete JX. »Ich habe mir das vom Gerichtsmediziner erklären lassen. Zuerst sinkt sie nach unten. Und wenn sie sich dann verhakt, wenn auch noch Schlick sie bedeckt … nun ja, ein unappetitliches Thema. Oberin, bringen Sie mir doch noch so einen Nonnenhorner Bengel!«

»Die Gase«, warf einer mit kantigem Allgäuer Schädel ein, »die Leichengase, die treiben sie nach oben. Mit dem Hintern zuerst.«

Die Tafelrunde produzierte Geräusche des Schauderns.

»Glauben Sie mir«, ereiferte sich JX, »meine Schwester und ich, wir haben darauf gehofft. Dann hätten wir wenigstens Gewissheit gehabt.«

Ich sah, wie sich Richards Augenwinkel skeptisch verengte.

»Oder die Leiche ist überhaupt nie im See gelandet«, bemerkte ich aufgeräumt. »Eben weil Wasser seine Leichen meistens wieder freigibt.«

»Dummes Geschwätz!«, blaffte der junge Staatsanwalt. »Wo soll sie sonst sein? Was unterstellen Sie mir, Sie …«

Ich zog die Brauen hoch. Sag's nicht!

Er sagte es: »… Häfelesbronzere!« Was auf gut Schwäbisch eine weibliche Person meint, die sich zum Pinkeln auf einen Topf setzt, statt am Urinal zu stehen.

Gabeln, Münder und Augen erstarrten.

JX fing sich wieder. »Entschuldigen Sie, Frau Nerz. Aber für Sie mag das ein unterhaltsames Thema sein, für mich nicht. Zumal ich den Eindruck habe, dass Sie mir unterstellen wollen, ich hätte … ich hätte irgendetwas mit dem Verschwinden meines Großvaters zu tun. Ich habe gewiss Humor, ich vertrag auch mal einen groben Scherz. Aber das geht zu weit. Und ohne Beweise …«

»Da haben Sie völlig recht«, bemerkte Richard scheißfreundlich. »Einen Fall wie den Ihren müsste man vom anderen Ende her aufrollen.«

Der junge Mann presste die Lippen aufeinander. Seine Augen zuckten mit den Gedanken, die hinter seiner Stirn hin und her sprangen. Sie haben das Recht zu schweigen … das Recht auf einen Anwalt …

»Zunächst wäre zu fragen«, fuhr Richard fort, »welcher Vorteil Ihnen aus dem Tod Ihres Großvaters entstanden ist.«

»Keiner!«

»Na, geerbt werden Sie wohl haben. Zum Beispiel den Weinkeller.«

»Zu gleichen Teilen mit meinem Vater und meiner Schwester! Und das Haus ist dringend renovierungsbedürftig.«

»Sie haben Ihren Lebensstil nach dem Tod Ihres Großvaters auch nicht auffällig geändert. Keine großen Anschaffungen, keine Weltreisen.«

JX lächelte schon wieder. »Da bin ich aber erleichtert.«

Richard senkte die Lider, als wär's das gewesen. Einige lachten gemütlich. Ich bestellte ein weiteres Pils aus der Flasche. Der Sparkassenleiter orderte die dritte Kressbronner Berghalde. An den Tischenden begann man, ans Zahlen zu denken. Da hob Richard erneut den Blick und sagte: »Im vorliegenden Fall allerdings …«

»Was?«, rief einer vom oberen Ende des Tischs, der eben zahlte.

»Warten Sie! Das möchte ich noch hören.« Und an die aufrechte Bedienung gewandt: »Stimmt so.«

»Danke«, antwortete sie. »Schönen Abend noch.«

»Im vorliegenden Fall allerdings«, wiederholte Richard, »könnte ein Zufall weiterhelfen.«

»Jetzt hört's aber auf, Herr Kollege!«, rief JX.

Richard missachtete ihn. »Vor drei Monaten wurde bei Sotheby's in London eine Magnum für sechsundzwanzigtausend Euro versteigert.«

Ein »Oh!« umrundete den Tisch.

Magnum, sind das nicht diese Säuferflaschen?, fragte ich mich.

»Ein Russe hat sie gekauft. Er ließ sich nicht lumpen, lud Freunde ein und köpfte sie.«

»Sechsundzwanzigtausend Euro mal eben so die Gurgel runter!«, bemerkte der Mann, der eben gezahlt hatte und nun doch nicht aufbrechen wollte.

»Andererseits«, antwortete Richard, »wird Wein eigentlich gemacht, um getrunken zu werden. Wenn man Weine gar nicht mehr öffnet und immer nur weiterverkauft, dann wird irgendwann niemand mehr wissen, ob es wirklich große Weine waren, die schließlich zu Essig geworden sind. Unter den Gästen des Russen befand sich allerdings ein Weinkenner … Thierry Auchocry.«

Richard ließ den Blick über die Gesichter wandern. Fast tadelnd. »Ihnen gänzlich unbekannt? Ich trinke ja schon lange keinen Wein mehr, von ein paar Ausrutschern abgesehen, die mit Genuss nichts zu tun hatten. Ich bin trockener Alkoholiker. Aber Sie …« Er spitzte seinen asymmetrischen Blick unvermittelt in JX Wiggenhausers Gesicht. »Sie kennen den Mann doch! Thierry Auchocry hat zwanzig Jahre lang das Wine Department von Sotheby's in London geleitet und sich vor drei Jahren auf Weinbetrug spezialisiert.«

»Ach ja!« JX lächelte. »Richtig. Der hat mir ja geschrieben!«

»Genau. Denn er war entsetzt von dem, was der Russe ihm anbot. Schon die Farbe stimmte nicht. Orange Brauntöne, zartes Schokoladen-Leder-Bouquet? Pustekuchen. Stattdessen Rubinrot, Bouquet von reifen Früchten, etwas Veilchen, leichte Gewürznote, leicht mineralisch … ein Italiener, nicht schlecht, aber auch ein

Barolo wird zum Fusel, wenn man sechsundzwanzigtausend Euro dafür bezahlt hat. Thierry nahm das Etikett unter die Lupe. Zu hell, der Ornamentfries verwaschen. Eine Fälschung. Die Laboranalyse hat es bestätigt. Die Atombombentests der vierziger Jahre bis 1963 haben Spuren in allen Weinen hinterlassen. Heute kann man mithilfe der Verteilung typischer Kohlenstoffe jeden Nachkriegswein bis aufs Jahr genau datieren. Eine Analyse der Metalle im Wein gibt zudem Aufschluss übers Terroir bis hin zu bestimmten Lagen. Schwieriger ist es dagegen oft, den Weg einer Flasche zurückzuverfolgen. Manche sind dutzendfach verkauft worden. Viele Anbieter bleiben anonym. Diese Flasche aber konnte Thierry zuordnen. Sie stammt aus Ihrem Keller, Herr Wiggenhauser, oder vielmehr dem Ihres Großvaters. Und aus diesem Keller sind in den vergangenen neun Jahren allein bei Sotheby's in London einunddreißig Flaschen in Versteigerungen gegangen. Für insgesamt rund zweihundertachtzigtausend Euro.«

Anerkennendes Gemurmel.

»Nun ja«, lächelte JX. »Das überrascht mich etwas. Aber wenn Sie es sagen, oder vielmehr dieser Auchocry.« Seine Miene verfinsterte sich. »Allerdings frage ich mich schon, wie er dazu kommt, seine Kenntnisse an Dritte weiterzugeben.«

»Das zu klären«, antwortete Richard mit Schärfe im Abgang, »könnte ein Problem werden. Thierry Auchocry ist vor fünf Tagen auf dem Flughafen Friedrichshafen gelandet, hat sich ein Hotelzimmer genommen und ist noch am selben Nachmittag mit dem Taxi nach Nonnenhorn aufgebrochen. Adresse: Im Paradies. Seitdem fehlt von ihm jede Spur.«

Der Tisch knarrte, die Butzenscheiben äugten, die Wände rückten näher zusammen. Wer in diesem Lokal bediente, stand im Durchgang zur Küche. Alle Wangener, die der Regen in die Weinstube getrieben hatte, lauschten unverhohlen.

»Er wird niemanden angetroffen haben«, erklärte JX. »Ich habe Frau, Kind und Job in Ulm, wie Sie wissen, und meine Schwester ist seit anderthalb Wochen auf Kreuzfahrt. Und rein interessehalber und rein hypothetisch, Herr Kollege: Warum hätte ich diesen Weindetektiv, wie Sie anzudeuten scheinen, beseitigen sollen? Wo wäre das Motiv?«

»Angst vor Entdeckung«, erwiderte Richard und zog eine Zigarettenschachtel aus dem Jackett, als sei für ihn das Gespräch nicht weiter interessant. »Thierry Auchocry hat festgestellt, dass in den vergangenen neun Jahren jährlich drei bis vier Flaschen aus dem Keller Ihres Großvaters bei Sotheby's unter den Hammer gekommen sind. Ihr Großvater starb vor fünf Jahren. Doch sein Tod hatte keinerlei Auswirkungen auf diese Verkäufe. Das legt den Schluss nahe, dass es niemals er war, der die Flaschen verkauft hat, sondern immer schon Sie, sein Enkel. Vermutlich ohne Wissen Ihres Großvaters haben Sie sich bei Ihren Besuchen in seinem Keller bedient. Doch dann ist er Ihnen draufgekommen. Womöglich, weil er bei einer Auktion eine Flasche ersteigert hatte, die, wie er dann feststellen musste, aus seinem eigenen Keller stammte.«

JX ließ sich gegen die Rückenlehne der Bank fallen. »Absurd!«

Stille am Tisch. Was sollte man jetzt denken?

»Okay«, sagte ich ordnend. »Der Großvater musste sterben, weil er seinen Enkel angezeigt hätte und ein diebischer Staatsanwalt seinen Job verliert. Aber warum der Weindetektiv, dem es um ein falsches Etikett geht?«

»Er könnte«, schlug der Sparkassenleiter eifrig vor, »damit gedroht haben, den jahrelangen Diebstahl aufzudecken! Oder nicht?«

Purpurröte flutete das Gesicht dessen, über den wir verhandelten.

Richard beugte sich vor. »Josef-Xaver Wiggenhauser, ich möchte Sie darüber belehren, dass ich gegen Sie ein Verfahren …«

»Gar nix werden Sie!« JX sprang auf. Die geballte Faust schoss über den Tisch.

Ein Aufschrei!

Ich blockte den Schlag ab. Richard zuckte nicht einmal. JX plumpste mit beiden Händen auf den Tisch. Gläser purzelten. Damen sprangen auf, um Kleidung in Sicherheit zu bringen. Cipión jaulte und floh unter dem Tisch hervor. Ehe wir uns sortiert hatten, war JX über Tisch und Stühle gesprungen und zur Tür hinausgerannt.

Der Sparkassenleiter aus Biberach fuhr sich über die Haare. »Na, wenn das kein Schuldeingeständnis ist.«

»Was hat er jetzt vor?«, fragte der, der vorhin gezahlt hatte.

Richard zog eine Zigarette aus der Schachtel. Er sah müde aus. »Er geht dorthin, wo alle Täter hingehen, wenn man sie verunsichert hat. Nachschauen, ob das Versteck der Leiche unversehrt ist. Sie können es nicht verheben. Es ist stärker als sie. Auch wenn Wiggenhauser vermuten muss, dass wir ihm folgen, wird er in den nächsten Stunden alles daran setzen, sich zu versichern, dass …«

»Aber dann müssen wir ihm nach!«, rief der Sparkassenleiter.

»Allerdings …« Er lachte verlegen. »Ich … ich sollte nicht mehr fahren.«

»Ich auch nicht!«, raunte es rundum.

»Ohnehin ist er längst über alle Berge«, resümierte der Sparkassenleiter. »Gezahlt hat er auch nicht!«

Richard legte einen größeren Schein auf den Tisch. Die Bedienung rückte derweil mit Kehrschaufeln und Wischlumpen an.

Zeit für mich, mit Cipión auf eine Zigarette vor die Tür zu gehen. Im Nachtschatten der eingeschlafenen Stadt aktivierte ich auf meinem Handy den Hack, den mir Wagner programmiert hatte, tippte die Handynummer von Wiggenhausers Visitenkarte ein und aktivierte die Suchfunktion.

Eine Minute später kam Richard heraus. »Schnell!«, sagte er, beschwichtigte dann aber doch erst Cipión, der auch kurze Trennungen mit einem aufwendigen Begrüßungsritual neutralisierte, und zündete sich die Zigarette an. Er inhalierte tief. Auf meinem Handy hatte sich inzwischen die Landkarte mit dem Kreis installiert, der Wiggenhausers Handyposition anzeigte.

»Er ist unterwegs nach Lindau. Vermutlich will er nach Nonnenhorn.«

»Davon gehe ich aus.« Richard nahm noch einen tiefen Zug und ließ die Zentralverriegelung seines Wagens springen, der direkt beim Außengestühl der Weinstube am Bordstein stand. Er wusste, dass ich Handys orten konnte, tat aber so, als wüsste er es nicht. »Los! Wir müssen ihm zuvorkommen.« Immerhin hatte er nichts getrunken.

»Warum nicht der ordentliche Weg, Richard? Vorläufige Festnahme, richterlicher Durchsuchungsbeschluss …«

»Ich bin nicht zuständig. Nonnenhorn liegt in Bayern. Das würde Tage dauern.«

Da rollten wir auch schon hinaus in finstere Wiesen, dann durchs nachtschlafende Neuravensburg. Duft nach Kuhdung. Die Wolken waren aufgerissen. Vor uns glitzerte die Venus. Wiggenhausers Handyortungskreis kroch auf meinem Handy in der Hand nach Lindau hinunter. »Rechts!«, befahl ich, als das Schild Richtung Friedrichshafen auftauchte. »Nimm die B 31. Das geht schneller.«

Richard raste.

»Glaubst du denn wirklich«, fragte ich, »dass JX uns zur Leiche seines Großvaters führt? Dann ist er erledigt.«

»Das ist er schon jetzt, Lisa. Das Geld aus den Weinverkäufen bei Sotheby's ist auf ein Schweizer Konto geflossen. Das Konto ist Teil der Datensammlung von Schweizer Konten, die unlängst von Nordrhein-Westfalen angekauft wurde. Baden-Württemberg durfte ja nicht, weil unser Justizminister das für juristisch bedenklich hält.«

»Wie konnte er so was machen? Himmel, er ist Staatsanwalt!«

»Vor neun Jahren, als er damit anfing, studierte er noch. Sein Vater ist Anwalt. Vielleicht wollte er ursprünglich in die Kanzlei. Doch dann hat er geheiratet, ein Kind bekommen. Da schien ihm der Staatsdienst vermutlich sicherer. Und dann wusste er nicht, wohin mit der Leiche in seinem Keller ... ich meine, mit dem Geld in der Schweiz.«

»Und wie bist du ihm draufgekommen?«

»Thierry erzählte mir von seinen Recherchen in Sachen des gefälschten Pétrus Magnum und von dem Schweizer Konto, auf das Sotheby's die Erlöse überweist. Die Flaschen, die er diesem unbekannten Verkäufer zuordnen konnte, ließen auf einen außerordentlichen Keller schließen, und Thierry erinnerte sich eines Winzers namens Wiggenhauser, der bis vor einigen Jahren genau solche Weine auf Auktionen erworben hatte. Bei dem Namen Wiggenhauser erinnerte ich mich wiederum der Kontodaten der Steuerhinterzieher. Und mir fiel ein, dass es in Ulm einen Staatsanwalt gibt, der aus Nonnenhorn stammt. Und nachdem er sich zur Tagung an diesem Wochenende angemeldet hatte ...«

»Und wieso ruft dich so ein Weindetektiv an?«

»Ach, wir kennen uns schon lange.« Ja, Richards Kontakte waren unüberschaubar und immer hochkarätig. »Und wenn ihm was zugestoßen ist, werde ich mir das nie verzeihen!«

Ich begriff, warum er die gesamte Strafprozessordnung verletzt und aus diesem Abend eine Hinrichtung gemacht hatte. Richard ertrug es nur schwer, wenn man seine Freunde ermordete. Auch jetzt brach er alle Geschwindigkeitsbegrenzungen. Wir schleuderten eine Abfahrt hinunter. Spalierobst und Reben huschten im Scheinwerferlicht an uns vorbei. Dann sprang uns das Schild »Nonnenhorn« entgegen. Wir würden vor JX dort sein. Sein Handykreis eierte noch durch Lindau.

»Da vorn ins Paradies.« Plötzlich erinnerte ich mich an Cipións freudiges Wedeln an der Waschküchentür des alten Hauses. »Links, Links!« Die Reifen quietschten. Richard rammte den Mercedesstern fast ins Tor. Er, Cipión und ich sprangen aus dem Auto und rannten ums Haus. Der Wind flüsterte in den Trauerweiden.

»Warum rennen wir so?«, keuchte Richard.

»Weil Cipión heute Mittag an einer Hintertür mit dem Schwanz gewedelt hat! Und ich Seckel hab's nicht verstanden.« Ich griff mir einen der Kiesel, die der Bodensee reichlich an seinen Rändern ablagerte, und schlug die Milchglasscheibe der Waschküchentür ein. Es klirrte hell in der Nacht. Türen, Treppen. Cipión hob die Rute. »Da!«, rief ich. Eine schwere Holztür mit Eisenbeschlag stand einen Spaltbreit offen. Licht streifte in den Flur. Aber sie ließ sich nicht bewegen, denn ein Keil hatte sie gestoppt für den, der mit aller Gewalt herauszukommen versucht hatte. Richard warf sich mit der Schulter gegen das Türblatt, um es zu lösen, so festgebissen hatte sich der Keil im Sandsteinboden.

Ein mittelalterliches Kellergewölbe schlug uns seinen Dunst entgegen: Moder, Moos, Schimmel, Beeren, Erde, Holz, Tannin … Wein. Regale bis unters Gewölbe.

Cipión dackelte die Treppe hinunter in einem Tempo, das befürchten ließ, sein Hintern würde den Kopf überholen, und nieste, unten angekommen. Auch Richards olfaktorische Rezeptoren für Alkohol gerieten ins Flirren.

Unten, an eines der endlosen Regale mit Hunderten verstaubter Flaschen gelehnt, saß auf dem kalten Boden inmitten kullernder

Flaschen ein Männchen mit strubbelig grauem Haar und weinbeseligtem Gesicht.

»Thierry«, rief Richard und griff dem Mann unter die Arme. »Gott sei Dank!«

»Ich dachte schon …«, nuschelte der Weindetektiv. Was er auf Französisch noch so lallte, konnte ich nur erraten. Fünf Tage lang nichts als Wein gegen Kälte, Hunger und Durst.

»Im Mittelalter«, bemerkte Richard, »hat man auch nur Wein getrunken statt Wasser. Sogar die Kinder. Allerdings war er nicht so hochprozentig.«

Thierry lächelte verträumt. Und was für Weine! »Es ist das Paradies!« Er hatte, als ihm klar wurde, dass er sich aus dem Keller nicht befreien konnte und sterben würde, beschlossen, den Himmel auf die Erde zu holen, und die Besten aufgemacht. »Den 1929er Chateau Pétrus hätte man ohnehin nicht mehr wesentlich länger lagern dürfen! Keine aromatische Tiefe mehr.«

Richard und ich hievten ihn die Treppe hoch ins warme Haus.

»Wie sind Sie reingekommen?«, fragte ich.

Thierry wankte. »Wiggenhauser hat mich eingelassen. Was für ein Keller! Phänomenal! Ich habe die Zeit vergessen. Und dann war niemand mehr da. Und die Tür … der dumme Keil!« Er lachte verschwommen.

Richard schnaubte grimmig. »Da wird Wiggenhauser wohl einiges zu erklären haben! Müsste er nicht längst hier sein?«

Ich studierte mein Handy. Der Kreis stand still. »Er ist in Wasserburg!«

Da sackte Thierry in Richards Armen zusammen.

»Bleib du hier«, entschied ich, »und ruf den Krankenwagen! Ich fahre nach Wasserburg.«

»Nein, Lisa! Jetzt wissen wir ja, wo wir die Leiche suchen müssen. Unsere Spezialisten werden sie finden. Ich möchte nicht, dass du dich in Gefahr …«

In diesem Moment verlosch auf meinem Display der Kreis, den Wiggenhausers Handy im Straßennetz von Wasserburg erzeugte. JX hatte sein Telefon ausgestellt. Fast ein bisschen zu schlau.

Ich forderte und bekam Richards Autoschlüssel. Cipión hechelte auf dem Beifahrersitz. Wo bei Tag Massen von Radfahrern unterwegs gewesen waren, herrschte Nacht und Einsamkeit. Richards arroganter Mercedes schnurrte zufrieden. Ich rammelte ihn so weit ich konnte zum Fischer- und Seglerhafen vor und stieg aus.

Im Schlosshotel Wasserburg leuchteten Fenster. Von irgendwoher klang das Gelächter einer Feier. Ein Kirchturm ragte in den Nachthimmel. Der Kiosk am Hafen war geschlossen. Keine Menschenseele zu sehen.

»Such, Cipión!«, flüsterte ich. »Such!«

Cipión war eigensinnig, aber bisher hatte er immer begriffen, wann es darauf ankam. Er fing an zu schnüffeln, zur Mole, zu den bleichen Stümpfen einer Buhne, an der die Wellen glucksten, schließlich dorthin, wo es fischig und modrig roch, wo Kiesel unter meinen Füßen knirschten, wo man tagsüber Boote im Hänger zu Wasser lassen konnte, wo es auf einmal stockfinster war.

Cipión blieb stehen, die Rute zitternd erhoben.

Die Lichter der Seebrücke waberten in den Wellen. Aber da war noch etwas im teerschwarzen Wasser vor mir. Etwas Unbewegliches mit Kanten und mit … ja … Rückleuchten. Vom Wagen ragte nur das Heck noch aus dem Wasser.

Wie betrunken war JX eigentlich gewesen?

Die Knochen des Großvaters wurden zwei Tage später im Schlick unter einem schweren Eisengitter am Ende der Buhne gefunden. Täglich waren Hunderte von Touristen auf der Seebrücke an der Leiche vorbei zu den Fähren der Weißen Flotte geströmt. Ob JX vorgehabt hatte, den Tod des Weindetektivs herbeizuführen, indem er wie zufällig den Keil unter die Tür schob, konnte nicht geklärt werden. Die Vorermittlungen wegen des Vorwurfs der Steuerhinterziehung wurden eingestellt, weil Wiggenhausers Witwe davon offensichtlich keine Kenntnis hatte und gegen Tote nicht ermittelt wird.

Hannes Nygaard

Der Wein der Pharisäer

»Tjä«, quetschte Helgo Dethleffsen zwischen den nikotingelben Zähnen hervor, die das durchgebissene Mundstück seiner Pfeife hielten. Er schloss die Lippen, zog an der Pfeife, dass die Glut im Kopf hell aufglimmte, und ließ den Rauch im Mund kreisen, als würde er einen guten Wein verkosten, bis er den blauen Qualm schließlich durch den Mundwinkel ins Freie entließ.

Das raue Seeklima hatte sein Gesicht gezeichnet und Furchen hineingegraben. Das Blau seiner Augen, die buschigen Brauen, die Knollennase, der Vollbart, der den Mund umschloss, und die kurzen Haare, die genauso grau waren wie Bart und Brauen, ließen erahnen, dass Dethleffsen die Erfahrung vieler Lebensjahre mit sich trug.

»Was meinen Sie damit?«, fragte sein Gegenüber. Der gedrungene Mann mit dem kahlen Kopf, der nur von einem Haarkranz umsäumt wurde, sah Dethleffsen an. Der nickte nur bedächtig, griff mit seiner Linken zur Pfeife und nahm sie aus dem Mund, während seine andere Hand das Bierglas umfasste. Mit zwei großen Schlucken leerte Dethleffsen das Trinkgefäß, ließ ein erleichtertes »Ahh« hören und hob es in Richtung des Wirts, der hinter dem Tresen stand und die vier Männer am Stammtisch beobachtete.

»Helgo meint, dass man das nich' so eng sehen darf. Wenn wir alles machen würden, was die da drüben beschließen tun, dann wären wir schon lange abgesoffen.« Jens-Ove Nissen war ebenfalls braun gebrannt, aber gut zwanzig Jahre jünger als Dethleffsen. Seine kräftige Statur, die sich unter dem Hemd abzeichnenden Muskeln und die blonden Haare zeugten davon, dass er im Freien arbeitete.

»Gesetze gelten überall, auch auf einer Insel«, beharrte Traugott Bäuerle in seinem schwäbischen Singsang. »Das Rauchen ist in Gaststätten nun einmal verboten.«

»Ich hab gehört, dass das auf'n Festland so is'«, mischte sich der Vierte ein. Fiete Horn hatte die langen Haare zu einem Pferdeschwanz zusammengebunden, dessen Spitze zwischen den Schulterblättern baumelte. Er trug den Hemdkragen offen und war unrasiert, wobei nicht zu erkennen war, ob die Stoppeln ein Dreitagebart oder nur eine Nachlässigkeit waren.

»Nordstrand ist gar keine richtige Insel«, wandte Traugott Bäuerle ein. »Schließlich gibt es einen Damm zum Festland.«

Fiete Horn hob sein Schnapsglas bis auf Kopfhöhe und sah die Männer in der Runde an. »Prost«, sagte er und stürzte den Aquavit mit einem Schluck hinunter. Die beiden Einheimischen folgten seinem Beispiel und spülten mit Bier nach.

Bäuerle schüttelte sich. »Wie kann man nur so viel von den scharfen Sachen trinken?« Er griff nach seinem Weinglas und nippte vorsichtig daran.

»'nen Barg, wat Se dor vertellt hebt«, sagte Horn und übersetzte für den schwäbischen Urlaubsgast, der ihn fragend ansah: »Eine Menge, was Sie da erzählt haben. Wir sabbeln – äh – reden hier nicht so viel.«

»Musst du grade sagen, Horn«, mischte sich der Wirt ein. »Wenn du im Sommer mit den Touristen im Watt unterwegs bist, sabbelst du unentwegt. Fast so, als wärst du eine vonne Fruunslüdd«.

Horn wies mit dem Daumen auf den Wirt. »Er meint, ich würde so viel reden wie eine Frau«, erklärte er. »Also. Zurück zu Ihrem Einwand. Wenn das Rauchen in Gaststätten drüben auf'n Festland verboten is', is' das hier im Krug auf Nordstrand was anderes. Und nur weil wir 'nen Damm haben, sind wir noch lange kein Festland. Sylt hat auch 'nen Damm. Und niemand sagt, dass Sylt keine Insel nich' is'.«

»Sie verstehen nicht«, erwiderte Bäuerle. »Das ist doch etwas ganz anderes.«

»Wollen Sie uns die Welt erklären?«, fragte Jens-Ove Nissen.

Horn grinste. »Jens kennt was vonne Welt. Er is' Seemann.«

Bäuerle schenkte Nissen einen anerkennenden Blick. Wenigstens einer unter den Einheimischen, der ein wenig weltgewandter schien. Er konnte nicht wissen, dass sich Nissens seemännische Erfahrung auf das Schippern als Decksmann auf einer Fähre beschränkte, die im Wattenmeer zwischen den Inseln und Halligen verkehrte.

»Sylt. Dorthin fährt die Eisenbahn. Außerdem können Sie Nordstrand nicht mit Sylt vergleichen«, beharrte Bäuerle darauf, dass Nordstrand keine Insel sei.

»Nee«, erwiderte Fiete Horn. »Hier fühl'n wir uns wohler.« Er zeigte mit der Spitze seiner Zigarette auf Bäuerle. »Und Sie auch. Sonst würden Sie hier nich' Urlaub machen.«

»Das ist doch etwas ganz anderes«, wiederholte der Schwabe.

Jens-Ove Nissen sah zum Tresen hinüber. »Noch 'ne Runde«, rief er dem Wirt zu. »Ach, mach man gleich zwei. Und für unseren Freund hier«, dabei zeigte er auf Bäuerle, »auch eine.«

»Um Gottes willen«, protestierte Bäuerle. »Das viele Bier. Da könnte ich die ganze Nacht nicht schlafen, weil ich ständig auf die Toilette müsste.«

»Das is' gesund«, sagte Fiete Horn und lachte. »Was mein Sie, warum es hier kein Nierenarzt geben tut? Frag'n Sie 'nen Urologen. Der wird Ihnen bestätigen, dass viel Trinken fit hält.«

»Aber doch kein Bier.« Bäuerle schüttelte missbilligend den Kopf. »Im Bier sind Purine. Davon bekommen Sie Gicht.«

»Ich weiß nich', was Sie in Ihr'n Wein mischen, aber unser Bier is' nach'n Reinheitsgebot gebraut. Das steht auf jede Flasche. Habt ihr schon mal gelesen, dass da diese Pu-Dingsbums drin sind?« Nissen sah Dethleffsen und Horn an. Letzterer schüttelte den Kopf, während es Dethleffsen bei einem »Tjä« beließ. »Und Schnaps trinken wir zur Vorsicht. Damit wärm wir uns den Magen an, damit er sich nich' erschrickt, wenn das kalte Bier folgt.«

Bäuerle sah in sein Weinglas, bevor er erneut daran nippte. Er hielt das Glas gegen das Licht, kniff die Augen zusammen und betrachtete nachdenklich das schimmernde Rubinrot. »Darin liegt die Wahrheit, meine Herren. Das ist Kultur. Schon im Altertum haben die Menschen Wein getrunken. Aber das, was Sie da in sich hineinschütten ... Brrrh!«

Horn war kein Weinkenner. Er vermochte nicht zu sagen, ob Bäuerle wirklich Gefallen am Lübecker Rotspon fand, den der Wirt seinem kritischen Gast als besondere Spezialität kredenzt hatte. »Wer sagt denn, dass wir hier keinen Wein saufen?«, fragte er, nachdem er einen großen Schluck Bier getrunken und den Schaum mit dem Hemdsärmel von den Lippen gewischt hatte.

»Ich bin seit einer Woche hier«, sagte Bäuerle. »Und jeden Abend habe ich Sie gesehen. Alle drei. Sie sitzen hier, sprechen wenig, er da«, dabei zeigte er auf Dethleffsen, »sagt überhaupt nichts. Und dann trinken Sie. Bier und Schnaps. Bier und Schnaps.«

»Das stimmt nich'«, warf Horn ein. »Wenn's kalt is', trinken wir Pharisäer.«

Bäuerle wurde hellhörig. »Davon habe ich schon gehört.«

»Der is' auf Nordstrand erfunden worden. Nache Taufe oder bei Beerdigungen saß der Pastor mit am Tisch. Solange der dabei war, durfte kein Alkohol ausgeschenkt werden. Die Bauern haben deshalb Kaffee getrunken, schön stark und mit viel Zucker drin. In Kaffee haben sie Rum reingeschüttet, nur nich' in Becher von Pastor. Damit der Alkohol nich' riecht, gab's 'nen ordentlichen Klecks Sahne obendrauf. Nun wunderte sich der Pastor, dass seine Nachbarn immer fröhlicher wurden. Misstrauisch hat er sich die Tasse von Nebenmann geschnappt und gemerkt, dass da Rum drin war. ›Oh ihr Pharisäer!‹ hat er da ausgerufen.«

Bäuerle winkte ab. »Das glaube ich nicht. Rum! Das klingt rückständig. Ich kenne das als Rüdesheimer Kaffee mit Cognac.«

»Cognac?«, fragte Nissen. »Da is' doch Wein drin.«

»Der wird aus edlen Reben gebrannt«, korrigierte ihn Bäuerle und spitzte die Lippen. »Das ist Kultur. Aber Rum …« Er schüttelte sich, während die drei Einheimischen erneut ihre Schnapsgläser leerten.

»Also Wein … Den trinken wir auch. Wenn's richtig kalt is', der Wind von Nordwest bläst und das Reet auf'n Dach knattert, dann trinken wir Wein.«

Bäuerle musterte Fiete Horn aus zusammengekniffenen Augen. »Das habe ich noch nie erlebt. Sie trinken wirklich Wein?«

»Ja«, strahlte Fiete Horn. »Das tut richtig gut. Und beugt jede Erkältung vor.«

Der Schwabe schüttelte nachdenklich den Kopf. Dann tippte er sich an die Stirn. »Der viele Schnaps scheint Ihren Verstand zu vernebeln.«

»Nee«, griente Horn. »'nen guten Rotwein, dazu Zimt, Gewürze, Nelken und Zucker. Das Ganze aufgekocht. Ham Sie 'ne Ahnung, wie das aufheizt. Und wenn das nich' reicht, kommt noch 'nen ordentlichen Schuss Rum rein. Das trinken wir hier im Winter.« Er nickte versonnen und schnalzte mit der Zunge. »Ja. So 'n schön'n Rotwein is' schon 'nen Gedicht.«

»Das ist allerschlimmster Kulturfrevel«, schimpfte Traugott Bäuerle. »Sie können doch keinen Wein kochen.«

»Doch«, lachte ihn Fiete Horn an. »Wir trinken nicht nur den edlen Roten. Im Herbst gibt's Weißwein.« Er leckte sich mit der Zungenspitze über die Lippen. »Ich muss Sie recht geben. Ohne 'nen guten Wein is' der Herbst nix.«

»Sie sollten sich ein Beispiel an Ihrem Nachbarn nehmen«, fuhr Bäuerle Fiete Horn an. »Der kocht bestimmt keinen Wein.«

»Na klar! Der kocht auch Wein. Weißen«, lachte Horn. »Oder woll'n Sie die Muscheln im kalten Weißwein essen? Wir kochen sie im Weißweinsud. 'ne Delikatesse. Hmh!«

Bäuerle klopfte sich heftig mit der Faust gegen die Brust. »Das ist ja ekelhaft. Und ausgerechnet mir erzählen Sie so etwas.«

»Wieso, was ist denn mit Ihnen?«, fragte Fiete Horn und legte den Kopf ein wenig schief. Er schob sein Schnapsglas über den Tisch in Richtung Bäuerle. »Das hilft bei verstimmtem Magen. Echt.«

»Wissen Sie nicht, wen Sie vor sich haben?« Bäuerle schnappte nach Luft. »Ich leite die Buchhaltung einer Winzergenossenschaft.«

»Donnerwetter«, staunte Horn und zeigte auf den schweigsamen Dethleffsen. »Dann sitzen lauter Alkoholexperten am Tisch. Er da brennt Schnaps. Schwarz.«

»Tjä«, erwiderte Dethleffsen und zog an seiner Pfeife.

Sie wurden vom Wirt unterbrochen, der die nächste Runde brachte.

»Haben Sie ein Alkoholproblem auf der Insel?«, fragte Bäuerle, dem die Verärgerung deutlich anzumerken war.

Die drei Einheimischen sahen sich an. Dann schüttelten sie einträchtig den Kopf.

»Es gibt auffe Insel 'ne Gruppe vonne Anonyme Alkoholiker. Aber hier bleibt nichts geheim. Da is' nichts mit anonym«, sagte Fiete Horn.

»Das muss bei Ihnen eine Art Gemeindeversammlung sein«,

lästerte Bäuerle. »Sie versaufen doch Ihren ganzen Verstand. Das kommt davon, wenn man am Ende der Welt lebt. Sie haben nichts anderes als die Trunksucht.«

»So is' das nich'«, sagte Fiete Horn nach einer Weile. »Es gibt hier 'ne Menge Kultur. Der Shantychor, der Spielmannszug vonne Freiwillige Feuerwehr, und manchmal spricht auch unser Bürgermeister. Und zweimal in Jahr stellt Trine Feddersen ihre selbst gemalten Bilder inne Käseabteilung von Kaufmann aus.«

Bäuerle sah abfällig auf die schwieligen Hände der Männer. »Mich wundert gar nichts mehr. Ich habe gelesen, dass es auf den kleinen Inseln Zwergschulen gibt: ein Lehrer und drei Kinder.«

»Was wollen Sie damit sagen?« In Nissens Stimme schwang deutlich die Verärgerung mit.

»Leute wie Sie können es nicht besser wissen«, fuhr Bäuerle fort. Er zeigte auf Nissens Hände. »Was arbeiten Sie?«

»Ich bin auffe Fähre – Decksmann. Wenn wir anlegen, spring ich mit'n Tau inne Hand an Land und leg es um den Poller. Ich zieh dann die ganze Fähre an Land. Ein Mann gegen das Schiff.«

Nissen grinste. »Das kostet viel Kraft, und wenn das Schiff ungünstig aufkommt, dann reißt der Tampen durch die Handfläche. Im Laufe der Jahre werd'n die Hände so rau wie das Wetter bei uns hinterm Deich. Is' aber immer noch besser als er da.« Nissen zeigte auf Dethleffsen, der an seiner Pfeife nuckelte und »Tjä« sagte. »Helgo Dethleffsen is' Fischer. Der hat 'nen ganzen Tag über toten Fisch inne Hand. Den Gestank wirst du nie mehr los. Der is' 'nen armer Wicht.« Nissen schüttelte bedauernd den Kopf. »Der kann nich' mal eben mit der Nachbarin inne Kiste hüpfen. Nee. Das riecht der Ehemann, wenn er nach Hause kommt. Dann gibt's was auf'n Bregen.«

Bäuerle rümpfte die Nase. Instinktiv rückte er ein wenig vom schweigsamen Dethleffsen ab. »Und Sie?«, fragte er Fiete Horn.

»Im Sommer bin ich Wattführer. Ich geh mit die Touristen ins Watt, erklär ihnen die wunderbare Natur und das einzigartige Wattenmeer. Ich genieß es, dort zu leben, wo Sie nur einmal im Jahr im Urlaub sein dürfen.«

»Sind Sie der, der mit dieser verrosteten Grabegabel herumläuft und Würmer aus dem Matsch gräbt?«

Horn nickte. »Das is' kein Matsch, sondern Mudd, in den viele Leute für teures Geld als Schlammpackung reinschlüpfen. Ich hab mich schon oft gefragt, wie dumm manche Binnenländer sind, dass sie so viel dafür bezahlen, um im Dreck zu liegen.«

»Sie sind von uns abhängig. Sonst gibt es doch nichts in dieser Einöde.« Bäuerle tippte sich gegen die Stirn. »Das ist kein Beruf, durch den Matsch zu laufen.«

»Neben dem Wissen um die Geheimnisse der Natur müssen Sie auch das Meer kennen. Das Wasser spaßt nich'. Es kann tückisch sein. Sie müssen wissen, wohin Sie laufen, wenn die Flut kommen tut.«

»Das ist kein Problem. Ich sehe doch den Strand.«

»Wenn Sie Pech haben, sind Sie auffe Sandbank und zwischen Ihnen und dem Strand is' 'nen Priel. Dann sind Sie abgeschnitten.« Horns Stimme war der erhebliche Alkoholkonsum inzwischen anzumerken. Er sprach schon lange nicht mehr so deutlich wie zu Anfang.

»Quatsch«, erwiderte Bäuerle. »Und selbst wenn die Füße ein wenig nass werden – was macht das.«

»Das ist lebensgefährlich«, mischte sich Nissen ein und sah gemeinsam mit den anderen zu Dethleffsen, dessen Kopf auf die Brust gesunken war.

»Maßlose Übertreibung. Sie wollen sich nur wichtigmachen.«

Nissen musterte Bäuerle aus glasigen Augen. Er schwenkte den Zeigefinger hin und her. »Fiete hat recht. Das Wasser is' gefährlich. An der Küste is' schon manch einer umgekommen, der sich zu weit vorgewagt hat.«

»Schauermärchen.« Bäuerle lachte zynisch. »Sie sind nichts weiter als abergläubische Kulturbanausen. Sie werden sehen.« Er griff nach seinem Weinglas und nippte daran. »Wenn ich im Alter einen guten Tropfen genieße, hat Sie alle schon lange der Teufel geholt.«

»Darauf würd' ich nich' wetten«, lallte Nissen und hatte Mühe, die Augen aufzuhalten.

»Noch 'ne Runde«, rief Fiete Horn zum Wirt hinüber und schüttelte Dethleffsen, der inzwischen laut schnarchte.

Bäuerle erhob sich und sah sie verächtlich an. »Was seid ihr nur für Pharisäer. Ich habe es nicht nötig, meinen Urlaub hier zu verbringen. Nein! Das war mein letzter Tag auf dieser Insel.«

Am blauen Himmel hingen ein paar Schäfchenwolken, die mit dem auffrischenden Wind rasch Richtung Festland trieben. Es roch nach Salz und Meer, nach Tang und Fisch. Helgo Dethleffsen stapelte Fischkisten aufeinander, die er mit aufs Boot nehmen wollte, um sie mit der Beute des neuen Tages zu füllen. Er sah auf und blinzelte unter dem Schirm seiner Prinz-Heinrich-Mütze gegen die Sonne, als Fiete Horn näher kam.

»Moin«, grüßte der Wattführer und stützte sich auf den Stiel seiner Grabegabel.

Dethleffsen nickte und zog an seiner Pfeife. »Hast du eine Führung?« Er presste jede Silbe einzeln zwischen den geschlossenen Zähnen hervor.

»Ja. Süddeutsche.«

»Woher?«, erkundigte sich Dethleffsen.

»Hannover.«

Dethleffsen angelte nach einer Sandscholle, die am Vortag in einer der Fischkisten liegen geblieben war. Gedankenverloren betrachtete er den Plattfisch in seiner Hand. »Hast du Jens-Ove schon gesehen?«

»Nee. Was is’ mit dem?«

»Der hat Ärger mit sein Käpt’n. Auf der Fähre fehlt ein Stück Tau«, erklärte Dethleffsen.

»Und?«, fragte Horn. »Hast du schon gehört?«

»Was?«

»Der von gestern – der Schwabe. Der ist tot geblieben.«

»Wirklich? Wie das? Wir ham ihn doch gewarnt, wie gefährlich das Watt is’.«

»Stimmt.« Fiete Horn nickte abwesend. »Die Sache hat nur ein Haken.«

»Und?«

»Man hat ihn auffe Binnenseite von Deich gefunden.«

Dethleffsen überlegte eine Weile. »Wir ham kein Hochwasser gehabt inne Nacht. Er kann also nicht rübergespült worden sein.«

»Nee. Isser auch nich’. Er is’ nich’ abgesoffen.«

»So. Der war doch gar nich' so alt. In seine Jahre kommst nur durch Ersaufen um.«

Horn kratzte sich am Kopf. »Man weiß noch nich' genau. Vielleicht isser auch erstickt.«

»Wieso denn das?«

»Man hat ihn 'ne Scholle in Hals gedrückt.«

Beide sahen auf die Sandscholle in Dethleffsens Hand. Der wiegte nachdenklich den Kopf. »Dabei sind die in Augenblick so teuer«, gab er zu bedenken. »Und anne Scholle isser abgenippelt?«

»Vielleicht«, sagte Horn. »Kann aber auch sein, dass er erwürgt worden is'. Von Tau, das um sein Hals war. Da hat einer kräftig dran gezogen.«

»Und eins von den beiden war die Todesursache?« Dethleffsen zog ungläubig die Augenbrauen in die Höhe. »Komisch.«

»Vielleicht auch nich'. Das muss der Leichenschnippler rauskriegen.«

»Is' ja merkwürdig. War das nun alles?«

Horn druckste ein wenig herum. »Nee. In seine Brust steckte 'ne Grabegabel.«

Dethleffsen schüttelte nachdenklich den Kopf. »Na ja«, meinte er nach einer Weile. »Er hatte sowieso gesagt, er wollte nich' wiederkommen.«

Versonnen sahen beide den Wolken nach. Es schien eine Ewigkeit vergangen, bis sich Horn zu Wort meldete. »Du?«

»Tjä?«

»Kann sein, dass der Schwabe doch recht hatte, und wir sollten 'nen büschen weniger saufen.«

»Meinst du?«

»Ja.«

Dethleffsen seufzte. »Vielleicht sollten wir es statt mit Bier und Schnaps doch mal mit Wein versuchen.«

Husumer Nachrichten vom 21. März 2009

Schleswig-Holstein wird Weinbauland. Schon im April will sich das Kieler Kabinett damit befassen. Werden dann die Reben gesetzt, gibt es in drei Jahren den ersten »Nordwein«.

Bereits im April will sich das Kieler Kabinett mit dem Entwurf einer Landesweinverordnung für Schleswig-Holstein befassen.

»Noch im Frühjahr könnten die ersten Reben gesetzt werden«, sagt Christian Seyfert, Sprecher des Landwirtschaftsministeriums in Kiel. »Mit dem ersten nennenswerten Ertrag wäre dann 2011 oder 2012 zu rechnen.«

Der Entwurf ist bereits sehr konkret: Der Weinkenner darf zu seiner Liste der Weinbaugebiete in Deutschland nun auch »Nordfriesland-Holstein« hinzufügen.

Elisabeth Herrmann

Lacrimae Christi

»Wir treffen uns am Aufzug.«

Sie sah ihm nach und war immer noch so beeindruckt von seinem Wagen, der Auffahrt und der fast kathedralenhaften Größe der Lobby, dass sie beinahe über den roten Teppich gestolpert wäre. Ein Page öffnete ihr die Tür. Sie nickte ihm hoheitsvoll zu und warf die Handtasche über die Schulter. Es war eine Peek-a-Boo von Fendi, die sie bei einer Dame am Nebentisch in einem Restaurant gesehen hatte und die beim Verlassen desselben die Besitzerin gewechselt hatte.

Der Portier reichte ihre Papiere über den Tresen. Im Moment war sie rotblond. Diese Haarfarbe in Kombination mit dem ungefähr gleichen Alter genügte schon, damit der Angestellte nicht mehr als einen flüchtigen Blick auf das Foto warf. Er reichte ihr die Zimmerkarte und wünschte einen schönen Aufenthalt.

Er hielt ihr auf dem Weg von der Tiefgarage in die Zimmer die Lifttüren offen. Im Aufzug warf sie einen Blick in den Spiegel. Ein attraktives Paar: Er, der braun gebrannte, einen Kopf größere Mann Ende fünfzig, und sie, mit Anfang vierzig zwar am Ende der Jugend und der Illusionen angelangt, aber immer noch anziehend und von einer unterschwellig glühenden Sexualität.

Es war später Nachmittag, und die Sonnenstrahlen tanzten über die Elbe und wurden vom Wasser zurückgeworfen an die Zimmerdecke. Sie lag auf dem Bett und wartete darauf, dass er aus dem Bad zurückkehren und sich zu ihr legen würde. Er war ein hervorragender Liebhaber. Sie würde jede Sekunde dieses Tages mit allen Sinnen genießen und sich jung fühlen in seinen Armen, begehrt, selbstbewusst, gierig, egoistisch, einzigartig. Wenn er am nächsten Morgen erwachen würde, sollte er wissen, dass sie jeden Cent wert gewesen war. Und sie hatte endlich einmal wieder Glück im Spiel.

Aber warum sollte sie nicht noch einmal Glück haben. Großes Glück. Sie hatte schon geglaubt, so eine Chance käme nicht wieder. Früher hätte sie darüber gelacht und wäre weitergeflogen wie ein Schmetterling. Doch dann waren die Jahre vergangen, die Winter wurden länger, der zarte Schmelz der Unschuld war dahin. Die Männer begannen, ihr nicht mehr so vorbehaltlos gegenüberzutreten. Sie musste zu anderen Mitteln greifen, und eines davon befand sich in ihrer schönen, neuen Peek-a-Boo und wartete auf seinen Einsatz.

Sie war ihm am Bahnhof begegnet, wo sie sich manchmal herumtrieb und den Nachtzügen Richtung Süden sehnsüchtig hinterherstarrte. Auf hohen Schuhen und mit dieser Hilflosigkeit im Blick, die früher einmal rührend war. Er hatte sie gesehen. Er war einer von denen, die man eigentlich halten sollte, weil sie auf Dauer viel einträglicher waren als ein einmaliger Raub. Oder anders ausgedrückt: Beischlafdiebstahl, so stand es in ihrer Akte. Raub gefiel ihr besser. Es klang nach Wildbahn und Katze, nach Jagd und Beute. Sie hatte noch einmal Witterung aufgenommen, und er war ihrem Duft gefolgt.

»Ich habe eine Überraschung für dich«, sagte er. Er stand in der geöffneten Badezimmertür, angezogen. »Es ist ein so wunderschöner Tag. Ich möchte mit dir auf die Bastei.«

Sie lächelte, stand auf und kleidete sich wieder an. Er war der Boss. Noch.

Wenig später parkte er seinen schönen, teuren Wagen auf einem der Stellplätze vor dem gewaltigen Felsenmassiv. Die Sonne stand schon tief am Himmel, und er brauchte offenbar jemanden an seiner Seite, mit dem er diese Romantik teilen konnte. Sie war froh, an ein Paar flache Schuhe gedacht zu haben. Die Wege über die Gipfel der atemberaubenden Steinnadeln waren eng und schwindelerregend. Er trug den Picknickkoffer, letzte Ausflügler kamen ihnen entgegen, und wenn sie hinuntersah in die Tiefe, schlängelte sich die Elbe wie ein fernes silbernes Band durch die Uferebene.

»Hier entlang.«

Er verließ den ausgewiesenen Weg und führte sie über einen uralten, in Stein gehauenen Pfad um eine Steilwand herum. Kein Sicherheitsgeländer schützte sie mehr vor dem Abgrund. Er drehte sich um und reichte ihr seine Hand.

»Nur noch ein paar Schritte. Du wirst es nicht bereuen.«

Der Weg führte auf ein schmales Plateau, das wohl einmal zu der mittelalterlichen Burganlage gehört haben musste. Sie hatte die großflächigen Warnungen vor Augen, die die Besucher anhielten, die Absperrungen nicht zu verlassen. Lebensgefahr. Doch er lächelte sie triumphierend an, als ob er gewusst hätte, dass sich an dieser geheimen Stelle, verborgen vor den Blicken der letzten Bergwanderer, ein Felsvorsprung befand.

»Es ist großartig. Nicht wahr?«

Vorsichtig, um nicht die Balance zu verlieren, setzte sie sich. Sie war schwindelfrei, und es gab genug Platz für sie beide, aber das hier war nichts für Menschen, die unter Risiko allenfalls das Ausfüllen eines Lottoscheins verstanden.

Er wies auf das Panorama. Dagegen war nichts zu sagen. Die Sonne bereitete sich auf einen spektakulären Untergang vor, und man konnte dem Lauf der Elbe kilometerweit folgen. Er setzte sich neben sie und packte den Picknickkorb aus. Zwei Flaschen Wein hatte er mitgenommen. Sie hatte nicht viel Zeit im Hotelzimmer gehabt, weshalb sie die Etiketten gar nicht gelesen hatte. Aber sie erinnerte sich an die Farben des Stanniols um den Flaschenhals. Rot die eine, silbern die andere. Sie würde nach dem Öffnen entscheiden, in welchen Wein sie das schnell wirkende Nervengift geben würde, das die Muskeln vorübergehend lähmte und einen fast todesähnlichen Schlaf hervorrief. Einen Moment bedauerte sie, dass es hier geschehen musste. Aber sie hatte immer mit Wein gearbeitet, und wenn es hier oben passierte, dann war es sein Schicksal. Sie warf einen vorsichtigen Blick in den Abgrund. Er würde sehr tief fallen.

Der Mann griff nach der Flasche mit der roten Kapsel.

»Ein Radebeuler Goldener Wagen.« Er musterte sie mit sachverständigem Blick. »Eine Cuvée aus Grauburgunder, Riesling, Traminer und Silvaner. Schloss Wackerbarth. Den musst du probieren.«

Er schnallte zwei Gläser aus ihrer ledernen Halterung ab, öffnete die Flasche mit geübten Griffen und schenkte ein. Um ein

Haar wäre ein Glas auf dem unebenen Boden umgefallen, sie rettete es in letzter Sekunde. Die Flasche stellte sie auf sicheren Grund neben sich.

»Auf uns.«

»Auf uns«, antwortete sie.

Der Wein war kühl und duftete nach Rosen und Pfirsich. Zu frisch für das Gift. Er würde es herausschmecken. Sie wusste, dass die zweite Flasche ihren Vorstellungen mehr entsprechen würde. Sie kannte den Ablauf der Verführung: am Anfang leicht und unbeschwert, ein sonniges Tänzeln auf der Zunge, ein zartes Kitzeln im Gaumen. Dem folgte die schwere, sinnliche Glut, die die Glieder und den Verstand gleichermaßen betäubte.

»Ich weiß so wenig von dir«, sagte er. »Du wirkst wie eine Frau von Welt. Und dann treffe ich dich in Dresden auf dem Bahnhof ohne einen Cent in der Tasche.«

»Manchmal strandet man. Ich bin froh, dass ich dir begegnet bin.«

Sie sah ihn an und küsste ihn. Ein leichter Wind kam auf, sie fröstelte. Er bemerkte das und legte seine Jacke um ihre Schultern.

»Wo wärst du gerne?«, fragte er. Im gleichen Moment stahl sich ein Lächeln in sein Gesicht, das ihn sympathischer machte, als er ihr werden durfte. »Wenn du jetzt nicht gerade an meiner Seite wärst, natürlich. Italien, denke ich. Der Süden auf jeden Fall. Du bist eine Frau für die Sonne und das Licht.«

Die Worte rührten sie. Sie erinnerten sie an die junge Frau, die sie einmal gewesen war und die geglaubt hatte, was man ihr sagte. Bis sie gegangen waren, einer nach dem anderen, meist schon, bevor die Sonne am nächsten Morgen wieder aufgegangen war. Als sie schließlich aufgehört hatte zu glauben und Beute zu sein, war sie Jägerin geworden.

Er packte das Brot aus, die Oliven und hauchdünn geschnittene Salami. Der Wein war gut. Sie trank mehr, als sie eigentlich vorgehabt hatte, und sie redete auch mehr. Von Frankreich, der Côte d'Azur und der Riviera, von Andalusien, Ibiza, Italien. Er hörte ihr zu, und es war fast so, als könnte sie tatsächlich an seiner Seite neu beginnen.

»Sardinien!«, rief er und schenkte nach. Die Flasche war leer.

Sie fühlte sich leicht und beschwingt, fast ein wenig übermütig. Sie sollte die zweite Flasche in den Abgrund werfen und es am nächsten Tag noch einmal versuchen. Oder gar nicht mehr. Vielleicht gab es sie ja, diese Momente im Leben, in denen sich alles änderte und einer kam, der es ehrlich meinte. Er hob das Glas.

»Oder noch besser, Sizilien. Warst du schon mal da?«

Die Erinnerung kam so plötzlich wie ein Aufprall.

»Ja«, antwortete sie und versuchte, die Leichtigkeit in ihrer Stimme nicht zu verlieren. »Aber es ist schon so lange her. Ich war jung damals, ich kann mich kaum erinnern.«

»Catania. Palermo. Die kleinen Dörfer im Landesinneren, die schmalen Straßen, die Frauen ganz in Schwarz ...«

Er griff in den Korb und holte die zweite Flasche heraus. Das Etikett war beschlagen. Er rieb das Wasser mit dem Daumen weg.

»Lacrimae Christi. Christus soll auf das sündige Neapel geblickt haben, und eine Träne fiel herab auf die Hänge des Vesuvs. Das ist die Legende dieser Traubensorte. Das Licht hier ist fast italienisch.«

Rotgolden ging die Sonne unter. Am Himmel stand der Mond, und die Farbe wechselte von einem luziden Türkis hinüber in dunkles Violett. Sie sah die ersten Sterne und fragte sich, wie sich das anfühlen würde, nicht alleine den Weg zurückzugehen. Generell nicht alleine zu sein. Vielleicht war er der eine, für den es sich lohnte, noch einmal neu anzufangen. Sie lächelte ihn an. Etwas an ihm kam ihr bekannt vor.

»Lass mich das machen.« Sie nahm ihm die Flasche ab und entfernte die Kapsel. »Wo hast du ihn her?« Ihr Blick fiel auf das Etikett. 1992. Das konnte nur ein Zufall sein. »Der Wein ist fast zwanzig Jahre alt.«

»Ich wollte etwas Besonderes für uns.«

Dieses Mal hielt er beide Gläser, und sie schenkte ein. Der Geschmack war überwältigend süß. Er explodierte auf ihrer Zunge und warf sie zurück, hinein in einen Sommer, der so heiß war, dass die Luft flirrte. Sie wusste seinen Namen nicht mehr. Sie hatte ihn in der Lobby des Grand Hotel et des Palmes in Palermo kennengelernt, wo sie ein kleines Zimmer gemietet hatte und darauf wartete, dass der Nächste sich in ihrem Netz verfing. Es war so einfach, wenn man jung war und zu allem bereit. Sie hatte das Zimmer in bar bezahlt, mit den Geldscheinen, die sie irgendeinem anderen abgenommen hatte, der die Ankunft des Zuges gar nicht mitbekam, weil das Clomethiazol so lange wirkte. Sie besorgte es sich in Kliniken, die sie mit einem Blumenstrauß betrat und ihr jederzeit die Entschuldigung boten, sie hätte sich nur verlaufen. Es hatte einen bitteren Geschmack, deshalb mischte sie es gerne in einen Digestif. Doch die kleine Trattoria, in der sie zwei Tage später saßen, hatte nur Lacrimae Christi.

Er suchte nach einer Stelle, um die Flasche abzustellen.

»Ich war erst ein Mal in Sizilien«, sagte er. »Aber ich habe keine schönen Erinnerungen daran. Ich war verliebt. Ein törichter junger Esel. Komm, lass uns auf die Liebe trinken.«

In diesem Moment erkannte sie ihn. Sie tastete nach dem Fläschchen mit den Tropfen. Sie hatte die Dosis genau berechnet. Das eine Glas würde genügen. Sobald er eingeschlafen war, würde sie ihm die Autoschlüssel abnehmen und gar nicht mehr zurück zum Hotel fahren. Er hatte fünfhundert Euro in bar dabei, dazu eine Vielzahl von Kreditkarten. Zwanzig Kilometer weiter war die tschechische Grenze. Für das Auto mit Papieren würde sie gut und gerne zehntausend bekommen, ein Bruchteil seines tatsächlichen Preises. Vielleicht würde sie auch durchfahren bis Triest und es dort verkaufen. Und dann auf die Fähre ... sie hatte genug gültige Pässe. Ihre Handtaschen suchte sie sich auch immer unter Berücksichtigung einer gewissen Ähnlichkeit mit ihren Besitzerinnen aus. Und fast immer befand sich in einer Fendi, Gucci oder Prada auch ein Portemonnaie von Fendi, Gucci oder Prada. Mit Ausweisen, Kreditkarten. Bargeld.

»Auf die Liebe«, sagte sie.

Sie war so töricht. Vor wenigen Augenblicken noch hatte sie wirklich geglaubt, das Leben hätte so etwas wie eine Umleitung. Einen Notausgang. Eine Kreuzung, an der sie sich hätte entscheiden können. Sie spürte, wie ihr Herz klopfte und das Blut in schnellen Schlägen durch ihren Körper trieb. Er hatte sie aus der Fassung gebracht. Erst mit seinen verführerischen Worten, und dann mit der schlagartigen Erkenntnis, dass er sie jederzeit ebenfalls erkennen könnte.

Er trank sein Glas in einem Zug leer. Sie bekam Angst, dass die Flasche schneller leer werden würde, als sie sie vergiften könnte. Sie sah hinunter in den Abgrund und dachte, dass niemand mit diesem Zeug im Blut hier oben die Balance halten könnte.

»Sie war wunderschön. Jung. Ehrgeizig. Aus ihr hätte etwas werden können. Aber sie wollte die Abkürzung. Den schnellen Weg. Wohin hat er dich geführt?«

Er sah sie gar nicht an, sondern blickte hinunter ins Tal, wo der silberne Fluss sich an die steilen Uferwände schmiegte. Sie beschloss zu warten. Es war nicht das erste Mal, dass sie erwischt wurde. Männer verloren jede Zurückhaltung, wenn ausgerechnet eine Frau sie hinters Licht geführt hatte. Er wirkte nicht so, als ob er gewalttätig werden würde. Sie leerte ihr Glas und merkte, dass der Wein ihr langsam zu Kopf stieg. Wahrscheinlich war es besser, die Aktion abzublasen und sich so schnell wie möglich aus dem Staub zu machen.

»Es waren dreitausendvierhundertfünfzig Mark. Erinnerst du dich noch?«

Natürlich. Sie hatte einen Flug nach Mykonos gebucht und war nach drei ausgelassenen Wochen mit der Fähre nach Rhodos gefahren, weil die Männer dort schneller zu haben waren.

»Das Geld gehörte meiner Schwester. Ich sollte einen Wagen für sie kaufen. Gebraucht. Ihr alter war nur noch ein Haufen Schrott.«

Jede Summe hatte eine Geschichte. Ein Auto, eine Uhr, ein Urlaub. Es war doch nur Geld. Warum musste er sie und sich deshalb noch einmal demütigen?

»Zwei Tage später versagten die Bremsen. Man könnte jetzt sagen, es war Schicksal. Oder Zufall. Und mit dem neuen Wagen hätte das auch passieren können. Aber es wäre nicht passiert. Jedenfalls nicht so. Nicht auf eine Weise, die mich dazu gebracht hat, direkt nach meiner Rückkehr ins Krankenhaus zu gehen und herausfinden zu lassen, was mich damals so außer Gefecht gesetzt hat.«

Er griff in die rechte Jackentasche und holte ein kleines Fläschchen hervor. Es war identisch mit dem, das sie bei sich führte. Sie versuchte ein hilfloses, verständnisloses Lächeln, doch es gelang ihr nicht.

»Schade um den guten Wein«, fuhr er fort, »denn das hat er nicht verdient.«

Er schenkte sich nach. Sie spürte, dass der Schreck sie gelähmt hatte, denn sie war unfähig, sich zu rühren. Was hatte er vor? Warum erzählte er ihr das alles, was doch so lange her war und zu Ereignissen geführt hatte, an denen sie keine Schuld traf?

»Was ist mit deiner Schwester passiert?« Sie hatte Mühe, die Worte zu formulieren.

»Sie starb noch am Unfallort. Allerdings erst nach zwei Stunden.« Er trank sein Glas aus und begann die verstreuten Papiere, Flaschen und Gläser wieder in den Korb zu packen. Sie wollte den Arm heben, ihm sagen, wie leid ihr tat, was passiert war. Aber es gelang ihr nicht. Er legte sein leeres Glas in den Korb und gab der Flasche Lacrimae Christi einen Schubs. Sie fiel um, kullerte über den Rand des Felsvorsprungs und fiel hinunter. Sie lauschte. Nichts. Der Abgrund war zu tief.

»Du wirst jetzt müde werden, sehr müde. Du wirst noch eine Weile wach bleiben und versuchen, nicht das Gleichgewicht zu verlieren. Aber irgendwann wirst du loslassen und fallen.«

Sie merkte, dass sogar das Sprechen zu anstrengend wurde.

»Du kannst mich nicht …«

»Du bist eine einsame Frau, die ihrem Leben ein Ende gesetzt hat.«

Sie wollte den Kopf schütteln. Noch nicht einmal diese Bewegung gelang ihr.

»Im Badezimmer liegt ein Abschiedsbrief von dir. Du hast hier oben eine letzte Flasche Wein getrunken und dann …« Er stand auf.

Sie sandte ihm einen flehenden Blick, aber ihre Lider waren wie Blei.

»… bist du gesprungen. Keine Fremdeinwirkung, nichts.« Er tastete ihren Körper ab, bis er das Fläschchen mit der Droge gefunden hatte. Er nickte zufrieden. »Nur ein Schlafmittel, das dir das Loslassen erleichtert hat. Mehrere Vorstrafen, ein laufender Haftbefehl, kein Geld, und der größte Teil der Zukunft liegt schon hinter dir – jeder wird dich verstehen.«

Sie wollte rufen, flehen, doch sie konnte sich nicht mehr bewegen. Die Augen fielen ihr zu. Sie hörte, wie er aufstand und vorsichtig das schmale Plateau verließ. Ihr Kopf sank zurück, das Gleichgewicht ihres Körpers verlagerte sich. Sie merkte, wie sie nach vorne rutschte, auf die Kante des Vorsprungs zu, wie sie darüberrollte, wie sie sich festhalten wollte, aber selbst dieser Befehl wurde nur noch halbherzig von ihrem Kopf in ihre Glieder gesandt, sie hörte auf zu denken, sie fiel, der Luftstrom schlug sie brutal als sie nach unten raste, und erst der Aufprall löschte das Denken, das Fühlen und das letzte Flehen.

Regine Kölpin

Wenn die Reben Trauer tragen

Niemals hätte ich vermutet, dass ich mich irgendwann in meinem Leben mit der Ausführung eines perfekten Mordes beschäftigen würde. Bis mein neuer Nachbar einzog, war ich ein überaus freundlicher Mensch, der zufrieden seinem Tagesgeschäft als Winzer nachging.

Im Winter beschnitt ich meine Reben, entfernte alle überflüssigen Triebe. Im Frühjahr band ich die Fruchtruten hoch, im Sommer erledigte ich die Laubarbeiten und was sonst im Weinberg anstand. Im Herbst lasen wir die Trauben. Ein ewiger Kreislauf, der von meiner Seite nicht hätte unterbrochen werden müssen, war es doch das Glück schlechthin. Am meisten genoss ich den Sommer in den Weinbergen. Von dort hatte man einen phantastischen Blick über die Trittenheimer Moselschleife und meinen Heimatort Leiwen. Ich wurde hier geboren und würde mit Sicherheit auch hier sterben. Niemand könnte mich je von hier vertreiben. Die weiß getünchten Häuser mit den roten Geranien auf den Fensterbänken gehörten genauso zu meinem Leben wie der Weinbrunnen, wo ich schon so manchen netten Plausch gehalten hatte. Der morgendliche Blick auf den Ort, der von der Pfarrkirche dominiert wurde, war ein festes Ritual. Für mich war Leiwen das Paradies, vor dem das Böse der Welt immer Halt machen würde.

Das dachte ich wirklich.

Bis unsere neuen Nachbarn einzogen. Das waren so Langhaarige, die noch nicht mitbekommen hatten, dass die Hippiezeit seit Langem vorbei war. Nicht dass das jetzt aussieht, als wäre ich intolerant oder hätte etwas gegen alternative Lebensformen. Wenn mich diese Leute in Ruhe ließen, konnten sie so alternativ sein wie sie wollten.

Doch unsere Nachbarn begannen meine Kreise schon in den ersten Wochen nach ihrem Einzug erheblich zu stören.

Als Erstes ließen sie ihren Vorgarten verwildern. Sie schienen das auch noch schön zu finden. Leider hielten sich ihre Naturkräuter nicht an die Gartenzäune, und mein gepflegter englischer Rasen wies schon bald die ersten gelben, roten und blauen Blessuren in Form von seltsamen Wildblumen auf.

Vorgestellt hatten sich diese lächerlich gekleideten Freizeitindianer auch nicht. Schon von Weitem hörte man jedoch ihre Perlenketten rasseln, die sie in langen Schnüren um den Hals trugen, während man ihre Schritte in den mokassinummantelten Füßen auf dem Pflaster nicht wahrnahm. Dazu umwehte sie der Geruch von altem Leder, der aus den Poren ihrer Hosen und Jacken drang und sie wie eine Wolke einschloss.

Da ich Wert auf gute Nachbarschaft lege, sah ich mich nach einer Weile genötigt, die Sache selbst in die Hand zu nehmen. Ich zog mir ein frisches Hemd an, schlüpfte in eine saubere Hose und klemmte mir eine Flasche meines besten Rieslings unter den Arm. So klingelte ich an der Nachbarstür. Ein süßlicher Schwall Räucherstäbchenduft schlug mir schon im Flur entgegen und benebelte augenblicklich mein Hirn. Es könnte aber auch daran gelegen haben, dass die junge, elfenhafte Frau des Nachbarn nicht gerade viel am Leibe trug. Sie hatte sich der Lederkleidung fast vollständig entledigt.

»Ich bin der Robi!«, sagte der Mann und streckte mir die Hand entgegen, deren Fingerkuppen vom vielen Rauchen gelblich verfärbt waren. »Das«, er drehte sich zu der jungen Frau, »ist Natascha. Wie heißt du?«

Ich schluckte. Immerhin war mir dieser Robi nicht näher bekannt, er aber tat so, als seien wir schon lange Freunde. Eigentlich duze ich nicht gleich jeden. Aber ich setzte ein Lächeln auf, stellte mich als Justus vor und folgte ihm in den Wohnbereich, der sich durch einen verschlissenen Sessel und ein dunkles Ledersofa, dessen genaue Farbe nicht mehr zu erkennen war, auszeichnete.

Robi riss mir die Weinflasche aus der Hand, entkorkte sie in Windeseile und holte zwei Gläser, auf denen noch die Fingerabdrücke der Vorgänger zu erkennen waren. Er flegelte sich auf den Sessel, schlug die Beine übereinander und drehte sich eine Zigarette, ohne darauf zu achten, wohin die überschüssigen Tabakkrümel fielen. Alles in allem hatte er überhaupt kein Benehmen. Das konnte ich schon in der Kürze der Zeit ausmachen. Er passte nicht hierher. Natascha war davongeschwebt, jedenfalls sah ich sie an dem Tag nicht mehr.

Robi nahm einen großen Schluck, ließ ihn fachmännisch im Mund kreisen und verkündete, er trinke eigentlich nur Bioweine und würde sich sowieso ausschließlich biologisch ernähren. Das hielt ihn aber nicht davon ab, meinem Wein genüsslich zuzusprechen. Was ich denn so an Spritzmitteln verwende, fragte Robi und schenkte sich ein weiteres Glas nach. Die Flasche war binnen einer halben Stunde leer, und er sagte nicht Nein, als ich eine zweite aus meinem Keller holte.

»Wir arbeiten auch mit biologischen Mitteln, nicht nur mit Gift«, erklärte ich und erwähnte das Hinzufügen der Pheromone oder das Entblättern der Traubenzone zur Belüftung.

Robi wiegte den Kopf hin und her. Der Zweifel war an seinen Augen abzulesen. »Ich habe mir einen Weinberg gekauft und werde dort nur Biowein anbauen. Er ist schon fertig bestellt, ich brauche nur weiterzumachen.« Es klang gleichmütig, aber das kaufte ich Robi nicht ab. Auf meine Frage, ob er sich denn damit überhaupt auskenne, erklärte er mir, er sei auf einem Weingut am Rhein aufgewachsen und habe alles von der Pike auf gelernt. Er wolle aber keinen großen Profit erwirtschaften, schließlich sei er alles andere als ein Kapitalist. Ihm ginge es allein ums Überleben und die Message. Die vom gesunden Leben.

Ein wenig kam mir bei diesen Sprüchen schon die Galle hoch. Ich biss mir regelrecht auf die Lippen, damit mir kein Kommentar entwich, der das Nachbarschaftsverhältnis schon jetzt auf ewig zunichtegemacht hätte. Auch ich empfand mich nicht als reicher Unternehmer, hatte ich doch nur meinen kleinen Familienbetrieb, der gerade das Nötigste abwarf und meiner Frau und mir einen bescheidenen Standard sicherte. Da Robi die zweite Flasche Wein nun fast allein geleert hatte, fand ich es überflüssig, das seinem benebelten Hirn zu erklären.

Als ich die Tür hinter mir schloss, dachte ich, einen scheinbar harmlosen, wenn auch nervigen Spinner als neuen Nachbarn zu haben. Und genau das erzählte ich meiner Frau.

»Ich habe ihn gefragt, warum er denn rauche, das sei doch ebenfalls Gift«, sagte ich. Es klang ein bisschen gehässig, aber irgendwie musste ich meinen aufgestauten Ärger ja loswerden. Mich hatte er wegen der Spritzmittel angegriffen, und er selbst verpestete seinen Biokörper.

»Und, was hat er geantwortet?«, fragte sie.

»Rauchen sei ein offenes Gift, das man sich bewusst zuführe. Das sei anders als bei meinem gespritzten Wein, wo man die Schadstoffe unbemerkt zu sich nehme und nicht einschätzen könne, wie groß der Schaden für die Gesundheit sei.«

Meine Frau tippte sich an die Stirn. Damit war das Thema für uns erledigt. Die Indianergelage waren mir zwar etwas suspekt, aber es war nicht zu ändern. Man konnte sich seine Nachbarn nicht aussuchen.

Nach der Weinlese eröffneten wir unsere alljährliche Straußwirtschaft. Wir hatten die Garage und den Garten mit Stühlen und Tischen hergerichtet und waren guter Dinge, wieder ein paar Zusatzeinnahmen zu machen. Normalerweise strömten die Touristen, aber auch die Einheimischen zu uns, schließlich war gerade mein Riesling für seine hervorragende Qualität bekannt. Seine Farbe war auch dieses Mal von einem angenehmen Blassgelb, und er hatte das frische, mineralische Aroma, das sich zwischen Apfel, Pfirsich, Grapefruit und Zitrone einpendelte. Mein Riesling war aber auch später, im Winter und in den Folgejahren, von einzigartiger Natur: Wenn die Fruchtaromen den Bodentönen wichen, war er besonders schmackhaft. Ich war nun mal der beste Weinbauer in Leiwen, zumindest was den Riesling anging. Da machte mir keiner den Platz streitig. Darum war meine Straußwirtschaft immer bis auf den letzten Platz besetzt. Und auch deshalb, weil meine Frau eine hervorragende Winzerplatte zubereitete. Deftige Hausmacherwurst, Schinken, Trauben, Tomaten. Alles liebevoll mit Salzstangen und Brezeln dekoriert. Außerdem konnte man bei uns den Weinkeller besichtigen. Ich war gern bereit, unseren Besuchern alles über die Weinproduktion zu erklären, und hatte kleine Schautafeln aufgestellt, die jeden Schritt des Weinanbaus verständlich machten. Natürlich ließ ich die Details über die Schädlingsbekämpfung aus. Den Gästen war sicher klar, dass wir Spritzmittel verwendeten, ihnen aber die Prozedur nahezubringen, wäre geschäftsschädigend gewesen.

So prangten dort Bilder der Moselschleife, grün und rot gefärbte Weinberge, dazwischen immer wieder Fotos von der Arbeit an den Reben und vom Ort Leiwen mit unserer Straußwirtschaft.

In diesem Jahr war aber alles anders. Von Beginn an blieben viele Stühle leer. Dafür drängten sich in Robis verwildertem Garten die Gäste. Ein überdimensionales Plakat, größer als das Ortseingangsschild von Leiwen, mit dem Hinweis auf seinen Bioriesling zog die Leute zu ihm hinüber. Auch er hatte Tafeln angebracht, die das Entstehen »seiner« Weine zeigten. Robis Lebensgefährtin Natascha wehte in einem Wildlederkleid durch die Gartenwildnis und servierte zum Wein irgendwelchen Körnerkram, den die Leute begeistert in sich hineinschaufelten. Meine Frau war einmal rübergegangen und hatte das Zeug probiert. Es gab Vollkorntoastis mit Käse und Kräutern, außerdem Tofu, was auch immer das war. Meine Frau kannte es zumindest. Jedenfalls lag keine fette Wurst, kein Schinken auf den Tellern. Trotzdem schien es allen zu schmecken. Wir konnten es nicht fassen.

Am nächsten Tag kam Robi kurz rüber. Ich sah ihm an, dass er es nur tat, um sich an meiner Niederlage zu weiden. Er starrte auf meine leeren Stühle und riet mir, doch vielleicht besser auf Qualität als auf Gift zu setzen, dann würden die Gäste auch wiederkommen. Wenn es bis dahin gereicht hatte, meine Lippen zusammenzupressen, so bedurfte es nun schon des Aufstampfens mit dem Fuß und mehrmaligen tiefen Durchatmens, um meine Wut zu bezähmen. Es dauerte einen Augenblick, bis ich meine Stimme wieder im Griff hatte. Schließlich bat ich ihn, mir bei Gelegenheit eine Flasche von seinem Ökogesöff vorbeizubringen, was Robi sofort begeistert tat. Die Flasche sah merkwürdig aus. Ein einfaches Etikett, schlichte, dünn gedruckte Buchstaben, für meinen Geschmack nicht besonders liebevoll gemacht. Die ganze Aufmachung wirkte bei Weitem nicht so edel wie meine Flaschen mit dem blauen Etikett und der goldenen Aufschrift, hinter der das Leiwener Rathaus zu erkennen war. Als Robi weg war, öffnete ich den Wein und schnüffelte am Korken, in der Hoffnung, einen Makel zu entdecken, mit dem ich Robi schaden konnte. Doch der Wein roch einwandfrei. Der Kerl verstand etwas vom Geschäft. Ich fand den Wein zwar vom Geschmack her etwas zu pfirsichlastig, aber insgesamt gab es nichts daran auszusetzen. Das machte mich rasend. Es konnte einfach nicht sein, dass ein Fremder daherkam und mir binnen einer Saison das Geschäft kaputt machte. So langsam reichte auch das mehrmalige tiefe Ein- und Ausatmen nicht mehr. Ich schlug mit der Faust gegen die Wand, gab mich wilden Phantasien hin, wie Robi von einer Plage im Weinstock heimgesucht würde oder Maden durch seine Biokost krochen und ihm so die Gäste ausblieben. Aber ich war machtlos.

Während Robis Straußwirtschaft boomte, gingen unsere Umsätze rapide zurück. Ich würde Schwierigkeiten haben, uns über den Winter zu bringen, waren die Einträge durch unsere Wirtschaft doch immer sehr lukrativ gewesen und hatten meiner Frau und mir eine gute Rücklage beschert. Die viele Arbeit der letzten Jahre drohte vergebens gewesen zu sein. Jede Blase an den Händen, jede schlaflose Nacht, wenn ein Unwetter gekommen war. Alles umsonst. Robi war dabei, uns zu vernichten. Ich merkte, dass meine Frau sich nachts schlaflos hin- und herwälzte, einmal spürte ich einen Tropfen an meinem Finger, als ich ihr übers Gesicht strich. In solchen Augenblicken fühlte es sich an, als ob ein Messer in meinen Gedärmen auf Wanderschaft ging.

Trotzdem mimte ich nach außen weiter den netten Nachbarn, der überaus tolerant das Ökotreiben akzeptierte, ja, sich davon überhaupt nicht beeindrucken ließ.

Nur ein einziges Mal versuchte ich, auf Robi Einfluss zu nehmen, ihn dazu zu bewegen, seine Straußwirtschaft zu schließen. Ich ging zu ihm und argumentierte, dass ein großer Schädlingsbefall genüge und schon könne es uns schlecht ergehen. Das ließ Robi aber nicht gelten, denn wer wie wir mit solchen Bomben schieße, er sagte tatsächlich Bomben, würde keinen Schaden zu erwarten haben. Um wie viel größer wäre dagegen sein Risiko, das er als Biowinzer habe. Er sei nicht nur den Anfeindungen der Winzergenossenschaft ausgesetzt, nein, er würde tatsächlich Gefahr laufen, dass sein Weinberg Opfer der Schädlinge würde. Da müsse ich die Einbußen eben hinnehmen.

Es war das erste Mal, dass sich mein Tonfall Robi gegenüber verschärfte. Es fielen Worte wie, dass er nicht alle Tassen im Schrank habe, er sich völlig unsozial verhalte und dass er mich und meine Frau in den Ruin treibe. Robi nahm das alles mit stoischer Ruhe hin, zündete sich nur eine Zigarette an und grinste mir ins Gesicht. Alle Vorwürfe prallten an ihm ab wie Bälle an einer Wand. Am Ende beschimpfte ich ihn als Kapitalist, dachte, wenigstens das würde ihn treffen. Für Leute wie Robi musste es die schlimmste Beleidigung sein. Aber diesen Oberindianer traf gar nichts. Er sog nur noch einmal kräftig an seiner filterlosen Zigarette und blies den Rauch in meine Richtung. Er hatte, entgegen seiner Aussage von damals, scheinbar jetzt nichts mehr dagegen, Geld zu verdienen. Mein Herz drohte sich in mir vor Wut zu überschlagen, so sehr hämmerte es in meiner Brust. Meine Atemzüge verkürzten sich.

Robi hatte noch immer nichts gesagt, aber als er mich so vor sich stehen sah, begann er zu lachen. Dieses Lachen fraß sich tief in meine Seele, und der Gedanke an Rache hatte zum ersten Mal etwas Reales. Ich musste von dort verschwinden, ich glaube, ich hätte ihm sonst meine Faust ins Gesicht geschlagen.

Zu Hause brauchte ich eine Weile, bis ich mich abgekühlt hatte. »Es wäre gut, wenn die ihre blöden Tipis woanders aufschlagen«, sagte ich zu meiner Frau. Meine Stimme hatte schon wieder einen erstaunlich ruhigen Klang.

»Wie willst du das anstellen?«, fragte sie. So wie sie eben war. Niemals würde sie einen Streit mit den Nachbarn beginnen. Ich sah, dass sie in der Zeitung ein paar Putzstellen angestrichen hatte. Das war ihr Weg, mit dem unausweichlich scheinenden Unheil umzugehen. Mir gingen in jener Nacht so einige Gedanken durch den Kopf ...

Als die Saison der Straußwirtschaft zu Ende gegangen war, hoffte ich, dass es um Robi ruhiger werden und er sein Expansionsstreben wieder zurückfahren und sich still verhalten würde. Wenn das so sein sollte, hatte ich mir geschworen, ihm nichts anzutun. Doch Robi und seine Elfe verhielten sich alles andere als still.

Sie eröffneten zu Beginn des Winters einen kleinen Laden, in dem sie seine Bioweine und dazu Grünfutter, das eher welk und unappetitlich wirkte, verkauften. Wer weiß, woher sie das hatten, selbst angebaut war es jedenfalls nicht. Trotzdem war das der Renner bei den Gästen und bei den Einheimischen. Ich kam mir vor wie in Trier an der Porta Nigra, so viele Menschen trieben sich in unserer Straße herum, um Robis Biowein, diese Ökokost und dazu die selbst gemachten Holzklangschalen, Traumfänger und Sorgenpüppchen zu kaufen.

Ich baute vor meinem Grundstück ein Schild auf. Individuell gestaltet mit Trauben und altem Wappen. Unübersehbar wies es zu meinem Hof mit dem Hinweis »Echter Leiwener Riesling direkt vom Winzer«.

Das interessierte keine Sau. Die ganze Welt war auf dem Biotrip und ignorierte die alte Winzerkunst. Selbst als ich meinen Wein zum Spottpreis anbot, gute zwei Euro unter dem Biopreis von Robi, änderte sich nichts.

Es war meine Frau, die schließlich sagte: »Noch so eine Saison, und wir können dichtmachen. Ich fange nächste Woche in der Schule als Reinigungsfrau an.« Ihr Blick war trüb und tat mir in der Seele weh. Dank Robi war ich nicht mehr in der Lage, meine Frau zu ernähren. Sie schob mir einen Stapel offener Rechnungen hin. Der Schornsteinfeger war noch nicht bezahlt, die Reparatur des Autos auch nicht. Mich überliefen heiße und kalte Schauer, das Bohren in meinem Bauch verstärkte sich zu einem Schmerz, der kaum noch zu beherrschen war. Ich musste mich am Türrahmen abstützen, um nicht wie wild herumzuspringen.

»Er sollte wirklich wegziehen«, sagte meine Frau, aber sie sagte es so, als glaubte sie selbst nicht an die Erfüllung ihres Wunsches.

»Das wird er nicht freiwillig tun«, presste ich zwischen den Zähnen hervor. Die Wut tanzte bereits Tango mit mir. In dem Augenblick sah ich wieder das Ungeziefer durch Robis Weinberg klettern, sah seine Rebstöcke, deren Blätter schlaff baumelten. Ständig hämmerte das Wort Ungeziefer durch meinen Kopf. Es manifestierte sich immer stärker in meinen Gedanken. Wenn Robis Bioreben krank wurden, würde er seine nächste Ernte nicht einbringen können.

Noch in der Nacht schlich ich mich zu Robis Weinberg, der

glücklicherweise nicht an mein Gebiet grenzte, sodass meine Pflanzen gefahrlos weiterwachsen konnten. Ich kundschaftete alles aus und überlegte mir einen Plan, der aufgehen musste. Ich, Justus Steingruber, katholisch, gläubig und bis vor einem Jahr auch glücklich und friedliebend, fasste einen mörderischen Entschluss.

Zunächst besorgte ich mir im Frühjahr Raupen des Heuwurms. Das war nicht einfach, aber ich wäre kein erfahrener Winzer, wenn ich das nicht beherrschte. Die erhebende Vorfreude, Robis entsetztes Gesicht zu sehen, wenn seine Reben Trauer trugen, war eine Wonne. Wenn er zu dem Zeitpunkt von selbst aufgegeben hätte, würde er noch leben. Ich hätte ihn wirklich in Ruhe gelassen. Bestimmt hätte ich das. Aber Robi gab nicht auf. Nicht einmal, als seine Elfe zu einem Motorradrocker flatterte und mit ihm auf einer 750er BMW davonbrauste.

Ich dachte, dass ihn diese Schmach und der Schaden an seinem Weinberg völlig aus der Bahn werfen würden, aber es schien ihn eher zu beflügeln. Tag und Nacht schuftete er in seinem Biohain. Eines Tages stand er am Gartenzaun und teilte mir mit, er habe es geschafft. Er habe die Sterne befragt, sich nach dem Mondkalender gerichtet und überhaupt alle ökologischen und biodynamischen Grundsätze beachtet. Seine Reben seien wieder gesund.

Ich hatte mir vorsichtshalber noch einige Larven des Sauerwurms, der seine Saison im Sommer hatte, besorgt. Die brachte ich gleich in der nächsten Nacht zu Robis Reben. Die Witterung war günstig, die Tierchen würden sich überaus wohl fühlen. Zu meinem Glück war im Weinberg eines Nachbarwinzers Mehltau aufgetreten. Der breitete sich nun auch flächendeckend auf Robis Bioreben aus. Dafür hatte ich gesorgt.

Es war erhebend, wenn ich am Abend wie zufällig vor meinem Haus spazieren ging, um Robis Rückkehr aus seinem Weinberg beobachten zu können. Ich weidete mich an seinem verzweifelten Ausdruck, zählte allabendlich die neuen Falten, die sich durch sein Gesicht zogen.

»Gib endlich auf, Robi!«, sagte ich eines Abends zu ihm. Ich hatte ihn zu einem Glas Riesling eingeladen. »Du musst alles verkaufen, etwas anderes tun. So gehst du vor die Hunde. Ich meine es doch gut mit dir!«

Sein Kopfschütteln nahm ihm die letzte Chance. Es knallte, als ich die Flasche entkorkte, und das Glucksen des Weines, der beim Einschenken leicht perlte, hängt mir noch immer im Ohr. Ich war ganz ruhig. Kein Zittern meiner Hand verriet mich. Die ganze Wut des letzten Jahres hatte sich auf diesen Abend kanalisiert, sodass ich nun besonnen agieren konnte. Alles würde gut gehen. Ich kannte Robi zur Genüge. Wenn er erst trank, dann würde er nicht aufhören. Er war im Moment so müde und kaputt, es würde leicht sein, ihn betrunken zu machen.

Bevor ich sein Glas zum vierten Mal füllte, bot ich ihm noch einmal den Rückzug an.

»Niemals! Ich gebe nie auf! Und wenn ich dabei vor die Hunde gehe!« Er sah mich mit glasigen Augen an, das schnelle Trinken des Weins zeigte Wirkung.

Das hätte er besser nicht sagen sollen. Ich schwöre, ich hätte ihn in Ruhe gelassen. So aber musste er die Konsequenzen tragen. Ein bisschen Eigenverantwortung kann man schon erwarten, finde ich. Das hatten wir unseren Kindern auch immer beigebracht.

Vorsichtshalber hatte ich in den Wochen zuvor vorgesorgt und alle Maßnahmen getroffen. So eine Aktion will ausgiebig vorbereitet sein, das macht man ja nicht zwischendurch und nebenbei. Wie oft war ich die Situation durchgegangen, immer in der Hoffnung, nicht bis zum Äußersten gehen zu müssen. Aber besondere Umstände erforderten besondere Mittel. Zwischendurch zögerte ich, aber das Gesicht meiner Frau, als sie mir mitteilte, dass sie nun putzen ginge, trieb mich an, alles bis zur letzten Konsequenz zu vollenden.

Nach drei Stunden intensivsten Weinzuspruchs legte Robi schließlich seinen Kopf auf die Küchentischplatte und begann zu schnarchen.

Ich schleppte ihn im Schutz der Dunkelheit in seinen Keller, wo die großen Barriquefässer standen. Aus meinem Schuppen holte ich die Schwefelsäure, mit der ich meine Fässer von Weinstein zu reinigen pflegte. Die Menge war das größte Problem, aber dass ich gut organisiert bin, erwähnte ich ja bereits. Ich füllte eines der leeren Fässer damit. Etwas unwohl fühlte ich mich schon, es war immerhin mein erster Mord. Ich hatte nicht mal meine Frau eingeweiht. So etwas muss ein Mann allein mit sich ausmachen Ein bisschen leid tat mir Robi schon, aber er hatte schließlich seine Chance gehabt. Ein gezielter Schlag auf den Hinterkopf verhinderte, dass er etwas mitbekam, bevor er die ewige Ruhe in seinem Bioweinfass fand. Das war schon sehr stilecht.

Eine große Herausforderung war es, ihn in das Loch hineinzubekommen. Robi war zwar nicht dick, kein Wunder bei seiner seltsamen Art, sich zu ernähren, aber er hatte doch eine stattliche Körpergröße und überragte mich um mindestens einen Kopf. Mit etwas Biegen und Zurechtrücken bekam ich aber auch das hin. Als er im Fass steckte, dichtete ich alles gut ab und ging nach Hause, wo meine Frau mir eine Schlachtplatte hergerichtet hatte. Schinken, Käse und die Blutwurst mit den fetten Stücken. Ein Festmahl nach getaner Arbeit.

Es dauerte nicht lange, da begann die Polizei nach Robi zu suchen. Ich engagierte mich sehr. Nachdem man ihn in seinem Haus nicht gefunden hatte, stellte ich eine Suchmannschaft zusammen, die seinen Weinberg und den ganzen Bereich der Moselschleife durchkämmte. Rebe für Rebe!

Robi war und blieb verschwunden. Die Gerüchteküche im Ort brodelte. Ich hielt mich aus allem Gerede heraus, ließ es an mir vorüberziehen.

»Sicher ist er mit dem Zusammenbruch des Weinberges nicht klargekommen, dann ist noch diese Frau weggelaufen. Da konnte er nicht mehr und ist einfach abgehauen«, meinte der Nachbar von rechts. »Hat er denn auch dir nichts gesagt?«

Ich schüttelte betreten den Kopf.

»So alternativ wie der war, lebt der jetzt sicher wie Gott in Frankreich, hat sich abgesetzt oder so ...« Der dicke Huber hielt sich den Bauch vor Lachen.

»Alt und naiv«, lachte ein anderer.

»Umgebracht hat er sich«, waren weitere Stimmen.

Gefunden hat man den Robi bis heute nicht. Alle denken, er habe sich abgesetzt, an einen Mord glaubte keiner. Wie auch, bei der guten Nachbarschaft. Ich bin ganz entspannt. Irgendwann werden die Fässer sicher geöffnet werden. Das eine wird leer sein. Die Säure habe ich längst abgelassen und mit kohlesaurem Kalk neutralisiert. Wie sich das gehört. So was ist ja schnell gemacht.

Ach, bevor ich es vergesse: Ich habe mir die Option auf den Bioweinberg gesichert. Meine Frau und ich haben nämlich beschlossen, jetzt auch auf »Bio« umzusatteln. Die ersten Gemüsebratlinge stehen schon auf der Speisekarte unserer Straußwirtschaft. Schlecht war die Idee von Robi schließlich nicht. Meine Frau hat das Etikett für unseren neuen Biowein bereits entworfen. Ich habe vorgeschlagen, ihn zur Erinnerung an unseren verschollenen Nachbarn »Robis Rebenlächeln« zu nennen. Ich finde, das ist eine sehr nette Geste von mir.

Martina Fiess

Das achte Weltwunder am Neckar

Seit Stunden ist es still um mich herum. Kein Laut außer dem Kratzen des Stifts auf dem Papier ist zu hören. Auch wenn ich nicht weiß, ob jemals ein Mensch diesen Brief findet, will ich aufschreiben, wie es so weit kommen konnte. Leider habe ich nur einen Bleistift zur Hand, und die Kerze ist schon ziemlich heruntergebrannt. Hoffentlich schaffe ich es rechtzeitig.

Das ganze Verhängnis begann im Februar. Es war an Altweiberfasching. Das weiß ich deshalb so genau, weil ich Michael eigentlich die Krawatte abschneiden wollte, sobald er aus der Firma kam. Doch als er das Haus betrat, hatte er sie bereits abgenommen. Sein Atem roch nach Wein. Offenbar hatte er sich auf dem Heimweg ein Entspannungsviertele Trollinger aus seiner Lieblingslage Cannstatter Zuckerle gegönnt.

»Sarah, mein Schatz«, seine Stimme klang ernst. »Ich muss dir etwas sagen.« Er nahm meine Hand, und wir setzten uns ins Wohnzimmer, wo sich der Geruch nach frischer Wandfarbe mit dem Burgunderaroma meiner Bratensoße aus der Küche mischte.

»Wie du weißt, steht mein Projekt schon eine Weile auf der Kippe.«

Hieß das etwa, die letzte Versuchsreihe war auch gescheitert? Michael sollte als Ingenieur eine neue Technologie für Einspritzpumpen entwickeln. Das war schon damals sein Spezialgebiet gewesen, als ich noch als Sekretärin in seinem Vorzimmer gearbeitet habe.

Während ich in seinem Gesicht nach einer Antwort forschte, fiel mir der Schleier über seinen blauen Augen auf. Es waren wohl eher zwei Entspannungsviertele gewesen.

»Der neue Unternehmensberater mit den affigen Lackschuhen will, dass die Firma sich wieder auf ihre Kernkompetenzen konzentriert«, sagte Michael und wich meinem Blick aus. »Das heißt auf gut Deutsch: Einsparungen. Die Forschungsabteilung ist ab heute dicht.«

Es dauerte ein paar Sekunden, bis mir aufging, was das bedeutete. »Sie haben dich entlassen? Aber wieso denn? Erst kürzlich hat Meierling dich doch bis über den grünen Klee gelobt.«

»Sie haben mich nicht entlassen, sondern freigesetzt, wie der Chef sich ausdrückte. Ich solle es als Chance für eine Neuorientierung sehen.«

In meinen Ohren begann es zu rauschen. »Aber er weiß doch, dass wir uns letztes Jahr erst ein Haus gekauft haben.« Ich schaute über die Holzfliesen in Lederoptik und die Designersitzgruppe hinüber zur verglasten Loggia. Vor meinem inneren Auge leuchtete die hohe sechsstellige Summe unseres Hypothekenvertrags auf.

Michael schob den Stuhl zurück und erhob sich. »Klar weiß er von dem Kredit. Aber das eigene Hemd ist ihm eben näher. Wenigstens reicht meine Abfindung ein paar Monate.«

Plötzlich fröstelte es mich. Eben hatte Michaels Stimme fast normal geklungen und sogar ein wenig beiläufig, als hätte er bereits mit der Neuorientierung begonnen.

Was gäbe ich in diesem Augenblick dafür, wenn ich die Zeit zurückdrehen könnte. Wir waren überglücklich, als wir dieses Haus oberhalb der idyllischen Steillagen am Neckar zwischen Bad Cannstatt und Mühlhausen gefunden hatten, in die Michael so vernarrt war. Abends, wenn wir uns in unser kleines Paradies zurückzogen, malte die untergehende Sonne warme Honig- und Weißherbsttöne auf den Fluss, und über den Reben schwebte ein flirrender Schleier wie aus grün-orange changierendem Chiffon. Stopp. Schluss mit der Romantik! Ich darf mir keine Schwäche erlauben, sonst schaffe ich es nicht, alles aufzuschreiben. Im Rückblick gesehen, war diese wunderbare Zeit sowieso nur eine Täuschung. Eine Illusion, die platzte wie ein Scheck ohne Deckung.

Michaels Entlassung kam zu einem denkbar ungünstigen Moment. Ich hatte gerade meine Umschulung zur Journalistin begonnen und ein Praktikum bei den Stuttgarter Nachrichten in Aussicht. So viele Jahre war ich als Sekretärin in Michaels Vorzimmer damit beschäftigt gewesen, alles für ihn zu organisieren und Forschungsberichte zu tippen. Meine Träume kreisten um Einspritzpumpen. Trotzdem hatte es lange gedauert, bis ich endlich genug Mut fand, mit Michaels sicherem Einkommen im Rücken zu kündigen.

Und nun standen wir vor einem Scherbenhaufen. Besser gesagt ich, denn Michael schien seinen Rauswurf rasch verdaut zu haben. Er schlief lange, spazierte durch sein geliebtes Cannstatter Zuckerle und sah den Trauben beim Wachsen zu, als würde die Abfindung ewig reichen. Nach einem heftigen Streit, bei dem es wieder mal um Geld ging, zog er in eine Pension. Drei Tage später hielt ich es nicht mehr aus und versöhnte mich mit ihm. Schweren Herzens sagte ich mein Praktikum ab. Auch wenn sich alles in mir dagegen sträubte, kehrte ich in meinen alten Beruf zurück und betreute nun das Sekretariat des Archivs, das in einem separaten Gebäudetrakt lag.

Das war der Anfang vom Ende, das ist mir jetzt klar. Aber ich musste ihm doch helfen, schließlich war er mein Mann. Mein Schädel fühlt sich wie in einen Schraubstock eingespannt an. Das liegt an der stickigen Luft hier. Ich mache kurz Pause. In meiner Tasche muss noch eine Flasche Mineralwasser sein.

Auf seinen Spaziergängen freundete sich Michael mit den Winzern der Umgebung an. Für ihn war es Ehrensache, ihre letzten Jahrgänge zu verkosten, und so füllte sich unser Weinkeller schnell. Mein Mann hatte schon immer eine große Leidenschaft für Wein, doch nun redete er über nichts anderes mehr. Abend für Abend musste ich mir anhören, wie die extreme Steillage Spitzenweine hervorbrachte, warum Stuttgart zu den Orten mit der höchsten Sonneneinstrahlung in Deutschland gehörte und wie lange man die Farb- und Gerbstoffe der Beerenhäute nach der Ernte auslaugen sollte. Es endete damit, dass Michael die Abende in seinem Weinkeller, in der Werkstatt oder in Weinstuben verbrachte, während ich Haushalt, Wäsche und alles andere allein erledigen musste. Obwohl die Abfindung fast aufgebraucht war, machte er keine Anstalten, sich eine neue Stelle zu suchen. Was ging nur in ihm vor?

Ein Anruf klärte mich wenige Tage später auf.

»Guten Tag, mein Name ist Dennert. Ist Herr Marquardt zu sprechen?«

»Mein Mann ist unterwegs. Kann ich Ihnen weiterhelfen?«

»Nun, eigentlich sollte ich das mit ihm persönlich besprechen.« Der Anrufer zögerte. »Also gut. Es geht um das Schmuckstück in Cannstatt, für das er sich interessiert. Würden Sie ihm ausrichten, der Verkäufer sei einverstanden?«

Nach diesem Gespräch schenkte ich mir einen Tresterbrand vom Muskateller ein. Mein Mann wollte ein Schmuckstück kaufen! Etwa ein Geschenk zu unserem Hochzeitstag? Eine Art Versöhnungsangebot? Darauf stieß ich mit mir selber an. Kaum war das Glas leer, kippte meine Stimmung. Was, wenn der Schmuck gar nicht für mich gedacht war? Das musste es sein: Michael hatte eine Affäre! Deshalb war er ständig unterwegs und tat so heimlich. Diesmal war ich beim Einschenken großzügiger. Es schien mir nur eine Frage der Zeit, bis er mich auf unserem Schuldenberg sitzen ließ.

Als sein Schlüsselbund an der Haustür klirrte, war die Schnapsflasche halb leer.

Ich stand auf. Sofort kippte mein Horizont wie beim Fluglageanzeiger im Cockpit. An der Wand entlang hangelte ich mich in den Flur. Michael hängte seinen Trenchcoat an die Garderobe.

»Wo kommst du so spät her?«, fuhr ich ihn an. »Lass m-mich raten: aus Bad Cannstatt?«

Überrascht drehte er sich um. »Woher weißt du das? Ich war bei einer Verkostung der Weingärtner. Großartige Weine, vor allem der Lemberger von 2009 ist –«

»Lenk nicht ab! ICH W-WEISS ALLES.«

»Sarah, ich habe keine Ahnung, was du meinst.«

»W-werissie? Etwa deine neue Sek-sekretärin? Oder die Rothaarige mitn Minirock von genüber?«

Michael entdeckte die Flasche in meiner Hand. »Seit wann trinkst du Hochprozentiges? Ist etwas passiert?«

»Das k-kannsu laut sagen! Ich weiß von dem Sch-Schmuckstück, hicks. Dennert hat mir alles erzählt.«

»Dennert hat angerufen?« Michaels Gesicht hellte sich auf. »Und? Was hat der Besitzer gesagt? Verkauft er mir das Haus?«

»Haus? W-wieso Haus?« Schlagartig war ich wieder nüchtern. »Ich dachte, es geht um Schmuck.«

Der Blick meines Mannes verlor sich in der Ferne. »Das Haus ist perfekt. Es ist zwar ein wenig heruntergekommen, aber es liegt in einer romantischen Gasse mitten in Bad Cannstatt.«

»Aber w-warum willsdun Haus kaufen? Wir sind doch eben erst mit dem Umbau hier fertig.«

»Eigentlich sollte es eine Überraschung zum Hochzeitstag sein.« Michael lächelte. »Du wirst begeistert sein von dem alten Gewölbekeller, er ist ideal für eine Weinakademie.«

»Weinakademie? Waswillsudamit?«, überschlug sich meine Stimme. »Du bist Ingenieur!«

»Ach, das ist vorbei.« Er winkte ab, als läge seine Entlassung Jahre zurück. »Von einem alten Gewölbekeller habe ich schon immer geträumt. Ein richtiges Schmuckstück, genau wie der Makler sagte.«

Mir war nicht neu, dass Michael davon träumte, sein Hobby zum Beruf zu machen. Aber ausgerechnet jetzt, wo uns die Bank jeden Tag den Geldhahn zudrehen konnte? Diesmal trank ich direkt aus der Flasche.

»Sarah, gib mir den Schnaps. Du hast genug für heute.«

»Nichts gebe ich dir«, schrie ich und riss den Arm nach hinten. Es knallte laut, und der scharfe Geruch des Tresterbrands ätzte sich durch die Diele. Wankend wollte ich mich nach den Scherben bücken, doch Michael hielt mich fest.

»Pass auf, die Kanten sind scharf.«

Als ich mich abwandte, verlor ich das Gleichgewicht. Die Möbelecke bohrte sich in meinen Oberschenkel. Mein Schrei ging in ein Wimmern über, dann begann ich zu schluchzen.

»Sarah, du machst dir einfach zu viel Stress in letzter Zeit.«

»Einer von uns muss schließlich Geld verdienen. Oder hast du vergessen, wie viele Schulden wir haben?«

»Das wird sich bald ändern«, sagte er entschlossen. »Die Weinakademie wird einschlagen wie eine Bombe. Ich rede mit der Bank, vertrau mir.«

Irgendwie gelang es ihm tatsächlich, die Sanierung des alten Gewölbekellers zu finanzieren. Während der Bauarbeiten plante er

Seminare mit seinen neuen Winzerfreunden. Genauer gesagt: Er trank sich durch eine Verkostung nach der anderen. Ich kümmerte mich um die Organisation. Eigentlich war alles wie früher. Nur dass wir damit kein Geld verdienten und ich keinen Feierabend mehr kannte. Denn statt Skandale aufzudecken und spannende Reportagen zu schreiben, tippte ich den ganzen Tag über langweilige Diktate ab und beschäftigte mich abends mit der Weinakademie.

Am Tag der Eröffnung stieg ich mit Käsewürfeln und Partybrötchen beladen die ausgetretene Sandsteintreppe in den Gewölbekeller hinab. Helles Lachen trillerte mir entgegen.

»Hände weg, das ist nur zum Anschauen.« Eine Frauenstimme.

Argwöhnisch schaute ich in den Hauptraum, den ich die halbe Nacht lang geputzt und mit Weinlaub dekoriert hatte. Michaels neues Hemd in Trollingerrot zeichnete sich wie ein Blutfleck vor der maisgelben Mähne einer jungen, einer sehr jungen Frau ab. Ihre Brüste quollen Kartoffelknödeln gleich aus ihrem dirndlartigen Kleid. Mein Mann versuchte, die Schurzenden in ihrem Rücken zu einer Schleife zu binden, was mich verwunderte, schließlich kam er nicht mal mit Schnürsenkeln zurecht und trug daher nur Slipper.

Als ich mich räusperte, schoss sein Kopf herum.

»Na endlich, wir warten schon. Die Tische müssen gedeckt werden, und Britney will wissen, wo die Servietten sind.«

Die Blondine nickte mir zu. »Hallo, meinen Sie, das geht so? Ist das nicht zu bayerisch?« Sie senkte das Kinn und schielte hinunter auf ihre Voralpenlandschaft.

»Also ich finde es appetitlich«, bemerkte Michael ungefragt. »Wir wollen unseren Gästen schließlich auch was fürs Auge bieten, nicht nur für den Gaumen.«

»Wenn das für Sie okay ist«, sagte ich lahm. »Die Servietten liegen in der Küchenschublade.«

Auf weißen Stilettos tänzelte die Blondine davon.

Ich sah ihr hinterher und zischte: »Wer ist das?«

»Das ist Britney. Sie bedient heute Abend.«

»Was für ein lächerlicher Name, aber egal. Hatten wir nicht vereinbart, dass ich mich um die Gäste kümmere?« Meine Stimme klang beleidigt, und genauso war mir zumute. »Persönlicher Service ist das A und O.«

»Aber du bist doch die Dame des Hauses und keine Bedienung.«

Bevor ich hinter den tieferen Sinn dieser Schmeichelei kam, trat eine Frau mit einem Schnellhefter herein. Das musste die Journalistin sein, die mir einen Artikel über die Eröffnung versprochen hatte. Sie wirkte jünger, als sie am Telefon geklungen hatte. Ihren wilden Lockenkopf hatte sie mit einem Seidentuch gebändigt, das passenderweise mit Weinblättern in Herbstfarben bedruckt war. Ich schluckte meine Enttäuschung über Michaels unabgesprochene Personalentscheidung hinunter und begrüßte die Journalistin. Sie stellte sich als Mona Hauenstein vor und fragte mich aus, während ich ihr die rustikale Küche, die stilvollen Kirschholzmöbel im Verkostungsbereich und die Hightech-Weinschränke an der Schmalseite des Gewölbekellers zeigte. Nur auf ihre Frage, was aus dem düsteren kleinen Nebenraum werden sollte, wusste ich keine Antwort. Darüber hatten Michael und ich noch nicht gesprochen.

Am Abend der Eröffnung füllten sich die Anmeldelisten für die ersten Seminare und Verkostungen. Auch der Weinverkauf lief gut, obwohl ich irritiert war, als ich mitbekam, wie Michael unserem Bankberater eine Kiste edelster Tropfen umsonst mitgab. Zum ersten Mal seit Wochen entspannte ich mich. Vielleicht war die Weinakademie doch keine Schnapsidee.

Ein bitterer Beigeschmack allerdings blieb. Das Farbfoto des mehrspaltigen Artikels auf der Titelseite zeigte nicht mich, sondern Britney mit meinem Mann beim Anstoßen.

Michaels Traum wurde also wahr. Man könnte freilich auch sagen, er trank jetzt auch am Arbeitsplatz. Mit der Tipperei im Vorzimmer arrangierte ich mich, beschloss aber, meine Arbeitszeit zu reduzieren, sobald die Weinakademie Gewinn abwarf. Das war mein Plan. Bis zu jenem Tag, an dem Meierling mich in der Kantine bei Rouladen und Rotkraut über die wahren Umstände von Michaels Abschied aus seiner Firma aufklärte.

»Hat es geklappt mit der Existenzgründung Ihres Mannes, was war das noch gleich, ein eigener Weinberg?«, erkundigte sich mein Chef freundlich und zerteilte seine Rindsroulade in mundgerechte Häppchen.

»Michael hat eine Weinakademie eröffnet.« Ohne rechten Appetit stocherte ich in meinem Salatteller herum. »Es läuft gut, aber als Leiter Ihrer Forschungsabteilung war er finanziell deutlich besser gestellt.«

»Das habe ich ihm auch gesagt, vor allem, weil Sie sich ja gerade erst dieses riesige Haus gekauft hatten. Aber Ihr Mann ließ sich nicht dazu überreden, seine Kündigung zurückzunehmen.«

Vor Schreck ließ ich Messer und Gabel fallen. Auf das laute Klirren hin drehten die meisten Kollegen die Köpfe in meine Richtung.

»Kündigung? Mir sagte er, Sie hätten die Abteilung dichtgemacht.«

»Aber wieso hätte ich das tun sollen?«, stutzte Meierling so laut, dass alle ringsum unsere peinliche Unterhaltung mitbekamen. »Die letzte Versuchsreihe war ein voller Erfolg, und wir gehen bald in Produktion. Wäre Ihr Mann zwei Monate länger geblieben, hätte er eine ansehnliche Prämie bekommen.«

Gedemütigt duckte ich mich hinter ein Plastikalpenveilchen. In mir begann es zu brodeln wie in der Magmakammer eines Vulkans kurz vor dem Ausbruch. Auf dem Weg zurück in mein Büro ging ich in die Damentoilette und kickte den Papierkorb durch die Gegend. Das half fürs Erste.

Als ich das Haus betrat, hörte ich Michael im Wohnzimmer seinen neuen Vortrag üben.

»Der Weinbau hat bei uns fast zweitausend Jahre Tradition. Schon die Römer pflanzten an den Hängen entlang des Neckars Weinstöcke an. Der Boden, überwiegend Muschelkalk und Keuper, sowie das milde Klima und ausreichend Niederschlag machen die Lage Cannstatter Zuckerle zu einer idealen …«

Streitlustig riss ich die Tür auf. »Du hast mich angelogen«, schleuderte ich ihm entgegen und stemmte die Hände in die Taille. »Meierling hat dich gar nicht entlassen!«

Michael sah von seinen Notizen auf. »Das war eine Notlüge. Du hättest mir doch die Hölle heißgemacht, wenn ich dir gesagt hätte, dass ich mich selbstständig machen will.« Er deutete auf meine Stirn: »Schau dir mal die Zornesfalte auf deiner Stirn an. Die ist mittlerweile so tief wie eine Ackerfurche.« Die Ruhe selbst, verschwand er im Weinkeller.

Aufgebracht warf ich das ganze Dutzend Weingläser aus Bleikristall, die er mir zum Geburtstag geschenkt hatte, an die neu tapezierte Wand. Bier mochte ich sowieso viel lieber.

Michaels Unternehmertum schien junge Frauen anzulocken wie verdorbenes Fleisch die Fliegen. Auf dem Wochenmarkt entdeckte ich diese Britney am Käsestand. Ich folgte ihr durch die Gassen und sah sie mit einem vollen Einkaufskorb in der Weinakademie verschwinden.

Auch dafür hatte Michael eine schlüssige Erklärung. Seine Geschäfte liefen bestens, und er brauche dringend eine Assistentin. Britney habe er eingestellt, da ich als »Tippse« alle Hände voll zu tun hätte. Klang das nur in meinen Ohren ironisch?

»Meine Gäste freuen sich über den Anblick einer hübschen Frau«, versetzte er meinem Selbstbewusstsein den nächsten Dämpfer.

Zwei Tage später sah ich ihn mit einer attraktiven Brünetten im Café sitzen, deren kastanienbraune Mähne genau die Farbe ihres figurbetonenden Kostüms hatte. Die beiden waren so ins Gespräch vertieft, dass sie mich nicht bemerkten, obwohl ich bestimmt geschlagene zwei Minuten lang verdattert vor der Glasfassade stand.

»Ach, das war Nadine«, meinte Michael später. »Sie hat sich auf meine Anzeige in der Weinwelt beworben.«

Muss ich erwähnen, dass ich von dieser Anzeige zum ersten Mal hörte?

»Die Verkostungen sind fast ausgebucht«, sagte er. »Genau der richtige Zeitpunkt, um professioneller aufzutreten. Nadine wird mich als Sommelière unterstützen.«

»Ja, ja, ich weiß«, sagte ich voller Zorn. »Du willst deinen Gästen auch was fürs Auge bieten! Man könnte meinen, du wärst in den Wechseljahren, so wie du jedem Rock hinterhergaffst.« Ich beschloss, die nächsten Abende öfter mal unangekündigt in der Wein-akademie vorbeizuschauen.

Wenig später kursierte eine Meldung in den Medien, die meinen Mann in einen richtiggehenden Rausch versetzte, ausnahmsweise ohne dass er auch nur einen Tropfen getrunken hatte.

»Stell dir vor, unsere Steillagen werden Unesco-Kulturerbe«, rief er begeistert über seiner morgendlichen Zeitungslektüre.

Das konnte ich mir kaum vorstellen, zumal Michael gern über-trieb, wenn es um Wein ging. Kaum war er weg, überflog ich den Artikel. Die bereits im Mittelalter angelegten terrassierten Steilla-gen am Neckar sollten tatsächlich als Unesco-Weltkulturerbe vor-geschlagen werden. Zuvor würden die damit verbundenen Aufla-gen aber noch geprüft. Na bitte. Dachte ich mir doch. Der Antrag war noch nicht einmal gestellt, da führte sich mein Mann schon auf, als wäre das Cannstatter Zuckerle zum achten Weltwunder er-klärt worden. Er rief ein Aktionsbündnis ins Leben, überarbeitete den Vortrag und promotete seine Lieblingslage mit Weinwanderun-gen inklusive Einkehr in die malerischen Weinberghäuschen seiner Freunde. Bald war er nur noch zum Schlafen daheim.

Eines Tages landete ein an die Weinakademie adressierter Brief in unserem privaten Postkasten. Der Umschlag enthielt eine fünfstel-lige Rechnung für Weinkäufe. Mir fuhr der Schreck bis ins Mark, erst ein Schnaps half meinen Lebensgeistern wieder auf die Beine. Da Michael mit einigen Gemeinderäten weinwanderte, fuhr ich in die Akademie und durchsuchte alle Schränke. In einem Weinkar-ton entdeckte ich stapelweise unbezahlte Rechnungen und Mah-nungen. Ich machte eine Aufstellung der Einkünfte seit der Eröff-nung. Sie hatte deutlich weniger Nullen als Michaels Schulden.

Als ich auf einen Brief unserer Versicherungsgesellschaft stieß, setzte mein Herz einen Schlag lang aus. Enthielt er womöglich die nächste Hiobsbotschaft?

»Was machen Sie da?«, fuhr mich eine weibliche Stimme an. »Und wie sind Sie überhaupt reingekommen?«

In düstere Gedanken versunken, hatte ich die Schritte auf der Treppe überhört. Es war die rothaarige Nachbarin von gegenüber.

Auch heute konnte man ihren Minirock leicht mit einem breiten Gürtel verwechseln. Die dritte junge Frau in Michaels Dunstkreis innerhalb weniger Wochen.

»Das könnte ich genauso gut Sie fragen«, gab ich genervt zurück.

Die Nachbarin stutzte. »Ach, guten Tag, Frau Marquardt. So völlig ohne Schminke habe ich Sie gar nicht erkannt. Sind Sie krank? Ihr Gesicht ist so bleich wie ein Maultaschenteig.«

Wie sich herausstellte, hatte mein Mann sie als gute Seele engagiert, die überall da einsprang, wo Hilfe vonnöten war. Offenbar aber nicht bei der Buchhaltung.

Als die Nachbarin wieder gegangen war, machte ich noch einen Rundgang und sah, dass Michael den kleinen, düsteren Nebenraum als Materiallager nutzte. Klappstühle, leere Flaschen, Serviettenpackungen und Toilettenpapier stapelten sich bis zur Decke neben einem Haufen Sandsteinquader, mit denen er vermutlich die ausgetretenen Treppenstufen ausbessern wollte.

Durch die Unesco-Welterbe-Geschichte geriet Michaels Begeisterung für Wein endgültig außer Kontrolle. Noch in derselben Woche begann er ein zweimonatiges Praktikum im Cannstatter Zuckerle. Unentgeltlich natürlich, schließlich sei der Winzer sein bester Freund und würde ihn in die geheimsten Geheimnisse einweihen. Abend für Abend quatschte er mir die Ohren voll: Ob ich überhaupt wisse, dass Rebenbesitzer in der Ebene zweihundertfünfzig bis vierhundert Arbeitsstunden pro Hektar und Jahr, ein Kollege am Steilhang dagegen bis zu zwölfhundert Stunden schuftete? Oder dass man vierhundert Stufen bis zum Wingerthäuschen erklimmen müsse, um den Höhenunterschied von über sechzig Metern zu überwinden. Am unterhaltsamsten fand ich, dass er jetzt auch noch einen auf Naturschützer machte, da die Reptilien die intensiv besonnten Trockenmauern des Cannstatter Zuckerle als eine Art Sauna nutzten. Bald bekam ich einen Ausschlag, wenn ich nur das Wort Zucker hörte.

Durch die Arbeit an der frischen Luft veränderte sich Michael zusehends. Sein Haar hellte sich auf, die Haut wurde erdig-braun und sein Körper formte sich von Woche zu Woche athletischer. Er sah so gesund aus wie noch nie. Zudem schien er über einen guten Draht zur Presse zu verfügen. Alle nasenlang berichtete die Cannstatter Zeitung über seine Erfahrungen im Weinberg. Die Stuttgarter Zeitung führte sogar eine wöchentliche Kolumne mit dem Titel »Steillagenwinzer in zwei Monaten« ein.

Dagegen kam ich mir vor wie eine graue Maus. Die neuen Einspritzpumpen brachten eine Menge Überstunden mit sich – und Alpträume über Dieselmotoren. Das änderte sich allerdings schlagartig, als mich unser Bankberater zu einem Gespräch unter vier Augen bat.

Am nächsten Morgen hatte ich Magenkrämpfe und fuhr ohne Frühstück zur Bank.

»Frau Marquardt, das ist mir wirklich unangenehm«, begrüßte mich der Bankberater in seinem Zwei-mal-zwei-Meter-Kabuff. »Bisher lief die Zusammenarbeit mit Ihrem Mann gut, und ehrlich gesagt habe ich auch mal ein Auge oder zwei zugedrückt, weil er mir regelmäßig prämierte Spitzenweine geschenkt hat.« An dieser Stelle seufzte er bedauernd. »Aber in letzter Zeit gefallen mir Ihre Kontobewegungen gar nicht. Unregelmäßige Zahlungseingänge, keinerlei Sondertilgungen mehr. Auch die versprochene größere Summe steht noch aus. Ihr Mann hat seine Lebensversicherung gekündigt, um liquide zu werden.«

Die Formulierung »liquide werden« irritierte mich zunächst, kein Wunder bei dem vielen Gerede um Wein. Doch dann verstand ich: Michael brauchte Geld.

»Der eigentliche Grund für dieses Gespräch ist die zusätzliche Hypothek, die er vor ein paar Wochen auf Ihr ohnehin schon belastetes Haus aufgenommen hat.«

Mein Herz schlug einen Salto, und meine Fäuste ballten sich wie von selbst. Das bedeutete, dass Michael uns in die Pleite getrieben hatte mit seinen verrückten Ideen. Zumindest fast, denn eine kleine private Reserve blieb mir noch. »Was ist mit meinen Aktien?«, fragte ich mit zitternder Stimme und schickte ein Stoßgebet zum Himmel.

Der Bankberater raschelte mit seinen Unterlagen. Sein Ton wechselte von tadelnd zu geschäftsmäßig. »Wie ich sehe, Frau Marquardt, ist die Performance Ihres Aktienpakets ansehnlich. Jetzt, wo der Aufschwung da ist, wird die Rendite sicher noch –«

»Lösen Sie das Depot sofort auf«, befahl ich und schoss vom Stuhl hoch. »Ich hole das Geld morgen ab.«

So früh wie möglich machte ich Feierabend und raste quer durch die Stadt zur Weinakademie, um Michael zur Rede zu stellen. Den ganzen Tag über hatte sich mein Frust angestaut, jetzt wurde es Zeit, ihn rauszulassen. Ungeduldig balancierte ich die immer noch nicht ausgebesserte Treppe hinunter. Mein Mann hockte vor dem Eingang zu dem kleinen Nebenraum und stapelte Sandsteine aufeinander. Um ihn herum türmten sich Riesenknäuel aus Schnur, Holzpfosten, ein Sack Zement, eine Kelle, mehrere Spaten und eine Spitzhacke.

»Willst du bei OBI einsteigen?«, blaffte ich ihn an.

Michael richtete sich auf und sah durch mich hindurch. Mein aggressiver Tonfall schien an ihm abzugleiten wie Regentropfen an einer Traube. »Heute hatte ich im Weinberg eine Vision.«

»Dann geh zum Arzt! Am besten zum Nervenklempner, ich fürchte, das ist der Einzige, der bei dir noch was retten kann.«

Michael ließ sich nicht aus der Ruhe bringen. Theatralisch hob er die Hand auf Augenhöhe und sah aus wie Mose, als der das Rote Meer teilte. »Prachtvolle Weinstöcke, bildschöne Trauben und ehrwürdige Trockenmauern. Jetzt weiß ich endlich, was meine Aufgabe ist. Ab heute werde ich Teil dieser jahrtausendealten Tradition sein.«

»Hä? Ich verstehe kein Wort. Aber wo du gerade von Aufgabe redest, ich war auf der Bank –«

»Ich habe mir einen Weinberg gekauft«, verkündete Michael feierlich und warf sich wie ein Pavian in die Brust. »Im Herbst werde ich zum ersten Mal meinen eigenen Trollinger keltern.«

»Du hast *was*?

»Eineinhalb Hektar. Extreme Steilhanglage. Eine der besten in ganz Deutschland.«

Einen promovierten Ingenieur hatte ich geheiratet, und den Rest meines Lebens würde ich mit einem Weinbauer verbringen, der auf dem besten Weg war, mich in die Privatinsolvenz zu treiben. Wollte ich mir das wirklich noch länger antun? Ich sah auf meine Armbanduhr. Viertel vor sechs. Plötzlich wusste ich, was zu tun war. Ich drehte mich um und ging ohne ein weiteres Wort.

Wenn der Bleistift nicht über das Papier schabt, ist es absolut still um mich herum. Es kommt mir vor, als wäre ich allein auf der Welt. Irgendwie stimmt das ja auch. Niemand außer Michael weiß, wo ich bin. Die Kerze ist nur noch ein Stummel, und die Flamme verliert an Kraft. Bald wird der Sauerstoff aufgebraucht sein. Ich bin müde und sehne mich danach auszuruhen. Bald. Zuerst will ich meine Geschichte zu Ende erzählen.

Zum Glück war Donnerstag. Die Bank hatte länger geöffnet. Ich kam gerade noch rechtzeitig, um den Wert des Aktiendepots in bar abzuheben. Damit fuhr ich zum Flugplatz und buchte den ersten Flug am nächsten Morgen. Er ging nach Reykjavík. Perfekt. Eine Gegend garantiert ohne Rebstöcke. Dort würde ich mich erholen und mein neues Leben planen – ohne Einspritzpumpen und Wein.

Zu Hause packte ich einen Koffer und eine Reisetasche und suchte meine Papiere und den Schmuck zusammen. Ich überflutete die Zimmerpflanzen, ließ die Rollläden herunter und schrieb auf einen Notizzettel: Michael, ich verlasse dich. Ich halte das nicht mehr aus. Sarah. Nach kurzem Überlegen strich ich das Wort »das« und ersetzte es durch »dich«: Ich halte dich nicht mehr aus. Das traf es viel besser.

Als ich den Zettel auf den Esstisch knallte, begannen die Zweifel. War es wirklich die richtige Entscheidung? Gab es nicht einen Funken Hoffnung mehr? Wir waren fast zehn Jahre verheiratet, und neuneinhalb davon war ich sehr glücklich gewesen. In guten und in schlechten Zeiten, das hatte ich geschworen. Eine letzte, eine allerletzte Chance war ich ihm schuldig.

Das Herz flatterte mir in der Brust, als ich vor der Weinakademie parkte. Ich nahm die Reisetasche in die Hand – die würde ihn davon überzeugen, wie ernst es mir war – und lief die Sandsteintreppe hinunter. Das Licht war gedimmt. In der Luft hing ein intensiver Duft nach Vanille. Diesen süßlichen Geruch hatte ich noch nie ausstehen können.

Als ich Michaels Stimme hörte, tat mir das Herz weh. Aber es war zu spät für eine Versöhnung. Oder doch nicht? Was würde ich tun, wenn er vor mir auf die Knie fiel und mich schluchzend um Verzeihung bat?

Sein Bariton kam aus der Küche. Die Tür stand einen Spalt weit offen, nur ein schwacher Lichtschein erhellte den Boden vor mir. Ich stellte die schwere Tasche ab und lauschte.

»Hallo, du. Ich bin eben wach geworden und habe dich vermisst.« Michael klang so zärtlich, wie ich es von früher kannte. Mit mir hatte er schon lange nicht mehr in diesem Ton geredet.

Er fuhr fort. »Ja, ich verspreche es. Noch heute Abend sage ich es ihr.«

Mit wem redete er nur? Auf Zehenspitzen schlich ich näher, bis ich über etwas stolperte, das an der Wand lehnte und nun auf die Steinfliesen knallte. Das war die Spitzhacke, die Michael kürzlich für seinen Weinberg gekauft hatte.

Mit dem Handy am Ohr erschien er in der Tür. Er war nackt, die Haare zerzaust, die Augen noch vom Schlaf verklebt. Hinter ihm schwang die Tür auf und gab den Blick frei auf ein improvisiertes Lager aus Wolldecken. Das flackernde Licht einer Stumpenkerze fiel auf einen braunroten Fleck. Es war ein Seidentuch, bedruckt mit Weinlaub in Herbstfarben. Ich wusste sofort, wem es gehörte. Meine Kiefer knirschten. Diese Journalistin Mona Soundso gehörte also auch zu seinem Harem!

Als Michael meine Reisetasche sah, nickte er nur ruhig und ließ das Handy sinken. »Du verlässt mich. Darauf warte ich schon eine ganze Weile.«

Wir sahen uns schweigend an. Er, weil er mir offensichtlich nichts mehr zu sagen hatte, und ich, weil mir seine Gleichgültigkeit die Sprache verschlug.

Ich hatte ihn verloren, endgültig. Und er hatte bereits Ersatz gefunden, mich durch diese junge Journalistin ersetzt, wie man alle paar Tage das Handtuch wechselt. Am liebsten hätte ich ihm ins Gesicht geboxt. Stattdessen zwang ich mich, genauso kaltblütig zu reagieren wie er. Ich öffnete meine Handtasche, damit er das Flugticket sehen konnte.

»Ich wollte mich verabschieden. Und – ach ja, falls du es auf meine Aktien abgesehen hast, die nehme ich mit. Das ist alles, was mir von unserer Ehe bleibt.«

Die Kerze ist fast heruntergebrannt, und der Vanillegeruch wird schwächer. Die winzige bläuliche Flamme flackert. Ich sehe kaum noch etwas, meine Augen fallen dauernd zu. Ich muss mich beeilen, denn ich spüre, wie mein Körper immer schwerer wird.

Michaels Blick fixierte meine Handtasche. Aber er galt nicht meinem Ticket, sondern dem dicken blauen Umschlag der Bank, in dem das Geld aus meinem Aktiendepot steckte. Mit einem Satz sprang er auf mich zu und stieß mich gegen die Wand. Etwas knackte laut in meinem Kopf, dann verlor ich das Bewusstsein. Als ich wieder zu mir kam, war es dunkel um mich herum. Einzig die Stumpenkerze neben mir auf dem Boden gab ein wenig Licht. Es roch nass und kalkig. Diesen Geruch kannte ich vom Umbau unseres Hauses. Aber was war das nur? Farbe? Oder Putz? Als ich den Geruch identifizierte, wurde mir kalt, so kalt, als würde sich mein Herz mit Raureif überziehen. Es war Zement. Feuchter Zement. Ich tastete meine Umgebung ab. Da, ein harter, glatter Gegenstand. Das war meine Reisetasche. Dahinter etwas Kaltes, Senkrechtes. Eine Wand. Ich streckte die Hand in die andere Richtung und spürte nur einen knappen halben Meter neben mir eine weitere Steinmauer. Von dort kam dieser Zementgeruch. Mein Körper wurde stocksteif, als mir klar wurde, wo ich war. Das musste der winzige Nebenraum sein. Michael hatte ihn zugemauert.

Ich schrie nach Hilfe, drückte mit aller Kraft gegen die Wand, trommelte verzweifelt mit den Fäusten dagegen. Immer wieder presste ich das Ohr an die kalte Mauer. Kein Laut war zu hören. Michael war gegangen und hatte mich meinem Schicksal überlassen. Alle würden denken, ich hätte ihn verlassen.

Es ist nur noch wenig Platz auf dem Papier, und die Kerze geht sicher gleich aus. Wir kennen uns kaum und leider weiß ich nur noch deinen Vornamen. Mona. Aber du bist Journalistin und suchst nach der Wahrheit. Ich hoffe und bete, dass du am Telefon alles mit angehört hast und die Polizei rufst. Oder hat Michael dich in seinen Plan eingeweiht? Ich hoffe, ich lebe lange genug, um es zu erfahren.

Carsten Sebastian Henn

Schuld war nur der Dornfelder

Es war ein dummes Versehen gewesen.

Hier in Gimmeldingen, einem malerischen Ortsteil von Neustadt an der Weinstraße, gab es drei Weingüter mit Namen Gipfeldelt: das Klostergut Gipfeldelt, das Weingut Gipfeldelt-Grün-Bös und schließlich das Weingut Günther Gipfeldelt. In Ersteres wollte Fridolin Bisines, seines Zeichens vielbeschäftigter Weinkritiker, in Letzterem war er nun gelandet – ohne es zu wissen. Als die dicke Katze ihn böse aus dem Küchenfenster anschaute, hätte er noch kehrtmachen können. Stattdessen klingelte er, und bald darauf öffnete eine Frau mit Kittelschürze und rosa Gummihandschuhen die Tür. Sie sah, dachte Fridolin Bisines, genau aus wie die Katze. Inklusive Schnurrbart. Und hätte die dicke Katze nicht immer noch finster dreinschauend auf der Fensterbank gelegen, Fridolin Bisines hätte vermutet, dass sich das Tier nur kurz etwas übergeworfen hatte und zur Tür gekommen war.

»Wir haben Mittag«, sagte die Frau. »Was wollen Sie?«

»Bisines mein Name, Fridolin Bisines, vom Weinmagazin ›Vitis Vinifera‹, ich bin angemeldet.«

»Angemeldet, das wüsst' ich aber!«, entgegnete die Frau, strich sich über ihren Schnurrbart und wandte sich Richtung Stube. »Ich hol mal meinen Mann.«

Etwas verunsichert justierte Fridolin den Sitz seiner rot gepunkteten Fliege nach und schaute sich im Innenhof um, der von allen Seiten umschlossen war. Ein veralteter Kunststofftank stand unter dem leicht vorstehenden Dach, zu einem Gutteil in der Sonne, direkt daneben eine Palette leerer Flaschen mit Staub und Dreck darauf. Über dem großen Tor hing ein Pfälzer Weinköniginnenplakat mitsamt einem Bild der Ausgezeichneten. Das Jahr war 1964, das Foto vergilbt. Die abgebildete Frau mit Krönchen lächelte freundlich, auch wenn ihre Haut nunmehr gelb und ihre Haare blau waren. Erst nach längerem Hinsehen erkannte Fridolin, dass es sich um ein frühes Foto des dicken Katzenweibes handeln musste.

Die Zeit war grausam zu ihr gewesen.

Plötzlich wurde die Tür der Stube geöffnet, und ein Mann mit Gummistiefeln und Blaumann trat heraus. »Sind Sie der, der wo da hier angemeldet sein will?«

»Bisines, wir hatten telefoniert. Vom Weinmagazin ›Vitis Vinifera‹. Ich bin wegen Ihres Rieslings da, Herr Gipfeldelt.«

»Da müsste noch eine Flasche von auf sein. Herthaaaaaaa, hol einmal die Spätlese von letzter Woche. Und Sie«, wandte Gipfeldelt sich wieder an Fridolin, »rein in die Stube, aber nix dreckig machen! Meine Frau hat gerade geputzt.«

Fridolin reichte ihm im Vorbeigehen seine Visitenkarte – die Gipfeldelt, ohne sie anzusehen, an seine Frau weitergab – und setzte sich an den klapprigen Küchentisch. Hinter seinem Rücken las sich Frau Gipfeldelt die Visitenkarte durch, zog dann rasch ihre Kittelschürze aus, strich Bluse und Rock glatt und formte mit weit aufgerissenem Mund die an ihren Mann gerichteten Worte »Weinkri-ti-ker, Lot-to-ge-winn«.

Dann begann die Show.

Frau Gipfeldelt sprang von nun an wie eine Cancan-Tänzerin um den Tisch, einen Wein nach dem anderen bringend und bei allen möglichen und unmöglichen Gelegenheiten herzhaft lachend.

»Das ist unser Riesling! Ein richtig kräftiger, nicht so ein dünnes Moseltröpfchen«, rief sie fröhlich. »Der macht alte Knaben munter, glauben Sie mir! Nicht wahr, Günther? Können Sie ruhig schreiben. Der bringt Tinte auf den Füller.« Sie lachte lauthals und errötete nur leicht.

Fridolin nahm einen Schluck. »Das ist Ihr bester Riesling?«, fragte er ungläubig und spuckte den Wein in den bereitstehenden Krug.

»Das hat ein Kenner wie Sie sicher direkt gemerkt!«, flötete Frau Gipfeldelt.

»Aus dem neuen Jahrgang?«, fragte Fridolin, dem immer noch ein pelzigfauliger Geschmack auf der Zunge lag, den er hoffentlich mit einem ordentlichen doppelten Branntweingurgler wegbekommen würde.

»Der neue Jahrgang liegt noch im Fass, das ist der vom vorvorletzten Jahr, der ist jetzt im Verkauf. Da kann man mal sehen, wie gut unser Wein reifen kann. Er schmeckt noch genau so, wie als er jung war. Ich kann Ihnen auch gerne einen richtig lang gereiften anbieten, bei dem noch ›Rheinpfalz‹ auf dem Etikett steht.«

»Das ist hier doch das Klostergut Gipfeldelt, oder?«, fragte Fridolin und nahm die Flasche genauer in Augenschein. »Wieso steht denn Günther Gipfeldelt auf dem Etikett?«

»Weil ich so heiße, wenn Sie erlauben«, sagte Günther Gipfeldelt. »Das Klostergut ist gegenüber.«

»Dann liegt hier ein Missverständnis vor. Ich darf mich entschuldigen.«

Doch er durfte nicht.

Fridolin Bisines wurde von Frau Gipfeldelt sanft auf den Stuhl zurückgedrückt. Dann servierte sie einen Wein nach dem anderen. Angefangen bei Portugieser Rosé über Bacchus, Albalonga, Ortega und Kanzler bis hin zur Huxelrebe wurden Fridolin Bisines alle zweiundvierzig Weine der Karte aufgetischt.

Meine Güte, dachte er bei sich, sie kelterten in der Pfalz doch so hervorragende Weine. Für viele Genießer waren die Weinberge von der französischen Grenze in Schweigen bis hoch nach Bockenheim gar das gelobte Land des vergorenen Traubensaftes.

Doch in diesem Weingut wurde Unzucht mit Trauben getrieben! Das grenzte an Vergewaltigung von Rebstöcken. Wein war ein Geschenk Gottes, doch Günther und Hertha Gipfeldelt waren offensichtlich aus der Kirche ausgetreten.

Nur weil Fridolin Bisines viel Wasser zwischen den Proben getrunken und den Brotkorb dreimal leer gefuttert hatte, war es ihm gelungen, seinen Ekel zu überwinden und alle Weine in den Mund zu nehmen. Am schlimmsten war der Dornfelder gewesen, bei dem ihm der kalte Schweiß auf die Stirn getreten war.

Als er den letzten Wein – eine oxidierte Beerenauslese aus faulem, aber leider nicht edelfaulem Traubengut – hinter sich hatte, stand er auf und tippte mit dem Zeigefinger demonstrativ auf seine Uhr.

»Vielen Dank für die ausführliche Probe, aber ich muss jetzt wirklich gehen, der nächste Termin ruft.«

»Aber Sie haben unseren Sekt ja noch gar nicht probiert!«, sagte Frau Gipfeldelt fröhlich. »Der steht nicht auf der Karte, den gibt es nur für besondere Kunden. Ich hol Ihnen schnell eine Flasche aus dem Keller, schön kühl.«

Was zu viel war, war zu viel. Fridolin Bisines entschied in diesem Moment, dass er eine Sorgfaltspflicht gegenüber seinen Geschmacksnerven hatte. »Nein«, sagte er deshalb.

»Wie, nein?«, fragte Frau Gipfeldelt.

»Einfach nein. Keinen Wein mehr. Ich gehe.«

»Aber sie haben Ihnen doch alle geschmeckt. Das haben Sie doch gesagt!« In Frau Gipfeldelts Augen lag ehrliche Überraschung. Der Journalist hatte doch die Augen so verdreht beim Weinverkosten und immer ganz schnell den nächsten Wein verlangt.

»Ihre Weine sind grauenhaft, jeder einzelne davon. Ich wollte das nicht sagen, aber Sie lassen mir ja keine Wahl. Sie können froh sein, wenn ich nie ein Wort darüber schreibe.«

»Ich konnte ihn von Anfang an nicht leiden«, sagte Herr Gipfeldelt. Die ersten Worte von ihm seit zwei Stunden. »So ein Tintenkleckser hat doch keine Ahnung von Wein.«

»Wein!«, rief Fridolin Bisines. »Das nennen Sie Wein? Eine solche Reihe mit sämtlichen Weinfehlern Wein zu nennen ist wahrlich zu viel des Lobs. Plörre ist es, nichts anderes.«

»Raus!«, schrie Herr Gipfeldelt.

»Gerne«, sagte Fridolin Bisines.

»Halt!«, schritt Frau Gipfeldelt ein. »Wir haben doch noch eine Überraschung.«

»Ich mag Überraschungen überhaupt nicht und gehe jetzt endlich. Sie können mich hier nicht gegen meinen Willen festhalten.«

Herr Gipfeldelt baute sich vor Fridolin Bisines auf. »Wenn meine Frau sagt, dass sie noch eine Überraschung hat, dann gibt es noch eine Überraschung!«

Bisines setzte sich. Das hier war fraglos das Weingut der Hölle.

Die Herrin des Hauses brachte ein kleines Einmachgläschen. »Unser Weingelee vom Dornfelder – Sie werden den Wein direkt wiedererkennen!«

Fridolin Bisines aß schicksalergeben etwas von dem süßen, gallertartigen Etwas, das seine Herkunft aus dem Hause Gipfeldelt nicht verhehlen konnte. Es schmeckte nicht nach Trauben. Es schmeckte nach Hausmacherleberwurst.

»Darf ich jetzt gehen?«, fragte er hoffnungsvoll.

»Hat Ihnen das Gelee denn geschmeckt?«

»Bitte zwingen Sie mich nicht, die Wahrheit zu sagen, sonst tut Ihr Mann mir noch was an.«

»Ach wo! Der ist ganz harmlos. Aber ich lasse Sie nicht weg, ehe ich etwas gefunden habe, was Ihnen schmeckt. Deshalb gibt es jetzt auch einen Schluck unseres Tresters – auch von unserem guten Dornfelder. Im Eichenholzfass gelagert!«

Fridolin Bisines kippte den Schluck des Fünfzigprozentigen schnell runter und hatte danach das Gefühl, Frau Gipfeldelt hielte einen Flammenwerfer auf seinen Mund und verbrenne ihm alles bis runter zum Enddarm.

»Der ist gesund«, sagte Frau Gipfeldelt. »Tötet alle Bakterien ab.«

Und dazu die roten und weißen Blutkörperchen, dachte Fridolin Bisines, dem die Augen nun leicht aus dem Kopf hervortraten.

»Der muss Ihnen aber jetzt gefallen!«

»Lassen Sie mich endlich gehen! Das kommt einer versuchten Vergiftung gleich!«

Plötzlich wurde sein Haar feucht.

Und es roch nach Kernseife.

»Unser Weinshampoo«, flötete Frau Gipfeldelt und massierte es in die journalistische Kopfhaut. »Mit Auszügen aus unserem Dornfelder. Stärkt den Haarwuchs. Merken Sie es schon?«

Fridolin Bisines stand auf und schlug Frau Gipfeldelt das Shampoo aus der Hand. Auf seinem Kopf befand sich nun ein ordentliches Häubchen Schaum, und er sah aus wie mit Sprühsahne bedeckt. »Wo kann ich das sofort rauswaschen?«

»Den Gang runter rechts. Aber lassen Sie es lieber noch etwas einwirken, es wirkt Wunder.«

»Wunder? Wahrscheinlich frisst sich das Zeug gerade durch die Kopfhaut und greift mein Hirn an!«

»Da gibt es noch was anzugreifen?«, grunzte Herr Gipfeldelt verächtlich.

Als Fridolin Bisines zurückkam, verlieh ihm sein ehemals stolz onduliertes Haar nun das Aussehen eines Pudels, der in einen sintflutartigen Wolkenbruch geraten war. Er würde jetzt nach Hause fahren und die vernichtendste Kritik verfassen, die es jemals im Weinjournalismus gegeben hatte. Weltweit!

Da öffnete sich die Hoftür.

Und herein trat die Tochter des Hauses, in Jeans und engem Top, ein Träger war ihr neckisch über die Schulter gerutscht. Mutter Gipfeldelt zwinkerte ihr bedeutungsvoll zu.

»Sie müssen der berühmte Journalist sein«, brachte sie stockend hervor. »Ich hätte nie gedacht, dass ein so kluger Mann so … attraktiv sein kann. Soll ich Ihnen das Flaschenlager zeigen? Da ist es auch viel gemütlicher für uns zwei.« Die Worte gingen ihr merklich schwer über die Lippen. Ihr Vater wandte sich kopfschüttelnd ab, während Fridolin Bisines einen neuen Höchststand der Verdutzung erreichte.

Die Tochter des Hauses schüttelte nun ihre Haare und sah dabei genau aus wie eine Mischung aus Mutter und Vater.

Fridolin Bisines bekam es mit der Angst zu tun.

»Nein, nein«, stotterte er. »Ich will kein Flaschenlager sehen, ich will nie mehr ein Flaschenlager sehen. Und Weinjournalist will ich auch nicht mehr sein. So etwas darf mir nie, nie wieder passieren!«

Plötzlich schmiegte sich Frau Gipfeldelt an ihn. »Wenn Sie wollen, kann ich Ihnen das Flaschenlager zeigen …«

Fridolin Bisines schrie, denn neben seinen Geschmacksknospen, seinem Geruchssinn und seiner wie irre juckenden Kopfhaut schmerzte ihm nun auch das Hirn, das verzweifelt versuchte, sich nicht vorzustellen, was Frau Gipfeldelt im gemütlichen Flaschenlager mit ihm machen würde.

Er schrie so lange, bis ihn eine Flasche auf den Kopf traf. Vom Riesling, der alte Knaben munter machte.

Danach spürte der Weinjournalist nichts mehr. Denn er war tot.

Sein Leiden war beendet.

»Ich dachte, du wolltest ihn nicht umbringen!«, sagte Herr Gipfeldelt.

»Wenn einer unsere Weine nicht mag«, erwiderte seine Frau, »kann ich damit leben. Es kann ja nicht jeder Ahnung von Wein haben. Aber eine ehemalige Pfälzer Weinkönigin verschmäht man nicht!«

Da musste Herr Gipfeldelt seiner Frau recht geben, und er nahm sich die Schaufel, um Fridolin Bisines im Deidesheimer Herrgottsacker zu vergraben.

Dort, wo der gute Dornfelder stand.

Weintipp

Zu »Schuld war nur der Dornfelder« passt natürlich nur ein Dornfelder. Da müssen Sie durch! Gott sei Dank gibt es viel bessere Exemplare als die des fiktiven Weingutes Günther Gipfeldelt.

Ursprünglich war der aus Helfensteiner und Heroldrebe gekreuzte Dornfelder in Deutschland als Deckrotwein eingesetzt worden, um blassen Tropfen etwas Farbe zu verleihen. Irgendwann entdeckten die Winzer jedoch, dass mehr möglich war, und bauten ihn sortenrein aus. Leider sind die meisten Dornfelder nur der Farbe nach Rotweine – doch wer sich richtig Mühe mit der Rebsorte gibt und den Ertrag begrenzt, kann Tolles keltern. Meine Lieblings-Dornfelder stammen alljährlich von den Weingütern Deutzerhof (Ahr), Knipser (Pfalz) und Karl Haidle (Württemberg).

Britt Reißmann

Der dicke Wilhelm und die Rolling Stones

»Regionalkrimis sind in. In Kombination mit kulinarischen Themen sind sie der Renner schlechthin. Wir hatten an einen Weinkrimi gedacht. Schreiben Sie etwas aus dem Winzermilieu, das im Anbaugebiet Saale-Unstrut spielt.«

Mein Verleger hatte vielleicht Nerven! Ich wohnte in der halleschen Innenstadt. Halle an der Saale ist die heimliche Hauptstadt Sachsen-Anhalts, bevölkert von 233.000 patriotischen Einwohnern, die sich noch längst nicht damit abgefunden haben, dass Magdeburg ihnen den Rang abgelaufen hat und sie fortan mit einem dreistelligen Autokennzeichen leben müssen. Da eine erkleckliche Zahl von Bausünden der DDR-Gebäudewirtschaft nach wie vor das Gesicht der Saalestadt prägte, fristete ich mein Autorinnendasein umgeben von Presslufthämmern und Abrissbirnen, deren Lärmpegel unbarmherzig auf mich eindrosch. Richard, mein Mann, versuchte alldem auf seine Weise Herr zu werden. Er war leidenschaftlicher Fan der Rolling Stones und drehte die Stereoanlage so weit auf, dass es Mick Jagger und Co durchaus mit den Baumaschinen vor unserem Haus aufnehmen konnten. Ich hasste diese Musik ebenso sehr wie den Lärm der Baumaschinen; für mich hörte sich das ohnehin alles ziemlich gleich an.

Unter diesen Umständen war es mir unmöglich, mich gedanklich in ein idyllisches Weinbaugebiet zu versetzen. Ich musste hier raus, und zwar dringend.

Eines Morgens, als ich bei einer Tasse Kaffee den Anzeigenteil der Mitteldeutschen Zeitung studierte, stieß ich auf des Rätsels Lösung:

»Weinberggrundstück in ruhiger Lage zu verkaufen, Steilhang Südlage am Alten Steinmeister mit Natursteinterrassen und Weinberghäuschen, Ausblick ins Saaletal Richtung Naumburg«. Da das Grundstück wegen massiven Schädlingsbefalls, wie es in der Anzeige hieß, erst letztes Jahr gerodet worden und als landwirtschaftliche Nutzfläche bedeutungslos war, nahm sich der Preis geradezu lächerlich aus. Aber ich brauchte keine Weinstöcke, ich brauchte Ruhe und eine inspirierende Umgebung.

»Richard?«, brüllte ich gegen Charlie Watts' Schlagzeugsolo an. »Kommst du mal eben und bringst das Sparbuch mit?« Eigentlich war das keine Frage, sondern ein Befehl.

So kam es, dass ich eines Sommermorgens in dem idyllischsten Weinberghäuschen erwachte, das man sich auf Gottes grüner Erde nur vorstellen kann. Ich öffnete das Fenster und schaute hinab auf das Saaletal; in der Ferne waren die Türme der Domstadt Naumburg zu erkennen. Die Ruhe war paradiesisch. Ich braute mir einen Kaffee, füllte ihn in einen tönernen Weinkrug mit der Inschrift »Wozu die Wahrheit im Kaffeesatz suchen, wo sie doch so angenehm im Wein untergebracht ist?« und setzte mich an den Laptop. Entspannt legte ich die Finger auf die Tastatur und wartete auf eine Eingebung.

Als ich gerade loslegen wollte, durchbrach ein ohrenbetäubendes Krachen die Stille. Ich fuhr zusammen. Das hatte sich nach einem Gewehrschuss angehört. War etwa Jagdsaison? Aber wer jagte schon in den Weinbergen? Wer auch immer, es ging mich nichts an. Ich beschloss, nicht darauf zu achten, und starrte auf meinen jungfräulich weißen Bildschirm. Was hatte ich gerade schreiben wollen? Vergessen. Ein Schluck Kaffee würde Lebensgeister und neue Kreativität wecken.

Peng!

Ich verschluckte mich und hustete Kaffeespritzer auf die Tastatur. Irgendjemand ballerte in aller Herrgottsfrühe da draußen in der Gegend rum. Jagdsaison hin oder her, so konnte ich nicht arbeiten!

Wütend schlüpfte ich in einen dunkelgrünen Jogginganzug und pirschte mich im Schutz einer der Trockenmauern, die den Weinberg in Terrassen unterteilten, in die Richtung, aus der ich die Schüsse gehört hatte. Niemand war zu sehen.

Peng!

Keine zehn Meter von mir entfernt ging der nächste Schuss los.

Ich verlor die Nerven, machte kehrt und rannte zurück. Der Gedanke, dass ich mutterseelenallein die Einsamkeit mit einem Waffennarren teilte, machte mich panisch. Ich brauchte Hilfe. Ruf die Polizei, war mein erster Gedanke. Doch wie Murphys Gesetz es wollte, war ich noch nicht dazu gekommen, mein Handy aufzuladen.

Auf dem Nachbargrundstück schräg oberhalb meines neuen Domizils entdeckte ich ein Winzerhäuschen, dessen Tür offen stand. Der nächste Schuss, der hinter meinem Rücken knallte, mobilisierte meine letzten Kräfte. Auf allen vieren hastete ich den Berg hinauf. Unter meinen Füßen knirschten verlassene Häuser von Weinbergschnecken; losgetretene Muschelkalksteine polterten in kleinen Lawinen den Hang hinab. Gebückt zwischen den Rebstöcken nach Deckung suchend, lief ich der kleinen Frau, die seelenruhig an einem Weinstock die Geiztriebe entfernte, genau in die Arme.

»Polizei!«, keuchte ich. »Da hinten wird geschossen!«

Einen Augenblick lang schaute sie mich verwirrt an, bevor sie begriff.

»Aber nein, das ist nur die Vogelkanone vom dicken Wilhelm«, versuchte sie mich zu beruhigen. Sie wischte sich die Hände an ihrer Arbeitshose ab und bat mich, ihr ins Haus zu folgen.

»Brunhild Rensch«, stellte sie sich vor, als wir in ihrem Häuschen am Küchentisch saßen. Sie hatte kurzes honigblondes Haar, von Silberfäden durchzogen, und freundliche Augen, um die sich feine Fältchen gruben. Ihre schwieligen Hände verrieten, dass diese Frau ihren Weinberg selbst versorgte. Sie war meinem Blick gefolgt. »Mein Sohn hilft mit«, sagte sie, »aber der ist nur am Wochenende hier. Er arbeitet in Freyburg in der Sektkellerei. Machen Sie sich wegen der Schüsse keine Sorgen. Das ist eine Schreckschussanlage, die die Vögel aus den Weinbergen vertreiben soll. Sie wird mit Gas betrieben und läuft über Funksteuerung. Man gewöhnt sich dran. Was bleibt einem auch anderes übrig?«

»Was heißt gewöhnen?«, fragte ich alarmiert. »Bedeutet das, die Anlage ist täglich in Betrieb?«

»Nur von Tagesanbruch bis zur Dämmerung«, antwortete Brunhild. »Und auch nur im Sommer und Frühherbst bis zur Weinlese.«

Ich stöhnte. Tagsüber hatte ich eigentlich vor zu schreiben, und zwar den restlichen Sommer und Frühherbst über. Wenn ich in Ruhe arbeiten wollte, würde ich nachts schreiben müssen. Blieb die Frage, wann ich dann schlafen sollte. »Kann man gegen diese permanenten Schüsse wirklich nichts unternehmen?«, krächzte ich.

»Das ist schwierig«, erwiderte meine Nachbarin. »Außerhalb bewohnter Ortschaften sind diese Schussanlagen zur Vogelabwehr erlaubt. Es gibt natürlich Mindestabstände und Ruhezeiten, aber die hält er ein.«

»Was ist dieser Wilhelm denn für ein Typ?« In mir schwelte noch ein letztes Fünkchen Hoffnung. Vielleicht ließ der Mann ja mit sich reden.

»Er heißt Wilhelm Bernsdorff. Hat sein Grundstück im letzten Jahr für eine Stange Geld gekauft, die Weinstöcke sind wirklich hochwertig. In dieser Gegend wächst der beste Grüne Silvaner, den man an Saale und Unstrut finden kann. Der dicke Wilhelm hat sich in den Kopf gesetzt, einen Prädikatswein heranzuziehen, mit dem er einen Preis bei Mundus Vini gewinnen kann. Sie wissen schon, die Akademie, die den internationalen Weinpreis auslobt.«

»Dicker Wilhelm?« Irgendwoher kam mir der Name bekannt vor.

Brunhild lächelte. »Von der Statur her ähnelt er dem Wehrturm, der in Freyburg von der Schlossruine Neuenburg übrig geblieben ist und der im Volksmund der dicke Wilhelm heißt. Der Turm hat drei Meter starke Mauern. Wilhelm ist genauso dickfellig. Zu dem dringen Sie nicht durch.« Sie hob resigniert die Schultern. »Versuchen Sie es gar nicht erst, das kostet nur Nerven.«

Nachdenklich schaute ich Brunhild an. Sie schien aus Erfahrung zu sprechen. Aber ich traute mich nicht, weiter zu bohren. Stattdessen erzählte ich ihr von mir und den Umständen, die mich hierher verschlagen hatten.

»Sie schreiben?« Brunhilds Augen leuchteten auf. »Wie wunderbar, ich liebe Bücher. Besonders Krimis.«

Ich war sprachlos. Wenn das kein gutes Omen war! Kurz darauf plauderten wir so angeregt über unsere Lieblingslektüre, dass ich den Lärm da draußen kaum noch wahrnahm. Als ich mich eine

Stunde später verabschiedete, waren wir per du. An der Tür reichte sie mir eine Flasche Grünen Silvaner.

»Ein kleines Willkommensgeschenk aus eigenem Anbau. Vielleicht nicht ganz so edel wie der unseres lärmenden Nachbarn, aber genauso gut für die Kreativität. Vielleicht kennst du ja den Spruch: Vergebens klopft, wer ohne Wein ist, an der Musenpforte an. Das hat schon der alte Grieche Platon gewusst.«

Draußen blendete mich die Sonne. Zwischen den Reben gleißte und funkelte etwas. Ein Lichtblitz traf mich mitten ins Auge.

»Was glitzert da zwischen den Weinstöcken?«

»Ausrangierte CDs gegen die Vögel. Allerdings funktionieren die nur, wenn die Sonne scheint.«

»Die machen wenigstens keinen Lärm«, seufzte ich dankbar.

»Nicht solange sie in den Reben hängen«, lachte Brunhild. »Aber warte mal ab, wenn man sie in einen CD-Player legt …«

»Oh ja, da kann ich mitreden.« Ich nahm eine der glänzenden Scheiben in die Hand und las die Aufschrift. »Ich hätte nie gedacht, dass die Rolling Stones tatsächlich zu etwas gut sind. Mein Mann nervt mich Tag und Nacht mit dieser Musik. Das ist fast so schlimm wie Wilhelms Vogelkanone.«

»Du musst versuchen, das auszublenden«, sagte sie. »Nimm die Dinge hin, die du nicht ändern kannst. Glaub dem guten alten Lichtenberg.«

»Das Zitieren weiser Sprüche ist wohl deine Leidenschaft?«

»Auch. Aber noch lieber mag ich Bowling. Das mache ich jeden Freitagabend. Und darin bin ich richtig gut.«

Ich musste lächeln. Vergebens stellte ich mir die kleine, gedrungene Frau beim Bowling vor. Ein anderer Gedanke kam mir in den Sinn und nahm mehr und mehr Gestalt an. Ich würde mich noch lange nicht geschlagen geben. Und ich dachte gar nicht daran, die Dinge hinzunehmen. Nach anderthalb Flaschen Grünem Silvaner war mein Wagemut erwacht, und ich begann, Pläne für die kommende Nacht zu schmieden.

Vor mich hin summend lief ich zu meinem Häuschen, die Weinflasche lag kühl in meiner Hand. Zwar hatte ich heute noch keine Zeile geschrieben, aber es war ein wundervoller Vormittag gewesen.

Bis zum Einbruch der Dunkelheit arbeitete ich am Manuskript. Besser gesagt, ich versuchte es. Hin und wieder fuhr ich zusammen, verlor den Faden und presste mir die Finger in die Ohren, um ihn wiederzufinden. Aber ich war fest entschlossen, durchzuhalten. Heute musste ich tagsüber schreiben, denn in der Nacht hatte ich etwas anderes vor.

Es wurde eine kurze Nacht. Bis ich den Apparat fand, der von Reben verdeckt unter einem Weinstock verborgen war, verging eine volle Stunde. Ganz harmlos sah er aus, wenn er schwieg. Ich überlegte, mit der Rebschere die Leitung zum Gasbehälter zu durchtrennen, aber das würde man leicht reparieren können. Kurzerhand klaute ich die ganze Kanone und schleppte sie im Schweiße meines Angesichts quer durch die Felder zur Saale hinunter, wo ich sie auf immer im dunklen Wasser versenkte.

Als ich die Tür meines Weinberghäuschens aufschloss, dämmerte es bereits am Horizont. Die Türme des Doms zeichneten sich wie ein Scherenschnitt von einem violetten Himmel ab. Wäre ich Malerin gewesen, hätte ich sofort die Staffelei geholt. Die Müdigkeit war stärker als die Romantik; erschöpft, aber zufrieden fiel ich ins Bett.

Meine Gnadenfrist lief gegen neun Uhr morgens ab. Hatte es gerade geknallt oder träumte ich noch? Verschlafen drehte ich mich auf die andere Seite, als es wieder krachte.

Voller böser Ahnungen schwang ich die Beine aus dem Bett und stürzte zum Fenster. Mit einem Feldstecher vor meinen verschlafenen Augen suchte ich das Nachbargrundstück ab. Ich wollte nicht glauben, was ich sah: Ein unglaublich dicker Kerl – es konnte nur Wilhelm sein – hockte zwischen den Weinreihen wie Sitting Bull im Sitzstreik und feuerte eine Handwaffe ab. Dabei rauchte er etwas, was ganz gewiss keine Friedenspfeife war. Mit seinem dicken Gehörschutz, der wie der Kopfhörer meines Mannes aussah, den dieser nur leider nie benutzt, ähnelte er einem Straßenarbeiter mit Gaspistole statt Presslufthammer.

Solange dieser Verrückte dort draußen rumballerte wie Wyatt Earp, würde ich keine Zeile zu Papier bringen. Entnervt stellte ich das Radio an und fuhr zusammen, als die Rolling Stones »Think

I'm going mad« plärrten. Schnell schaltete ich auf den Mitteldeutschen Rundfunk um. »Es kann der Frömmste nicht in Frieden leben …«, intonierte Roland Kaiser, als wollte er mich verspotten. Ich zog den Stecker.

»Ich kann nicht mehr!«, heulte ich, als mir Brunhild wenig später die Tür öffnete. »Wenn ich bis heute Abend diese Ballerei hören muss, kannst du mich in die nächste Klapsmühle einliefern.«

»Leider ist das Recht auf seiner Seite. Winzer brauchen nach dem neuen Waffengesetz nicht mal mehr den kleinen Waffenschein, um eine Schreckschusspistole zur Vogelabwehr einzusetzen«, erklärte sie mir, nachdem ich ihr von meiner nächtlichen Exkursion erzählt hatte. Sie nahm mich in den Arm und strich mir tröstend übers Haar. »Lass uns heute blaumachen und abends nach Naumburg rüberfahren. Am Bahnhof gibt's ein Bowling-Center, da kannst du wunderbar Aggressionen abbauen.«

Blaumachen konnte ich mir nicht leisten. Unter Qualen schrieb ich ein paar Seiten, die ich gegen Abend komplett wieder löschte. Ich kochte vor Wut und wünschte, Wilhelm würde mit seiner Gaspistole versehentlich sich selbst erschießen.

Aus dem Aggressionsabbau wurde nichts. Ich hatte keine Lust auf Bowling und begnügte mich damit, Brunhild dabei zuzusehen, wie sie eine Bahn nach der anderen räumte. Dafür sprach ich umso mehr dem Alkohol zu, und als wir schließlich zum Steinmeister zurückfuhren, nickte ich auf dem Beifahrersitz ein. Von einem Donnerkrachen wurde ich wach. Als wir aus dem Wagen stiegen, fielen die ersten schweren Tropfen.

Ich stolperte sofort ins Bett, konnte aber nicht einschlafen. Der Platzregen trommelte aufs Dach wie ein Gewehrfeuer und erinnerte mich an Wilhelms Schießerei. Meine durch den Alkohol kurzfristig betäubten Aggressionen waren augenblicklich wieder präsent.

Ich wünschte ihm den Tod. Betete, dass ihn ein Blitz erschlagen möge. Morgen würde ich mir Bücher über Voodoo-Zauber besorgen. Telekinese wäre auch eine Möglichkeit. Ich versuchte mir ins Gedächtnis zu rufen, was ich dazu gelesen hatte. Je stärker die Gedankenenergie, desto wirkungsvoller sei das Ergebnis, fiel mir ein.

Stundenlang lag ich im Bett und starrte an die Decke, wach gehalten von meinen Mordphantasien. Vor meinem geistigen Auge sah ich Unmengen von Staren, die sich wie in Hitchcocks »Die Vögel« Rache nehmend auf Wilhelm stürzten und auf ihn einhackten, bis er blutend am Boden lag. Ich stellte mir vor, dass ich ihn in seinem Weinkeller einsperrte, wo er sich an seinen Prädikatsweinen zu Tode saufen würde. Oder wie er, durch meine telekinetischen Kräfte in den Suizid getrieben, sich seine Gaspistole an die Schläfe setzte und abdrückte.

In den frühen Morgenstunden schlief ich endlich ein. Ich träumte, dass der dicke Wilhelm – der in Freyburg – von einem Blitz getroffen wurde, und fragte mich nach dem Aufwachen, ob mein Traum vielleicht Symbolcharakter hatte. Unsinn, Wilhelm hatte während des Unwetters sicher tief und fest geschlafen, nachdem er den ganzen Tag an der frischen Luft verbracht und Billy the Kid gespielt hatte. Ich sah auf die Uhr – fast Mittag, ich hatte den versäumten Schlaf der letzten Nacht mehr als nachgeholt. Da fiel mir auf, dass irgendetwas anders war als sonst. Diese Stille! Kein Krachen und kein Knallen vom Nachbargrundstück. Ich musste nachsehen, was da los war.

Als ich zur Tür hinauswollte, prallte ich auf Brunhild.

»Wilhelm ist tot«, sagte sie atemlos. Ihr Gesichtsausdruck war ernst, doch ihre Augen funkelten.

»Was sagt du? Das kann nicht sein!«, stotterte ich.

»Leider doch.« Hinter Brunhilds Rücken tauchte ein Mann auf. Obwohl er keine Uniform trug, erkannte ich in ihm sofort einen Polizisten. Da hatte ich auch schon seinen Dienstausweis unter der Nase.

»Hauptkommissar Wiesner«, stellte er sich vor. »Haben Sie in den frühen Morgenstunden etwas Ungewöhnliches wahrgenommen?«

»Wahrgenommen? Was meinen Sie?« Ich hatte mich in Telekinese geübt, aber das konnte ich dem Kommissar doch unmöglich sagen. Hatte es etwa funktioniert? Hatte ich Wilhelm durch Gedankenkraft umgebracht? Siedendheiß schoss mir das Blut durch die Adern.

»Was ist überhaupt passiert?«

»Herr Bernsdorff wurde von einem Felsbrocken getroffen, der aus der Trockenmauer oberhalb seines Grundstücks stammt«, erklärte Wiesner. »Vermutlich hat sich der Brocken erosionsbedingt aus der Terrassenmauer gelöst. Das kann durch das Gewitter passiert sein. Manchmal reicht ein kräftiger Donnerschlag.«

»Oder die dauerhafte Beschallung durch Gaspistolen«, sagte Brunhild todernst. »Das Echo geht sicher auch nicht spurlos an den Mauern vorbei.«

»Das muss ein Fachmann beurteilen«, sagte Wiesner. »Aber im Moment gehen wir von einem Unfall aus. Herr Bernsdorff konnte den Steinschlag nicht bemerken, da er einen Gehörschutz trug. Ein Zusammentreffen unglücklicher Umstände.«

Ich nickte benommen. Aber eigentlich war mir klar, dass ich Wilhelms Tod auf dem Gewissen hatte. Die telekinetischen Kräfte waren Schuld! Mein Geist war eine unkontrollierbare Waffe. Ich bekam Angst vor mir selbst.

Wenig später stand ich am Fenster und beobachtete durch den Feldstecher, wie die Männer vom Bestattungsunternehmen versuchten, Wilhelm auf eine Trage zu heben. Das nahm einige Zeit in Anspruch, und als sie es endlich geschafft hatten, quoll Wilhelms gewaltiger Körper über die Seitenränder der Trage. Sein Hinterkopf war ein Brei von Knochen, Blut und Gehirnmasse. Ich beschloss, mir den Anblick gut einzuprägen und für meinen Krimi zu verwenden.

Entsetzt stellte ich fest, dass ich das Schauspiel genoss. Ich fühlte mich wie eine Theaterbesucherin, die vom Rang aus durch ein Opernglas das Geschehen auf der Bühne betrachtet. Als die Männer die Trage anhoben und den Toten zum Leichenwagen trugen, hätte ich am liebsten applaudiert.

Am Nachmittag saß ich vor dem Laptop und starrte auf den Bildschirm. Niemand würde mir den Mord nachweisen können, aber die Schuldgefühle und das schlechte Gewissen brachten mich fast um. Nun hatte ich endlich Ruhe, konnte mich aber immer noch nicht konzentrieren.

Es klopfte, und einen Augenblick später stand Brunhild in der Tür.

»Ich darf doch reinkommen?« Ohne meine Antwort abzuwarten, trat sie ins Zimmer und setzte sich zu mir. Eine Weile sah sie mich schweigend an, dann begann sie zu kichern.

Mir war nicht nach Kichern zumute. Mir war schlecht. Bei dem Gedanken, dass ich Kraft meiner Imagination einen Menschen getötet hatte, drehte sich mir der Magen um.

»Was hast du denn? Wo bleiben die Jubelschreie?« Die hatte vielleicht Nerven! Ich wagte nicht, von meinen telekinetischen Übungen zu erzählen; ich fürchtete, sie würde mich bestenfalls auslachen und schlimmstenfalls einliefern.

»Ich kann es immer noch nicht glauben«, stammelte ich. »Was für ein glücklicher Zufall, dass dieser Stein …« Brunhilds diabolisches Grinsen brachte mich zum Verstummen.

»Man sollte sich wirklich nicht auf Zufälle verlassen. Nicht wenn es um die Existenz geht.«

»Was willst du damit sagen?«

»Du konntest nicht schreiben. Damit stand deine Existenz auf dem Spiel.« Sie machte eine Pause und sah mich eindringlich an. »Meine übrigens auch.«

In meinem Kopf war ein Vakuum. Was hatte sie da gerade gesagt? Ihre Existenz stand auf dem Spiel? Aber wieso …?

»Der Stein lag da oben unterhalb der Mauer, als hätte Gott höchstpersönlich ihn dorthin gelegt. Er war nahezu rund, aber griffig wie eine Bowlingkugel. Ich glaube an Zeichen und Wunder, weißt du? Wilhelm hatte sich dort unten zwischen die Reihen gelegt, als ob er sich sonnen wollte, und ballerte mit seiner Schreckschusspistole in die Luft. Durch seinen Gehörschutz konnte er den Stein nicht kommen hören.«

Eine unbeschreibliche Erleichterung machte sich in mir breit. »Du warst das? Aber warum?«

Brunhilds Gesicht wurde hart. »Die Mindestentfernung zu bewohnten Siedlungen liegt für die Schussanlagen bei achthundert Metern. Für Wilhelm geht das in Ordnung. Mein Grundstück aber liegt ein paar Meter zu dicht an Rossbach; ich darf diese Schussapparate nicht benutzen. Ich darf auch nicht mit Gaspistolen um mich schießen. Ich darf gerade mal ausrangierte CDs zur optischen Abwehr in die Rebstöcke hängen. Aber die Stare lachen sich tot darüber. Wenn nicht gerade die Sonne drauf scheint, bringt das gar nichts.«

»Aber was konnte Wilhelm dafür?« Meine Synapsen griffen immer noch ins Leere.

»Er scheuchte mit seiner Ballerei die Vögel auf, die nichts Besseres zu tun hatten, als bis zum nächsten Weinberg weiterzufliegen, sich bei mir niederzulassen und gemütlich weiterzufressen. Als ich ihn zur Rede stellte, lachte er nur und meinte, meine minderwertigen Trauben seien für die Stare gerade gut genug.«

»Aber wie konntest du das tun? Ich wäre viel zu feige, jemanden zu töten.« War ich das wirklich? Immerhin hatte ich mir in der vergangenen Nacht Wilhelms grausamen Tod in allen Einzelheiten ausgemalt. Aber ich war heilfroh, dass er durch Brunhilds Hand und nicht durch meine Gedankenkraft zu Tode gekommen war.

»Ich weiß nicht, ich war wie von einer fremden Macht gesteuert. Es war, als würdest du mir zurufen: ›Tu's!‹. Als ich den Stein aufhob, war mir, als würde ich neben mir stehen und mich beobachten.«

Es hatte also doch gewirkt. Die Kraft meiner Gedanken war auf Brunhild übergegangen und hatte sie zu der Tat gedrängt. Ein perfektes Zusammenspiel zweier gepeinigter Frauen. Ich musste schnell weiterreden, bevor die Schuldgefühle erneut über mir zusammenschlugen. »Hattest du keine Angst, dass dich jemand beobachtet?«

»Wer sollte zu dieser frühen Morgenstunde schon durch die Weinberge streifen? Der Einzige, der so verrückt ist, war der dicke Wilhelm.«

»Und wenn die Polizei den Stein untersucht und deine DNA dran findet?«

»Wird sie nicht. Wozu hat man schließlich Winzerhandschuhe? Besser gesagt hatte. Die habe ich natürlich inzwischen in der Saale versenkt.«

Unfähig, nach dem Erlebten auch nur eine Zeile zu schreiben, saß ich wenig später mit Brunhild auf deren Terrasse, zwischen uns eine Flasche Silvaner.

»Jetzt hätte ich eine wunderbare Story für meinen Roman und

darf sie nicht erzählen«, seufzte ich und nippte an meinem Glas. Der fruchtige Wein mit der dezenten Kräuternote schmeckte himmlisch und versetzte mich in einen entspannten Zustand. Weit unter mir jenseits des Maisfeldes spiegelte sich das Sonnenlicht im Wasser der Saale und ließ die grünspanbedeckten Türme des Naumburger Doms wie Smaragde funkeln. Am Alten Steinmeister zirpten die Grillen. Die Idylle war perfekt. Und die Ruhe! Diese himmlische Ruhe!

»Du hast den ganzen restlichen Sommer Zeit, deinen Mord im Weinberg zu schreiben. Genug Inspiration dürftest du ja jetzt haben.«

Ich kicherte albern und füllte mein Glas nach. »Weißt du, manchmal habe ich das Gefühl, eine Pulle Wein ist mehr wert als die ganze Dichterei.«

»Gottfried Keller«, sagte Brunhild wie aus der Pistole geschossen.

»Was?«

»Der Spruch stammt von ihm. Und wenn du das genauso siehst, muss schließlich was dran sein. Prost!«

Eine Weile tranken wir schweigend. Die Sonnenstrahlen fielen auf die im Weinstock hängende Stones-CD und reflektierten kleine Blitze, die mich an das Gewitter der letzten Nacht erinnerten und an den Stein, der Wilhelms Schicksal besiegelt hatte.

»Weißt du eigentlich, was ›Rolling Stone‹ bedeutet?«, fragte ich versonnen.

»Landstreicher, glaube ich«, erwiderte Brunhild zwischen zwei Schlucken Wein.

»Stimmt. Aber man kann es auch mit ›rollender Stein‹ übersetzen.«

Ein paar Amseln, die sich an den Weinbeeren gütlich taten, schraken von unserem hysterischen Gelächter auf und flogen in Richtung Naumburg davon.

Heidi Rehn

Ein Prost auf Peternach

Der Mai des Jahres 1636 ging sonnig und warm zu Ende. Es war, als wollte die Natur den grausigen Ereignissen trotzen. Seit Monaten drangsalierten schwedische, französische und kaiserliche Truppen das Mittelrheintal. Nun aber gediehen die Reben auf den Weinbergterrassen wie selten, wucherte das Laub wie all die Jahre nicht. Die zahlreichen Triebe an den Stöcken mehrten die Hoffnung auf eine üppige Ernte im Herbst. Blieb es bei der milden Witterung, mochte der Elbling auch nicht allzu sauer werden. Schade, dass sie bis dahin schon wieder woanders lagern würden. Bedauernd sah die Hebamme Roswitha auf das silberne Band des Rheins, verfolgte das Gleiten eines Kahns. Gemächlich schipperte er um die Schleife bei Filsen. An diese Gegend konnte man sich gewöhnen. Zart tauchten erste Bilder von einem Hof mit Garten vor ihr auf. Der Duft blühender Kirschbäume stieg ihr in die Nase. Mit ihren knapp vierzig Jahren befand sie sich im besten Alter, an einen solchen Ruhesitz zu denken. Für eine Weile vergaß sie über den Träumereien sogar den Toten zu ihren Füßen. Erst Hagen Seumes mehrmaliges Räuspern holte sie zu ihm zurück.

»Was ist?«, fragte der Profos. Der bange Unterton in seiner Stimme verwunderte sie.

»Nicht so ungeduldig!« Sie wischte sich den Schweiß von der Stirn. Die Mittagshitze war sengend, die Luft flirrte. Das nächste Gebüsch, das eine Ahnung von Schatten verhieß, lag zwar nur ein halbes Dutzend Schritte entfernt, doch breitbeinig versperrte Seume ihr den Weg dorthin. Sie stemmte die Hände in die Hüften und gestattete sich einen weiteren Blick in das zum Rhein hin sanft auslaufende Tal.

In dem komplett ausgelöschten Peternach schwelte noch der Rauch aus den Ruinen der niedergebrannten Häuser. Vor wenigen Tagen erst hatten die bayerischen Söldner in dem zu Boppard gehörenden Dorf gründlich Rache für den Verrat des Junkers Friedrich von Liebenstein geübt. Kein Stein war auf dem anderen geblieben, keinen Baum oder Strauch hatten die tobenden Horden unversehrt gelassen. Die wenigen Überlebenden hatten sich mit letzter Kraft ins nahe Boppard oder den Rhein hinab nach Spay geflüchtet. Nichts, so schien es, hatten sie aus den Trümmern retten können. Selbst die vielen Fässer Wein, die Liebenstein angeblich dort lagern ließ, waren vermutlich den Flammen zum Opfer gefallen.

Nachdenklich betrachtete Roswitha den Toten zu ihren Füßen. Trotz allem hielt sie den Mann nicht für das Opfer eines Vergeltungsaktes der Dorfbewohner. Der zusammengerollt auf dem Bauch Liegende war schon der zweite Gehilfe Seumes, der innerhalb zweier Tage auf so grausame Weise sein Leben beendete. Sie fasste sich an den blauen Stein, den sie um den Hals trug, strich mit den Fingerspitzen über die Krähenfeder, die ihn halb verdeckte.

Etwas stimmte nicht an der Sache, das war deutlich zu spüren. Doch was genau, vermochte sie nicht zu sagen.

Ihre Finger spielten mit dem Amulett, als erflehten sie nicht nur seinen Schutz, sondern auch seinen Rat. Abermals wandte sie sich dem Toten zu. Genau wie beim ersten steckte noch das Messer der Bayerischen zwischen seinen Rippen. Ein Fleck auf dem von der Sonne aufgeheizten Schiefergeröll markierte die Blutlache. Weder die Lederstiefel noch die Hose, den Gürtel oder gar die Pistole hatte man ihm geraubt.

Das ließ eher auf Händel zwischen Söldnerkameraden schließen denn auf die Rache der Überfallenen. Die hätten gewiss die Gelegenheit genutzt und ihn aller Habseligkeiten beraubt. Zechkumpane dagegen stachen einander aus Wut im Suff nieder und ließen die Leiche ähnlich achtlos liegen wie diese hier. Gefälschte Würfel oder Karten reichten dafür ebenso als Motiv wie der Streit um eine schöne Frau oder um den letzten Schluck sauren Weins.

Roswithas Blick schweifte ab, saugte sich an der nächsten Umgebung oberhalb der Weinbergterrassen fest. Mauersegler zogen über den Reben ihre Kreise, Eidechsen schlüpften durch die Ritzen des GeRölls.

Gegen einen Zwist unter Spielern sprach eindeutig der Ort, an dem die Leiche lag: viel zu weit ab vom Lager und den dort ausgewiesenen Plätzen zum Würfeln oder Huren. Grübelnd kratzte sich Roswitha am Kopf. Auch Hagen Seumes eigenartiges Gebaren passte nicht dazu. Selbst wenn man ihm zugutehielt, als Profos für die Aufklärung von Verbrechen zuständig zu sein und zudem gerade den zweiten seiner vier Leute verloren zu haben: Viel zu beharrlich kümmerte er sich trotz allem noch um den Toten. Dabei entlockten ihm niedergestochene Zechkumpane sonst nur ein müdes Schulterzucken. Selten zog er überhaupt den Täter zur Rechenschaft. Dafür wurden im Heer allmählich die Söldner zu knapp. Brachte er sie solcher »Kleinigkeiten« wie einer unglücklich verlaufenen Rauferei wegen an den Galgen, mussten bald die Trossweiber aufgeboten werden, um mit Piken und Musketen gegen die Feinde ins Feld zu ziehen.

»Da war einer wütend wie ein Stier. Mit voller Wucht hat er ihm das Messer in den Leib gerammt«, krächzte sie schließlich heiser. »Genau wie bei dem anderen Toten gestern. Aber um das festzustellen, hast du mich wohl kaum rufen lassen.«

Sie hob den Kopf und betrachtete die schlanke Gestalt des Mittdreißigers. Trotz der Hitze steckte er in voller Montur. Natürlich schwitzte er deswegen aus allen Poren, merkte das aber anscheinend gar nicht. Kein einziges Mal hatte er sich bislang die Stirn gewischt.

Schon auf den ersten Blick war ihm anzusehen, welch ungeheure Angst ihm seit gestern die Seele zerfraß. Mühsam hielt er sich aufrecht. Seine braunen Augen flackerten unstet, seine Hände nestelten fahrig am Säbelgriff herum.

Diese Unruhe passte nicht zu ihm, noch weniger die offen zutage tretende Angst. Die verbreitete er sonst eher selbst. Allzu gern ließ er jeden spüren, dass er allein in Heer und Tross für Recht und Ordnung sorgte und damit jenseits der Schlachtfelder auch so eine Art Herr über Leben und Sterben war.

»Wenn du nach was Besonderem suchst, frag besser gleich Meister Johann«, riet sie. »Ein erfahrener Feldscher wie er kann dir mehr über die Todesursache von dem armen Burschen sagen. Als Hebamme bin ich gewohnt, die Menschen ins Leben zu holen, nicht, mir Gedanken über ihr Sterben zu machen.«

Sie wandte sich ab, wollte ins Lager oben auf dem Berg zurückgehen.

»Bleib!« Seume fasste sie am Arm. Fest.

»Wozu?« Erstaunt schaute sie in sein von Narben übersätes Gesicht. Durch einen energischen Ruck befreite sie sich von seiner Hand.

»Du allein kannst mir jetzt noch helfen!« Das klang eher wie ein Flehen, nicht wie ein Befehl. »Du allein weißt die geheimen Zeichen zu deuten.«

»Geheime Zeichen?« Unwillkürlich griff sie wieder an ihr Amulett. War Seume jetzt völlig von Sinnen? Sonst war er der Erste, der sich über Zauber und Zeichen lustig machte, am liebsten im Kreis seiner Offizierskameraden, nach dem Genuss von drei oder vier Krügen Wein. Nun aber verzog er das Gesicht, wies mit dem Kinn auf ihr Amulett und versuchte sich an einem Lächeln.

»Bitte, Roswitha, schau noch einmal genauer hin. Und dann sag mir, was das für mich heißen soll.«

Mit der Stiefelspitze stieß er gegen den Schädel des Toten. Träge kippte der zur Seite. Noch standen die Augen des Ärmsten weit offen.

Roswitha sank auf die Knie, strich als Erstes die Lider zu und murmelte ein Gebet.

»Da, sieh nur!«, hauchte Seume und zeigte auf die Stirn des Mannes.

Gehorsam beugte sie sich darüber. Im Stillen fragte sie sich jedoch noch einmal, ob Seume inzwischen völlig verrückt geworden war.

Allein der Blick auf den Toten lenkte sie von dieser Idee ab. Eine zackig umrandete Platzwunde klaffte mitten auf seiner Stirn. Das Blut war verkrustet. Der Mann musste sich die Verletzung also noch vor dem tödlichen Messerstich zugezogen haben.

»Das hat der andere gestern auch schon gehabt«, flüsterte Seume und schaute über die Schulter, als wollte er sich vergewissern, keine ungebetenen Zuhörer zu haben. »Das muss doch was bedeuten.«

»Was denn?« Sie wurde ungeduldig. Längst hatte sie vergessen, ob der Tote gestern eine ähnliche Verletzung gehabt hatte oder nicht.

So genau hatte sie ihn sich nicht angesehen. Dazu war Meister Johann da.

Als sie sich aufrichtete, schaute sie Seume in die Augen. Etwas darin blitzte seltsam auf. Sein Körper bebte, Schweißflecken zeichneten sich auf seinem Rock ab. So verängstigt hatte sie ihn noch nie erlebt. Im selben Moment begriff sie, was das für sie bedeutete: Endlich hatte sie ihn!

Wie lange hatte sie auf diesen Moment gewartet? Die Erinnerung an ihre von Seume zu Tode geschundene Schwester stieg in ihr auf. Sie bezwang die furchtbaren Bilder, schaute stattdessen auf die Jammergestalt vor sich. Genugtuung erfasste sie. Die Zeit war reif, Seume büßen zu lassen. Am besten da, wo es ihn am meisten schmerzte: in seiner Gier nach Geld. Hortete er nicht schon wieder irgendwo Wein, den er viel zu teuer an die Söldner und Trossleute verkaufte? Vielleicht steckte er gar hinter den verschwundenen Vorräten aus Peternach? Sie würde ihn dazu bringen, mehr als ein Fass davon freiwillig zu spendieren. Das würde ein Fest werden!

Gerade noch konnte sie ein Auflachen unterdrücken. Wieder stemmte sie die Hände in die Hüften und reckte siegesgewiss das Kinn.

»So, wie du fragst, ahnst du es doch schon selbst«, sagte sie und sonnte sich an seinem neuerlichen Erschrecken.

»Also doch ein Zeichen«, raunte er.

»Ja, genau, ein Zeichen«, erwiderte sie. »Sieh dich vor, Seume. Es sieht ganz danach aus, als wäre deine Zeit gekommen. Du solltest schnell etwas tun, deine Seele zu retten.«

»Meine Seele retten? Wie denn?« Seine Stimme war kaum mehr zu hören.

»Das musst du schon selbst herausfinden.«

Sie stieß ihn beiseite, um zurück ins Lager zu marschieren. Dieses Mal hielt er sie nicht zurück.

Als sie an dem schattenspendenden Gebüsch vorbeikam, gewahrte sie ein Blätterrascheln. Sie äugte hinüber. Einer hockte darin. Viel sah sie nicht, gewahrte lediglich ein Paar lange, dünne Beine. Das genügte ihr, zu erkennen, wer es war. Gemächlich ging sie weiter, sicher, dass er ihr folgen und sie auf das Gesehene ansprechen würde.

Tatsächlich holte er sie noch vor dem Lager ein.

»Na, Heiner, was sagst du zu deinen beiden toten Kameraden?« Sie blieb stehen. Nichts in seinem glatten, blassen Jünglingsgesicht ließ auf Todesangst schließen. Das überraschte sie.

Der dritte von Seumes vier Steckenknechten zauderte einen Moment.

»Was ist das für ein Zeichen, das der Profos am toten Franz entdeckt hat?«, wollte er schließlich wissen.

»Das fragst ausgerechnet du? Hast du es gestern nicht selbst gesehen? Du hast den toten Schorsch doch als Erster gefunden.«

Sie verzichtete auf ein verschwörerisches Zwinkern. Genau wie sie wusste er, dass es kein besonderes Zeichen gab. Die Wunde an der Stirn des Toten rührte von dem Sturz auf den Schieferboden. Heiner war schlau genug, sich das ebenfalls zusammenzureimen.

Ungerührt hielt er ihrem Blick Stand. Dabei entging ihr nicht, wie emsig es hinter seiner hohen Stirn arbeitete. Der Bursche war viel jünger als seine drei Kameraden. Erst Anfang des Jahres hatte Seume ihn zur allgemeinen Überraschung zu seinem Gehilfen ernannt. Seit Monaten hatte Heiner darauf hingearbeitet, stets darum bemüht, jegliche Zweifel an seiner Eignung für diesen Posten auszumerzen. Bislang spross ihm der Bart am Kinn nur spärlich, auch seine Gestalt war noch knabenhaft dürr, vor allem im Vergleich zu seinen ungehobelten Kameraden. Die körperliche Unterlegenheit aber machte er mit Klugheit wett. Binnen kürzester Zeit leuchteten auch jetzt seine Augen.

Roswitha begriff sofort, warum: Er wollte sich an Seume und den Steckenknechten ihrer Grausamkeit wegen rächen. Keinesfalls durfte er zu weit gehen, sonst zahlte er mit dem Leben.

»Gesehen habe ich es natürlich gleich«, beeilte er sich zu versichern, »aber nicht gewusst, was es bedeutet. Deshalb frage ich dich jetzt auch danach. Seume beunruhigt es wohl sehr.«

»Ja, genau. Der Profos ahnt Schlimmes. Doch sieh dich vor, mein Junge«, sie senkte den Ton und legte ihm die Hand auf die knochige Schulter, »die Warnung gilt nicht nur für Seume. Ihr alle müsst besser aufpassen, sonst ist eure Zeit schneller gekommen, als ihr denkt.«

Als er sich in hastig hervorsprudelnden Worten rechtfertigen wollte, winkte sie ab.

»Enttäusch mich nicht«, sagte sie und schlurfte dicht an ihm vorbei zu ihrem Zelt am Rand des Lagers, Seite an Seite mit Seumes Unterkunft.

Der bevorstehende Aufbruch eines Großteils der bayerischen Armee unter General Götz sorgte für Aufruhr. Darüber fand die Ermordung der beiden Steckenknechte kaum Beachtung. Nicht einmal unter den Trossweibern wurde viel darüber geschwatzt. Seume selbst hegte ohnehin kein Interesse, den verhängnisvollen Tod seiner Gehilfen an die große Glocke zu hängen. Roswitha beobachtete, dass er sich den Rest des Tages in seinem Zelt verbarg und keinen Besucher zu sich hereinließ. Das Alleinsein würde ihm guttun. Vielleicht begriff er schneller als erwartet, worauf ihre Warnung abzielte. Viel Zeit wollte sie ihm nicht lassen. Notfalls musste sie Heiner doch noch bitten, das Seine zu tun, die Sache zu beschleunigen.

Mitten in der Nacht hörte sie, wie Seume aus seinem Zelt kroch. Sie schlich ihm nach, in den nahen Wald hinein. Hell schien der Mond durch die Zweige. Nach dem ersten kurzen Wegstück ahnte sie bereits, wohin er wollte: ins abgebrannte Peternach! Seume schritt hastig aus, achtete kaum auf seine Umgebung. Zumindest hatte er verstanden, dass ihn das Leben seiner letzten beiden Steckenknechte in dieser und der nächsten Nacht noch vor dem unheilvollen Schicksal schützte. Vorerst lief er nicht Gefahr, seinem Mörder zu begegnen.

Das war auch ihr Glück. Er entdeckte sie nicht. In dem lichten Gehölz hätte sie kaum eine Gelegenheit gefunden, sich zu verbergen. Um sich nicht durch Geräusche zu verraten, achtete sie darauf, nicht auf Zweige oder Geröll zu treten.

Als sich die Ruinen Peternachs vor dem mondhellen Nachthimmel abzeichneten, stieß Seume einen Pfiff aus. Gerade noch schaffte es Roswitha, am Ortseingang hinter einer Mauer zu verschwinden. Im Stillen beglückwünschte sie sich: Alles war einfacher gewesen als gedacht.

»Seume, du?« Ein bärtiger Mann in zerschlissenen Kleidern schälte sich aus dem Halbdunkel heraus. »Was willst du?«

»Die Fässer!«, antwortete der Profos. »Übermorgen brauche ich ein gutes Dutzend von ihnen oben im Lager.«

»Hast du doch einen Dummen gefunden, der dir deine horrenden Preise für das Gesöff zahlt?« Beim Auflachen blitzten weiße Zähne im Mund des Bärtigen auf. »Du bist mir ein Teufelskerl! Verkaufst selbst die saure Brühe noch als edlen Tropfen.«

Bewundernd hieb er Seume mit seiner riesigen Pranke auf die Schulter. Unter dem Schlag ging der Profos in die Knie. Vielleicht aber war es auch die Last, sich trotz seiner Todesangst vor dem anderen keine Blöße geben zu dürfen, die ihn niederdrückte. Roswitha vermochte das von ihrem Versteck aus nicht zu unterscheiden.

»Übermorgen Mittag um zwölf«, brummte Seume, statt sich vor dem Bärtigen für seine Anweisung zu rechtfertigen.

»Und mein Anteil?« Fordernd streckte ihm der andere die Hand entgegen.

»Bring erst den Wein nach oben ins Lager«, erwiderte Seume und wandte sich halb ab. Dann aber warf er ihm einen Beutel zu. Lose Münzen klirrten darin hell gegeneinander. »Hier, eine Anzahlung, damit du wirklich dran denkst, die Fässer mit dem Elbling zu bringen. Den Rest gibt es dann bei Lieferung.«

An Roswithas Mauer vorbei stapfte er zurück ins Lager. Als sie im Schein des Mondes sein grimmiges Gesicht erspähte, verzichtete sie darauf, sich länger über die Frist bis übermorgen zu wundern. Trotz aller Angst wollte Seume die Gelegenheit wohl nutzen und sich dank des Fluchs noch seiner letzten beiden Steckenknechte entledigen. Aus irgendeinem Grund waren ihm die zwei lästig geworden. Wie gut, dass Roswitha ahnte, wie die Sache in Wahrheit lag. Das mochte wenigstens Heiner und Gustl das Leben retten. Sie musste nur dafür sorgen, Seumes Angst weiter zu schüren, auch wenn am nächsten Morgen keine neue Leiche vor ihm lag. Sie berührte ihr Amulett. Sogleich war sie sicher, dafür bald die rettende Idee zu haben.

Als Seume im ersten Morgengrauen vor Roswithas Zelt auftauchte, ahnte sie jedoch, dass etwas schiefgelaufen war. Zum Umtrunk mit dem Peternacher Elbling holte er sie gewiss nicht ab. Bis morgen blieb zudem noch Zeit, um die Fässer aus dem Versteck den Berg hinaufzurollen und die Leute in Heer und Tross zum Gelage einzuladen. Seume wollte bestimmt auch nicht mit ihr den Schatz bergen. Dazu hatte er seine Kumpane unten in Peternach.

Schreckensbleich wie schon die beiden Tage zuvor bat er sie, ihm zu folgen. Sie verzichtete darauf, nach Einzelheiten zu fragen. Zu deutlich umgab ihn der Hauch des Unheils. Stattdessen trottete sie gehorsam neben ihm zu einem Fleck am Waldsaum, ein gutes Stück entfernt von der Wegbiegung ins Peternacher Tal. Nicht weit davon hatten auch die beiden anderen Toten gelegen. Fast waren die Plätze von hier aus sichtbar. Roswitha schnaubte vor Anspannung. Ihr Blick schweifte ab.

Auf der gegenüberliegenden Rheinseite schälte sich die Sonne hinter der Anhöhe heraus, tauchte den weiten Flussbogen um Filsen in ein milchiges Licht. Noch schwankte es zwischen dem letzten Blaugrau der Dämmerung und dem ersten Hell des Morgens. Dunst stieg aus den Fluten des Rheins, wehte kühle Luft die Weinbergterrassen herauf.

»Morgen holen sie mich«, sagte Seume und sah ebenfalls in die Ferne.

»Morgen?« Erstaunt wandte sich Roswitha um. Schon wollte sie ihn fragen, ob er nicht bis vier zählen könne, da fiel ihr Blick auf zwei lange, dünne Beine am Boden, halb im Gebüsch verborgen.

Sie erstarrte. Ihr Herz begann zu rasen. Was war geschehen? Hatte sie die Sache doch falsch eingeschätzt?

In ihrem Kopf wirbelten die Gedanken durcheinander. Angst um Heiner flammte in ihr auf. Also war er doch weniger klug gewesen, als sie vermutet hatte. Klugheit allein reichte eben doch nicht, nicht in Zeiten wie diesen. Ihre Finger umfassten den Stein und die Feder auf ihrer Brust. Wenigstens sie trug den richtigen Schutz immer bei sich.

Sie wankte zum Gebüsch, strich die Zweige auseinander. Ein Blick genügte, um festzustellen, dass der Bursche, der dort lag, tot sein musste. Mit dem zweiten Blick wurde ihr klar, dass einiges an ihm anders war als bei den ersten beiden. So fehlten ihm die Stiefel. Seine Hose war bis zu den Knien hochgerutscht, den Gürtel hatte man ihm gestohlen, die übrige Kleidung war jedoch vollständig vorhanden. Sie kniete sich neben ihn. Wieder lag die Leiche halb gekrümmt auf dem Bauch, umgeben von einer angetrockneten Blutlache, ähnlich wie bei den beiden anderen Toten. Vorsichtig drehte Roswitha den Schädel zur Seite.

Ein Seufzer der Erleichterung entfuhr ihr, als sie die Gesichtszüge erkannte. Wenigstens handelte es sich nicht um den jungen Heiner. Vor ihr lag Gustl.

Im nächsten Augenblick aber packte sie Wut. Das hieß nur eins: Heiner hatte gar nichts begriffen! Warum hatte er nicht gewartet? Seume war doch längst so weit! Morgen Mittag schon würde er die Fässer öffnen und den sauren Elbling aus Peternach in die durstigen Kehlen seiner Leute schütten. Trotzdem aber hatte es Gustl noch erwischt, den vierten und letzten von Seumes Steckenknechten. Ihr Atem ging schneller, Hitze erfasste sie. Kaum brauchte sie auf die Stirn zu schauen, um zu wissen, dass auch er dort eine zackig umrandete Wunde trug. Viel zu deutlich hatte der Täter ihm dieses Mal das vermeintliche Zeichen in die Haut geritzt.

»Hast du es gesehen?«

Seumes Stimme war nurmehr ein schwaches Hauchen. Sie hob den Kopf, richtete sich langsam wieder zum Stehen auf. Sein entsetztes Gesicht mehrte ihren Zorn.

»Tu doch endlich was!«, schrie sie ihn an. »Warte doch nicht wie ein Lamm vor der Schlachtbank, bis du an der Reihe bist.«

»Aber was? Was soll ich tun?«

»Das weißt du nur zu genau! Lauf sofort nach Peternach, hol die Fässer mit dem Wein und teil die Vorräte mit deinen Leuten. Nur dann hat deine Seele Ruhe. Vielleicht rettet dich das doch noch vor dem sicheren Tod.«

»Das könnte dir so passen!« Plötzlich sprang er ihr an den Hals. »Du alte Hexe! Ich hätte es wissen müssen. Reingelegt hast du mich. Du bist mir letzte Nacht nachgerannt und hast alles ausspioniert. Nur deshalb hast du meine Steckenknechte erstochen und sie gezeichnet. Ich sollte an einen bösen Fluch glauben. Dabei willst du nur an meinen Wein und meinen Speck.« Immer fester schloss er seine Finger um ihre Kehle. »Immer schon war mir der ganze Spuk verdächtig. Jetzt sehe ich wieder, wie weit es damit her ist. Böses Weib! Mich so vorzuführen – das werde ich dir nie verzeihen!«

Sie rang nach Luft, suchte sich zu wehren, ihn abzuschütteln. Doch sie spürte, wie ihr die Kräfte schwanden. Ihr wurde flau.

»Nein!«

Ein wilder Aufschrei ließ Seume herumfahren. Sie nutzte den Moment, seine Arme von ihrem Hals wegzureißen. Heftig nach Luft ringend kippte sie zur Seite, hustete und spuckte sich die Seele aus dem Leib. Nach einer halben Ewigkeit erst bekam sie mit, was um sie herum geschah. Dabei mochte in Wahrheit kaum mehr als ein Augenblick vergangen sein.

Heiner stürzte sich auf Seume, begann, ihn mit den Fäusten zu bearbeiten. Noch aber war der Profos flink genug, ihm mit einer abrupten Drehung zu entrinnen. Ein gezielter Schlag ins Gesicht genügte ihm, sich den wenig kampferprobten Angreifer vom Leib zu halten.

»Ihr steckt also unter einer Decke«, stellte er fest. »Hält dich die Alte auch in ihrem Bann?«

Voller Abscheu sah er zu, wie sich Heiner das Blut von der aufgeplatzten Lippe wischte.

»Er hat nichts damit zu tun.« Roswitha rappelte sich auf, wankte auf die beiden zu. »Lass ihn gehen.«

»Nein.« Dieses Mal widersprach Heiner und trat zu Seume: »Ich bleibe. Schließlich muss einer ihm die ganze Wahrheit sagen.«

Starr sahen die beiden Männer einander in die Augen. Keiner wagte, sich als Erster zu rühren.

Roswitha erschrak. War der Bursche von allen guten Geistern verlassen? Auf keinen Fall durfte er mit der Wahrheit heraus. Noch war nicht alles verloren. Gab er aber die Morde zu, war das sein sicheres Ende. Sie holte Luft, wollte zu einer Erklärung anheben, doch abermals kam ihr Heiner zuvor.

»Roswitha kann Euch gar nicht nachspioniert haben. Die ganze Nacht hat sie bei mir gesessen. Ich hatte Angst, furchtbare Angst. Immerhin war mir klar, dass entweder Gustl oder ich der Nächste sein würde, den man mit dem Mal auf der Stirn tot im Gebüsch finden würde. Und das alles nur Euretwegen!«

Roswitha wurde übel. Was hatte Heiner im Sinn?

»Woher weißt du von dem Mal? Erzähl keinen Unsinn!«

Seume sah ihn an. Heiner hielt ihm Stand. Roswitha wagte kaum weiterzuatmen. Ihr Keuchen und Schnauben würde alles zerstören, das spürte sie.

»Vergesst nicht: Ich habe den ersten Toten gefunden.«

Heiners Stimme klang fest, zu fest, fand Roswitha, doch Seume schien das gar nicht aufzufallen. Ohnehin ließ Heiner ihm keine Zeit, sich zu bedenken.

»Aber was reden wir von den Malen?«, fuhr er fort. »Das spielt keine Rolle mehr.« Auf einmal hatte er ein Messer in der Hand, hielt es Seume gefährlich nah vor den Leib. »Es wird langsam Zeit, dass Ihr begreift, um was es wirklich geht: Erst Schorsch, dann Franz, jetzt Gustl – und als Nächster seid Ihr an der Reihe, nicht ich. Die ersten drei habe ich erstochen, weil sie meine Verlobte letzten Winter zugrunde gerichtet haben. Euch aber werde ich abstechen, weil Ihr sie nie für diese Missetat gerichtet habt.«

Er reckte die Messerspitze dicht an Seumes Gurgel. Der Profos zuckte, dabei ritzte ihn die Schneide in die Haut. Die ersten Bluttropfen quollen hervor. Seume schrie auf.

»Eine Möglichkeit bleibt Euch noch, Eure Seele zu retten«, warf Roswitha sich dazwischen.

Erstaunt drehten beide Männer die Köpfe zu ihr. Ihre Stimme zitterte, dennoch zwang sie sich zu einem Lächeln. Heiner war nicht so grausam, wie er tat. Dazu kannte sie den Burschen zu gut.

»Nimm Heiner und ein paar andere Männer mit nach Peternach, Seume. Gleich heute früh sollen sie die Fässer und Vorräte ins Lager bringen. Erzähl den Leuten, du hättest das Versteck letzte Nacht mit Heiners Hilfe in den verkohlten Ruinen ausgehoben. Und dann lässt du die Leute trinken und essen, bis sie besoffen umfallen oder platzen.«

»Und den Halunken hier?« Mit dem Kinn wies Seume auf seinen Peiniger, der ihn noch immer fest im Griff hielt. »Ich hätte große Lust, ihn heute noch gut sichtbar am nächstbesten Galgen –«

»Den lässt du wohl besser ungeschoren ziehen.« Roswitha verschränkte die Arme vor der Brust. »Wäre nicht der Erste, den du nach einem Mord gehen lässt, nicht wahr?«

Sie trat noch einen Schritt auf ihn zu und gab Heiner ein Zeichen, von ihm abzulassen.

»Oder willst du, dass ich überall erzähle, wie der Bursche dich hinters Licht geführt hat? Vergiss nicht: Ich weiß, wie du dir vor Angst in die Hose geschissen hast, als du deine drei toten Steckenknechte gefunden hast.«

»Verfluchte Hexe!«, zischte Seume und hob die Hand, sie zu schlagen.

Geschickt bückte sie sich beiseite. Dabei hielt sie ihm ihr Amulett entgegen. Wie erwartet wich Seume zurück.

»Wage nicht, mir etwas anzutun. Denk immer dran: Trotz allem weißt du nicht, wie ich deinem Versteck auf die Spur gekommen bin. Heiner schwört, mich die ganze Nacht bei sich gehabt zu haben.« Sie weidete sich an seinem verdutzten Gesicht. »Vielleicht besitze ich doch besondere Kräfte? Ganz kannst du schließlich nicht von diesem Glauben lassen. Warum sonst hast du mich gerufen, dir die Male an den Toten zu erklären?«

Der Profos trat einige Schritte zurück, legte die Hand an den Säbel, wagte jedoch nicht, ihn zu ziehen. Das ermutigte sie.

»Auch viele andere im Lager sind sich sicher, dass ich über geheime Kräfte verfüge. Bislang setze ich sie stets zum Wohl aller ein. Das aber kann sich ändern, wenn du mir etwas antust. Als böser Geist komme ich dann zurück. Nacht für Nacht wird dich dein Gewissen quälen.«

Wieder flackerte Unsicherheit in Seumes Augen. Er senkte den Kopf, nahm die Hand vom Säbel. Einmal mehr wunderte sich Roswitha, wie leicht ein Mann wie er sich bändigen ließ.

»Also, los! Worauf wartest du?«, rief sie. »Roll die Fässer heran und lass uns feiern. Dazu ist selbst der saure Elbling aus Peternach gut genug.«

»Ein Prost auf Peternach, das soll für heute unser Schlachtruf sein!«, stimmte Heiner zu und ließ das Messer sinken.

Monika Geier

Angelina stirbt

»Und diesmal mache ich nicht mit«, sagte ich. Angelina lag in ihrem Bett und betrachtete Dr. Brinkmann mit verhangenem Blick. Dann bekam sie einen Hustenanfall, als würde sie gleich ihre Lunge ausspucken.

Dr. Brinkmann sah mich strafend an. Er war von Angelina sorgfältig ausgewählt worden, was sie ihm auch des Öfteren sagte. Dr. Brinkmann freute sich jedes Mal darüber, denn er begriff nicht, nach welchen Kriterien Angelina ihre Ärzte aussuchte. Was Kriterium Nummer eins war.

»Vielleicht sollte die Frau Landmann von der Sozialstation mal reinschauen«, sagte er, vermutlich um mich an meine Pflichten als fast volljährige Tochter zu erinnern und mir Gelegenheit zu geben, meine eigenen Dienste anzubieten.

»Besser wäre eine richtige Krankenschwester«, gab ich zurück. »Wir brauchen jemanden, der regelmäßig kommt. Aber die Putzfrau kann kein Deutsch, und ich hab keine Zeit, mich um sie zu kümmern. Ich muss fürs Abi lernen.«

Angelina stöhnte auf. Dr. Brinkmann schubste mich aus dem Zimmer und hielt mir draußen eine Standpauke, die das ganze hohe Treppenhaus der Villa erfüllte. Ich schaffte es dennoch, ihn von meinen unlauteren Absichten zu überzeugen, gab mich gleichgültig und erzählte ihm von einer Schulfahrt, die ich mir nicht von Angelina versauen lassen würde. Acht Tage Paris, da wollte ich mitfahren und ich würde es auch. Der Doktor wurde sehr traurig – meine Mutter lag im Sterben! Ich blieb unbeeindruckt. Meine Verantwortungslosigkeit kam so echt rüber, dass Angelina es in ihrer anschließenden Privatunterhaltung mit Dr. Brinkmann nicht fertigbrachte, ihm die Krankenschwester wieder auszureden.

»Was hast du dir bloß dabei gedacht?«, herrschte sie mich an, als sie sicher sein konnte, dass der Doktor sich außer Hörweite unseres Idylls auf dem Weg zum nächsten hoffnungslosen Fall befand. Sie lehnte an der Küchentür und paffte erregt an einer Zigarette. Ihr pinkfarbenes Gartensweatshirt hing über ein Paar Leggins, die Angelinas magere Beine nicht richtig ausfüllen konnten, ihre Haare standen wirr vom Kopf ab.

»Du weißt, dass ich nicht aus Neustadt weg will«, erwiderte ich. Ich machte Hausaufgaben. Biologie. Die alkoholische Gärung. Es interessierte mich, und ich wollte nicht mit Angelina diskutieren, denn sie war unlogisch, ließ sich nicht umstimmen und nahm alles persönlich.

»Sieh mich gefälligst an, wenn ich mit dir rede«, schrie sie. »Herrgott noch mal, ich hab dich schließlich aufgezogen, Felicitas! Ich hab dich angenommen wie ein eigenes Kind! Sieh mich an!«

Ich sah Angelina an. Sie war meine Mutter. Meine leibliche, meine ich. Irgendwann habe ich meine Geburtsurkunde gefunden, und darauf stand als Mutter ganz klar: Anna Maria Stößel. Dieser Name steht auch in Angelinas Personalausweis. Doch sie erzählte mir stets abenteuerliche Dinge über meine Herkunft, wie sie mich als kleines Kind gerettet und mitgenommen hatte und so weiter. Ich habe nie verstanden, warum Angelina mich verleugnete. Überall wurde ich als »meine kleine Adoptivtochter« vorgestellt, auf das »adoptiv« legte Angelina größten Wert. Sie vergaß es auch nicht, wenn wir allein waren. Einmal habe ich versucht, mit ihr darüber zu sprechen, doch da wurde Angelina nur hysterisch und unturnusgemäß krank, sodass wir weiterziehen mussten, ohne ordentlich verkauft zu haben.

»Ich hab Freunde hier«, sagte ich nun unklugerweise. »Ich will hier Abi machen. Das dauert nur noch ein dreiviertel Jahr! Oh bitte, Angelina, lass uns hierbleiben. Das Haus ist so schön.«

»Und wovon, bitte, soll ich diesen Palast weiter bezahlen?« Heftig drückte sie ihre Zigarette in einer Untertasse aus. »Wir haben einen teuren Lebensstil, Madame!«

Angelina hatte einen teuren Lebensstil. Sie mietete nur große alte Häuser, vorzugsweise mit Stuckdecken, Holz- und Terrazzoböden, prächtigen Türen und Treppen und möglichst einem Hektar Park drum herum. Hier in Neustadt lebten wir in einem der prominentesten Gebäude der Stadt: der Villa Böhm. Den Vorschlag, einfach in eine billige Dreizimmerwohnung zu ziehen, hätte Angelina als völlig absurd abgetan.

»Mach eine Ausstellung«, sagte ich. »Verkauf deine Bilder.«

Sie lächelte biestig.

»Oder geh einfach arbeiten!« Eigentlich hatte ich mir fest vorgenommen, nicht mehr wütend zu werden. Das war die Ebene, auf der Angelina gewann. »Ich mach das ja auch!«

»Ja«, sagte sie kalt. »Zum Glück haben wir deinen Verdienst als Blättchenausträgerin, sonst würden wir glatt verhungern.«

»Ich bleibe jedenfalls hier«, murmelte ich und beugte mich getroffen wieder über mein Heft. Mir war klar, dass Angelina dabei war, die Brücken abzubrechen. Wahrscheinlich hatte sie die Miete seit drei oder vier Monaten schon nicht mehr bezahlt. Außerdem war April, und das war die Zeit, in der Angelina am unruhigsten wurde: der Frühling. Wenn Angelina zu leiden begann, dann jetzt. Jetzt mussten nämlich all die Pflanzen in dem alten Garten angehen, die Angelina letztes Jahr so eifrig gesetzt hatte. Für einen Garten ist der Frühling die Stunde der Wahrheit, da zeigt sich, wer den Winter überstanden hat. Und Angelinas Pflanzen tun das nicht. Sie ist eine miserable Gärtnerin, deshalb kann sie den Frühling nicht leiden.

»Es ist ein Kerl, oder?«, fragte Angelina plötzlich und zündete sich eine neue Zigarette an. »Du hast einen Kerl.«

»Hab ich nicht«, sagte ich. Ich würde Paul nie als Kerl bezeichnen.

»Lüg mich nicht an!«, schrie sie und fragte dann gefährlich ruhig: »Und wieso solltest du auch nicht? Warum bringst du ihn nicht her? Schämst du dich?«

»Ich hab keinen Kerl«, sagte ich fest. »Ich will einfach nur hierbleiben. Und mit den anderen auf Klassenfahrt gehen! Ich mag Chrissie und Tabea – und ihre Mütter, die mag ich auch! Und den Müller«, das war mein Klassenlehrer, »und die Schule –«

»Bist du etwa in deinen Lehrer verknallt?«, fragte Angelina argwöhnisch.

»Oh Gott.« Ich ließ meinen Kopf auf die Tischplatte sinken.

Angelina verschränkte die Arme. Mit Zigarette in der Hand, das kann nur sie. »Tabea. Tabea.«

»Das ist die, deren Mutter dir den Nussbaum geschenkt hat«, sagte ich dumpf unter meinen Armen hervor. Den Nussbaum hatte Angelina eine Woche lang auf der Terrasse stehen lassen, weil sie letztes Jahr nach Mondphasen gegärtnert hatte. Als der Baum mondmäßig den richtigen Zeitpunkt zum Pflanzen erreicht hatte, war er vertrocknet. Jetzt stand er als dürres Mahnmal vor der Gartentreppe neben der herrlich blühenden (aber nicht von Angelina gesetzten) Zierkirsche, wo er sowieso nicht hingepasst hätte, und weigerte sich zu knospen. Angelina war davon überzeugt, dass er es noch tun würde. Diese Überzeugung würde bis Mai reichen, und wenn sich bis dahin nichts getan hätte, würde Angelina aus Wut über den Tod des Baums so richtig zu sterben beginnen. Und im Herbst wären wir dann Gott weiß wo, weit weg von hier, in irgendeiner nicht zu großen Stadt, die anonym genug war, wo sich aber trotzdem die Leute kannten, vorzugsweise im Weinbauklima. Dies, weil es wärmer ist. Und weil Winzer reich und kunstsinnig sind, und weil Reiche und Kunstsinnige stets eine Meute willfähriger Mediziner im Gefolge haben.

»Tabeas Mutter«, sagte Angelina, »ach die. Die war doch mal hier zum Malen.«

»Ja«, sagte ich knapp. Tabeas Mutter war nicht gut gewesen und hatte zur Krönung eine Flasche Dornfelder mitgebracht. Färbewein! Was für Angelina bedeutete, dass man diese Frau schlicht abschreiben konnte.

»Ich weiß nicht, was du an der findest. Leute wie die gibt es überall. Das ist doch das Schöne: Die Welt ist groß und gar nicht so schlecht, wie du meinst.«

»Ich finde die Welt nicht schlecht«, sagte ich gereizt. Darum will ich ja hierbleiben, fügte ich stumm hinzu.

Angelina hingegen schimpfte laut: »Weißt du eigentlich, was uns dein unmöglicher Auftritt eben gekostet hat?«

Ich nahm meinen Stift zur Hand.

»Diese dämliche Landmann wird hier aufkreuzen und mich nerven, und es wird uns richtig Geld kosten, Madame! Du bist der Sympathieträger in dem Spiel, vergiss das nicht!«

»Ich mache aber nicht mehr mit«, sagte ich. Angelinas Augen wurden starr.

In dem Augenblick klingelte es an der Tür.

Frau Landmann. Sie war hübsch, blond, fröhlich und bereit, dem Tod ins Auge zu sehen. Wie schön die Villa doch von innen sei. Wie gut für das Haus, dass es endlich wieder bewohnt würde.

»Das wird es nicht mehr lange«, sagte ich finster.

So, so. Wie es denn meiner Mutter ginge? Sie habe gehört, wir suchten eine private Krankenschwester, aber doch wohl nicht in Festanstellung, schließlich sei meine Mutter noch jung und nicht chronisch leidend.

»Oh doch«, sagte ich.

Frau Landmann hakte mich unter. »Ach, Felicitas«, sagte sie. »So heißen Sie doch? Sie werden sich um sie kümmern, oder? Dr. Brinkmann sagte mir«, sie überlegte kurz, »Sie wären so ein fleißiges Mädchen und wollten ein gutes Abitur machen –«

Ich befreite mich aus Frau Landmanns Griff. »Wissen Sie was«, verkündete ich, »ich sage Ihnen jetzt die Wahrheit.«

»Raus damit.« Frau Landmann lächelte breit.

»Wir brauchen keine Krankenschwester. Meine Mutter simuliert. Das ist alles.«

Jetzt hatte sie wenigstens dieses blöde Grinsen abgelegt.

»Es ist ganz einfach«, sagte ich. »Sie hat ein Glätteisen im Bett, fürs Thermometer. Sie raucht und hat chronische Bronchitis, daher der schreckliche Husten, und einen Herzfehler hat sie tatsächlich, der ist aber halb so schlimm. Sie malt Tag und Nacht, deshalb geht sie nicht auf die Straße. Schauen Sie jetzt kurz nach ihr, und kommen Sie in einer halben Stunde noch mal durch die Hintertür, dann sehen Sie, wie krank meine Mutter wirklich ist.«

Frau Landmann starrte mich an. »Aber warum sollte sie so etwas tun?«

Ich zuckte mit den Achseln. »Sie ist ein bisschen verrückt.« Schließlich konnte ich ihr nicht alle unsere Geheimnisse verraten.

Ich brachte Frau Landmann nach oben. Angelina empfing sie mit zitternden Händen, kreidebleicher, schweißnasser Haut und einem sich lebensbedrohlich anhörenden Hustenanfall. Sie war schon ein Profi, konnte auf Kommando zittern und weinen, Hautfarbe und -temperatur innerhalb der natürlichen Grenzen kontrollieren und schreckte auch nicht davor zurück, sich mit Wasser aus dem Blumensprüher zu besprenkeln. Davon abgesehen war Angelina sehr mager und ohne Make-up fürchterlich aknenarbig, sodass sie schon von Natur aus nicht gesund wirkte. Tatsächlich sah sie todkrank aus.

Frau Landmann betrachtete mich skeptisch und schüttelte Angelinas Kissen auf. Natürlich kam dabei auch kein Glätteisen zum Vorschein. Stattdessen richtete sich Angelina unter größten Anstrengungen, wie es schien, auf, lächelte tapfer und sagte: »Ach, Frau Landmann. Wie schön, dass Sie meine kleine Adoptivtochter schon kennengelernt haben. Da wissen Sie ja schon – einiges?«

Frau Landmann drückte sie in die Kissen zurück und sah sich voll Misstrauen nach mir um. »Tja –«

»Sie haben bereits mit Jugendlichen gearbeitet, nicht wahr? Wissen Sie, Felicitas ist nicht wirklich so –« Angelina zog die Landmann zu sich herab und flüsterte ihr etwas ins Ohr. Dann richtete sie sich auf und sagte heiser: »Felicitas, Schatz, ich sehe gerade, mein Wasser ist alle. Würdest du so gut sein …?«

»Trink es doch, statt es dir in die Haare zu reiben«, sagte ich wütend.

Angelina hatte irgendetwas Fieses vor, das spürte ich. Wie hatte ich nur annehmen können, die Landmann würde mir glauben? Sie blickte mich entrüstet an (hatte Angelina mich nicht an Kindes statt angenommen?), drückte mir das Glas in die Hand und scheuchte mich aus dem Zimmer. Dann schloss sie die Tür hinter mir, und durchs Schlüsselloch konnte ich nur noch ein leises Gemurmel hören. Die Worte »Diskretion«, »Psychologin« und »Klingenmünster« hörte ich trotzdem heraus.

Was soll ich sagen? Ich war noch keine achtzehn und Angelina meine Erziehungsberechtigte. Sie mobilisierte Dr. Brinkmann, der mich mit mehr als sanfter Gewalt zur »freiwilligen Untersuchung« nach Klingenmünster in die Pfalzklinik brachte. Dort werden Nervensachen und psychische Krankheiten behandelt. Sie behielten mich vierzehn Tage wegen einer angeblichen Essstörung dort. Ich bin dünn wie Angelina, das erleichterte die Diagnose. Außerdem ist »Essstörung« wohl ohnehin der übliche Befund, wenn jemand längere Zeit weggesperrt werden soll, denn diese Krankheit besteht hauptsächlich aus mangelnder Einsicht, und sowie man sagt: »Ich bin nicht gestört«, hat man schon das schlimmste Symptom überhaupt und muss stündlich gewogen und beobachtet werden und vorsorglich im Krankenhaus bleiben, dagegen kommt man nicht mal mit normaler Schulpflicht an. Um die Schule müsste ich mir absolut keine Sorgen machen, sagte der reizende Dr. Brinkmann, darum werde er sich kümmern. Die Klassenreise nach Paris – tja, schade für mich, aber meine Gesundheit ginge vor. Nun hatte ich umsonst ein Jahr lang Blättchen ausgetragen und gespart. Angelina bezahlte mir keine Klassenfahrten, weil sie nicht wollte, dass ich mich mit »irgendwelchen« Kameraden »verbrüderte«. Zu leicht hätte ich vor denen etwas ausplaudern können.

Als die anderen schließlich aus Paris zurückkehrten, kam ich aus Klingenmünster. Es war zum Heulen. Und selbstverständlich wussten alle, wo ich gewesen war. Sie bedauerten mich zwar, aber ein paar fingen auch an zu lästern. Wieder mal war ich eine Außenseiterin.

»Wo sind deine vielen Freunde jetzt?«, fragte mich Angelina, als ich ein paar Tage später in der Küche saß und vor lauter Frust mein Religionsheft mit Bildern von Gehenkten und Gekreuzigten vollkritzelte. Wir stritten uns. Ich sollte einkaufen, doch ich hatte keine Lust dazu.

»Ich bin nicht dein Dienstmädchen«, teilte ich meiner Mutter mit.

Oh, das war zu viel für Angelina. Wer bezahlte schließlich die Rechnungen, wer hatte mich Natter an seinem Busen genährt, seine Liebe an mich verschwendet? Und was ich da überhaupt machen würde? Sie riss mir das Heft aus der Hand und sah es sich an.

Wie ich mein Talent vergeudete. Warum ich nicht auf ordentlichem Papier zeichnen könne, mit Feder vielleicht, oder Kohle? Dieses Geschmiere mit dem Kuli auf liniertem – liniert, man stelle sich vor, liniert! – Papier sei so was von armselig!

»Das ist nicht zum Verkaufen«, sagte ich. »Und dich geht es sowieso nichts an.« Damit schnappte ich mir mein Heft zurück.

Oh! Ich säße also einfach so hier rum, täte nichts und sähe zu, wie meine Adoptivmutter sich die Finger blau arbeite. (Sie waren tatsächlich blau – wenn Angelina zu sterben beginnt, bevorzugt sie diese Farbe.) Warum ich so dumm lachte. Ich könnte doch wenigstens ein oder zwei Freundinnen besuchen.

Das, was Angelina »Freundinnen besuchen« nannte, war natürlich auch so eine Komödie und gehörte zu unserem Plan. Es musste Leute geben, die sich an mich erinnerten, wenn Angelina gestorben war. Reiche Leute. Die meistens widerliche Kinder hatten. Na ja, manche von ihnen wären vielleicht gar nicht übel gewesen, wenn ich sie nicht hätte besuchen müssen.

»Ich hab keine Lust dazu«, erklärte ich, und: »Das sind nicht meine wirklichen Freunde.«

Da sagte sie es. Wo sie denn wären, meine wirklichen Freunde. Keiner hier, keiner mehr da, nachdem sie erfahren hatten, dass ich in der Klapsmühle gewesen war. Keiner hätte zu mir gehalten, keiner hätte mich besucht. So echt seien meine Freunde. Vierzehn Tage Klapse, und keiner wollte mehr etwas mit mir zu tun haben.

»Du hast mich auch nicht besucht«, sagte ich.

»Ich wusste ja, dass du gesund bist«, sagte Angelina.

Dabei hatte ich noch Freunde. Paul, zum Beispiel. Er schlich eine Woche lang um mich herum, dann erkundigte er sich, wie es gewesen war. Weshalb ich in die Anstalt hatte gehen müssen, fragte er nicht, wofür ich ihn liebte, ha! Liebte! Für ihn war klar, dass all dies nur eine elterliche Schikane gewesen sein konnte. Er kannte das auch. Seine Eltern waren übertrieben fürsorglich.

Ich erzählte ihm alles. Es war so furchtbar demütigend gewesen. Eine dicke, weinerliche Frau, die ich auch jetzt noch hasse, HASSE!, hatte mich Bäume malen lassen und mir anschließend erklärt, wie ich sei. Diese Frau war so albern – allein, wie sie ihr Zimmer eingerichtet hatte! Und natürlich fest davon überzeugt, dass ich mich ohne ihr Eingreifen zur Massenmörderin entwickelt hätte. Ach, wie unendlich besorgt sie aussah, wenn ich mir aus ihren bunten Farbkärtchen immer nur die schwarzen und roten aussuchte! Und ihr sanftes Stimmchen! Bei jeder Sitzung telefonierte sie über die Freisprechfunktion mit Angelina, stets in meiner Anwesenheit, das nannte sie Einbeziehung und Konferenz. Ich hätte jedes Mal kotzen können. Da saß meine Therapeutin und musterte mich tief bekümmert. Und obwohl mein Anblick ihr doch irgendwie suggeriert haben muss, dass ich anwesend war und zuhörte, ließ sie sich des Langen und Breiten vor meiner Mutter über meinen sexuellen Entwicklungsstand aus. In der dritten Person, versteht sich. Ätz!

Dabei wusste ich genau, dass Angelina nur einen Fuß ins Untersuchungszimmer hätte setzen müssen, um diese Tussi ebenfalls gründlich zu verachten. Bäume an allen Ecken und Enden, »Geschenke von meinen lieben Patientinnen«. Lila überall. Lila ist die Farbe der unbefriedigten Frau, pflegte Angelina zu sagen, und diese blöde Psychologin deutete an den Ästen meiner Bäume herum. Ich malte ihr zum Schluss einen erigierten Penis in Lila, nannte ihn Baum des Lebens und hängte ihn eigenhändig an ihre schweinchenrosa getönte Wand. Rosenrot hatte sie diese Wand genannt. »Ein Schweinestall«, sagte ich zu Paul. Die Sache mit dem erigierten Penis hatte ich für ihn erfunden. In Wahrheit hatte ich ihn zwar gemalt, aber die dicke Kuh hätte mir nie erlaubt, ihn aufzuhängen. Obwohl er im Prinzip das Einzige war, was ihrem Zimmer noch fehlte. Wahrscheinlich hat sie ihn jetzt tief unten in ihrer Schublade liegen und klebt an ihrem Stuhl fest, wenn sie heimlich an ihn denkt. So viel zu ihrem sexuellen Entwicklungsstand.

Dann kam der Mai. Der Garten versank in dämmrigem Grün, der Nussbaum blieb tot. Die Anzeichen für Angelinas bevorstehendes Ableben mehrten sich. Sie hatte die Putzfrau entlassen, denn sie brauchte jede Minute zum Malen und dabei Nikotin und Koffein und keine neugierigen Zuschauer. Wir stritten immer öfter, weil ich es hasste, »Freundinnen« zu besuchen oder meine »Vereinsarbeit« zu leisten, das heißt Tennis spielen zu gehen und in einem privaten Kindergarten kostenlosen Malunterricht zu geben. Angelina telefonierte oft und eifrig mit der von ihr erkorenen Galeristin. Diese sollte eine kleine Ausstellung in »ganz exklusivem Rahmen« organisieren. Die Galerie, oder besser, ihr Inhaber, war immer das Erste, was Angelina auswählte, wenn wir in eine neue Stadt zogen. Ja, im Grunde suchte sie die Städte nach den Galeristen aus, denn wir brauchten jemanden mit Geschmack. Keine dilettierende Hausfrau und auch keinen Enthusiasten, sondern einen nüchternen Kenner, der gute Bilder schätzte. Nur so einer war nämlich bereit, am Ende anständige Preise zu verlangen und über den fehlenden Namen hinwegzusehen. Denn der gute Name war das Einzige, was Angelina in puncto Kunst nicht zu bieten hatte. Unser Name wechselte mit den Städten. »Wir machen es wie Hieronymus Bosch«, sagte sie immer, »der hat sich auch nach seinem Wohnort benannt.« (Nur dass Bosch auch dort geblieben ist.)

Angelinas hiesige Galeristin jedenfalls kam ziemlich nah an das heran, was Angelina »Idealbesetzung« zu nennen pflegte. Sie war eine streng aussehende Frau mit schwarz gefärbten Haaren und starkem Dünkel in Bezug auf ihren Kunstverstand. Angelinas Vorgehen war das Übliche gewesen. Mit einem mondänen Hut und ihren teuersten Schuhen sowie einem ausgeliehenen Irish Setter an der Leine hatte sie Frau von Müllers Laden im Sturm genommen. Sie hatte sich als neu in der Stadt vorgestellt, jetzige Bewohnerin der Villa Böhm. Damit war im Prinzip schon geklärt, in welchen Dimensionen Angelina zu denken und Geld auszugeben pflegte. Frau von Müller ging das Herz auf. Und als Angelina sich nach ein paar guten Handwerkern erkundigt hatte, »wegen der Bäder, wissen Sie, da will ich nicht jeden x-Beliebigen ranlassen, wenn Sie verstehen«, war Frau von Müller klar, dass dies möglicherweise der Beginn einer wunderbaren Freundschaft war. Hilfsbereit erteilte sie Ratschläge, und Angelina ging in die zweite Runde: Sie gab kund, dass sie einige Bilder erwerben würde. Frau von Müller führte ihre Bestände vor. Die beiden kamen ins Fachsimpeln. Angelina suchte unter den besten ein oder zwei aus. Die kaufte sie selbstverständlich nicht sofort (sie kauft sie nie), sondern ließ sie sich zur Ansicht ins Haus schicken. Es war schließlich wichtig, dass die Dinge an ihren vorbestimmten Platz passten. Und ob Frau von Müller noch Werke in ähnlicher Qualität auftreiben könne, Angelinas Bedarf sei riesig. Übrigens sei Frau von Müller herzlich eingeladen, vorbeizukommen und sich selbst einmal die Villa

Böhm anzusehen, natürlich sei momentan alles noch ein reines Provisorium ...

Zu Ehren von Frau von Müllers Besuch hatte Angelina dann tatsächlich ein paar Handwerker bestellt, die höchst dekorativ durchs Haus polterten. Es gab, auch für mich, einen Schluck prämierten roten Biowein aus dem Neustadter Hause Schwarztrauber, er schmeckte nach Brombeer mit Anis. Wir mussten einen Roten nehmen, denn von Angelinas spezialveredelt »atmenden« Kristallgläsern waren nur noch die Bordeauxkelche übrig; immerhin sahen die schön hoch und schlank aus. Beim Einschenken standen wir in der Küche neben unserem antiken Steinschrank, dessen Transport jedes Mal ein Vermögen kostete und den Angelina dennoch mitschleppen ließ, wo immer sie hinging. Er war ihr Fels, ihr Koloss, eine absolut extravagante Antiquität: Nur in ihm blieben die Gläser frisch. Und nirgends konnte man sich eleganter anlehnen, während man Sachen sagte wie: »Also ich würde meine Weingläser nie anderswo aufbewahren, nicht wahr, die nehmen ja sofort jeden Geruch an, in dem Punkt bin ich sensibel. Ich merke es sofort, wenn ein Glas verbraucht ist oder« – kurzes Schaudern – »in der Spülmaschine war.« (Die Gefahr bestand in unserem Haushalt selbstredend nie.)

Mit ihrem geruchlosen Bordeauxkelch in der Hand führte Angelina Frau von Müller noch durch die anderen Räume, in denen sie strategisch jeweils ein oder zwei Antiquitäten verteilt hatte. Frau von Müller war begeistert. Es sah alles hochelegant und ein wenig verkommen aus, genau wie in den teuren Architekturzeitschriften. Leere Räume wirken eben edel. Und die wenigen, ausgesuchten Kunstwerke. Ob das wirklich – Frau von Müller hielt den Atem an – eine Skizze von – ach herrje, ein echter Schiele sei?

Woher denn, beruhigte Angelina, das sei nur die Kopie. Das Original befände sich in Sicherheit. (In der Albertina in Wien nämlich.) Sie habe über die Sachen aus Frau von Müllers Galerie nochmals nachgedacht und sei sich unschlüssig. Bei der Skulptur tendiere sie zum Kauf, aber das Bild ...

Von wem denn das Bild dort über der Teakanrichte sei, wenn Frau von Müller mal fragen dürfe. – Nein, sie wolle selbst darauf kommen. Ein höchst klarer und konsequenter Aufbau. Moment –

»Ich habe das gemalt«, sagte Angelina.

Frau von Müller blieb die Spucke weg. Ob Angelina schon mal dran gedacht habe auszustellen?

»Ach, nein«, pflegt Angelina in diesem Moment zu antworten und sieht dabei ganz unwiderstehlich verwirrt aus, »so einem Stress könnte ich mich niemals aussetzen. Und es sind doch sowieso nur ganz einfache, schlichte Sachen, die ich male …«

Das war im letzten Spätsommer.

Im Herbst waren Angelina und Frau von Müller (Edi, nach Edda) längst per Du und besuchten gemeinsam sämtliche kulturellen Ereignisse der Stadt. Ich lebte mich in meiner Klasse ein und freundete mich sofort mit Paul an. Wenn die Stadt nett war, dann war die Zeit unmittelbar nach unserer Ankunft die schönste, denn in dem Moment schien noch alles so verbindlich, die Menschen freundlich, der Abschied weit. Paul war klasse, er war der Sohn eines Winzers, und seine Eltern verboten ihm zwar fast alles, nicht aber, durch die Wingerte zu ziehen, und sogar nachts dort zu campen. Einer der Arbeiter war sein Kumpel, und der lieh ihm ab und zu heimlich seinen Jeep. Es war ja so was von krass, mit Paul durch die Weinberge zu düsen! Leider musste ich auch viel Zeit mit Thomas, dem Sohn von der blöden von Müller verbringen. Für Angelina zählte er zu meinen »Freundinnen«, und sie machte mir ständig Termine mit ihm aus. Thomas war Architekturstudent, und nach unserem zweiten Treffen ließ er mich für sich arbeiten. Modelle bauen. Immerhin hat er mich nicht angefasst, darum war er etwas angenehmer als die Kunststudenten, die ich sonst so gewöhnt bin. (Ich könnte Ihnen Sachen erzählen! Am schlimmsten in der Hinsicht sind Medizinstudenten. Medizinstudenten sind Schweine, und sagen Sie Ihrem Hausarzt ruhig, dass Sie's von mir haben.)

Bis zum Winter hatte sich Angelinas Urteilskraft in künstlerischen Fragen bereits weit herumgesprochen, denn sie brachte es fertig, noch bei der glanzvollsten Vernissage den Künstler zu beleidigen. Edi betete sie dafür an.

Ab etwa Mitte Januar dann ließ Angelina ihre herzliche Beziehung zu der Galeristin ein wenig abflauen, ohne bei ihr nennenswert viel Geld ausgegeben zu haben, dafür nahm sie nun engeren Kontakt zu anderen Kunsthändlern auf. Einer von ihnen wurde ihr Liebhaber, was Edi besonders eifersüchtig machte. Ständig ließ Angelina neue Werke aus dessen Lager »zum Ausprobieren« in ihr Haus liefern. Edi gegenüber ließ sie durchblicken, sie habe dies oder jenes schon gekauft. Außerdem lud Angelina die »höheren Hausfrauen«, wie sie das nannte, zu Malkursen ein. Sie kamen in Scharen; gerade in Neustadt, denn hier hatte Angelina den zusätzlichen Vorteil, dass viele Leute einfach mal die Villa Böhm eingerichtet sehen wollten.

Ich war zu dieser Zeit viel mit Paul unterwegs. Er zeigte mir Ernteautomaten, Weinkeller und eine neuartige Reinigungsmaschine, mit der man die Eichenfässer für den Barriquewein sauber machte. Es war ein irres Teil, das kleine Trockeneisstückchen verschoss und so die Eichenwände abschmirgelte. Besonders spannend war das Trockeneis selbst: Man konnte damit ein Zimmer einnebeln oder die Katze narkotisieren, und man hätte sich sogar selbst mit dem Zeug umbringen können. Paul erklärte mir, dass Kohlendioxid daraus frei wurde und wie giftig das war, dass bereits eine geringe Konzentration in der Luft ausreichte, um ohnmächtig zu werden oder gar zu sterben. »Der klassische Winzertod«, sagte Paul. »Früher haben sich die Weinkeller manchmal während der Gärung mit CO_2 gefüllt, und wer da hineingeriet, ist nie wieder rausgekommen. Das Gas ist geruchlos. Der Tod tut gar nicht weh. Man wird einfach ohnmächtig und wacht nicht mehr auf, krass, wie?« Paul dachte wie ich oft über den Tod nach. Er hatte meistens schwarze Kleidung an und trug die Haare an den Seiten ausrasiert. Wir ließen uns gemeinsam Piercings machen, er durch die Zunge und ich durch die linke Brustwarze. Seine blöde Mutter machte ein Familiendrama draus und sammelte ihm noch monatelang danach die Hetzartikel aus ihren Frauenheftchen: Jugendlicher verschluckt sich an Zungenpiercing, bekommt Magenkrebs, wird unfruchtbar und stirbt schließlich viel zu früh unter irgendeiner Brücke. Angelina bemerkte meins nicht mal, obwohl ich ihr ständig Modell saß. Paul sagte oft, er beneide mich um die Freiheiten, die ich hätte. Ich sagte ihm, das sei nicht nötig und sein

Dasein sei viel aufregender als meins: Wenn man seiner Mutter glaubte, schwebte er grundsätzlich in höchster Lebensgefahr.

Als der Winter ganz herum war, hatte Angelina schon ein oder zwei Bilder an reiche Tussis verkauft und reichte mich ständig zu diversen Benefizveranstaltungen herum. Sie näherte sich wieder an Edi an, die nach Angelinas Verkaufserfolgen laut über eine Ausstellung unter ihrer Schirmherrschaft nachdachte. Das Frühjahr über ließ Angelina sie zappeln. Und wurde zu Beginn des Sommers krank, so wie immer.

Auch der weitere Verlauf der Dinge war, bis vielleicht auf meinen Ausflug in die Psychiatrie und noch eine andere entscheidende Abweichung, ganz wie sonst. Angelina mimte Lungenentzündung. Der Doktor und die Krankenschwester glaubten es. Angelina sprach viel von ihrem alten Hausarzt, »Sie entschuldigen schon, Dr. Brinkmann, es ist keine Frage der Kompetenz – ich muss einfach meinen lieben Doc bitten, zu kommen.« Dr. Brinkmann äußerte unwillig Verständnis. Ich machte einen Selbstversuch mit einem Stück Trockeneis auf meinem Kopfkissen, wobei ich mir die Wange und dann auch die Hände verkühlte. Es fühlte sich an wie verbrannt. Falls ich also Angelina ein Stück Trockeneis aufs Kopfkissen legte, um, tja, ihrer Darbietung eine völlig neue, realistische Dimension zu verleihen, würde ich darauf achten müssen, dass sie nicht mit dem Eis in Berührung kam, sonst würde sie es spüren und aufwachen, und mein Plan wäre gescheitert. Es war ein guter Plan. Oder sagen wir mal: ein ästhetischer, ein zwingender Plan. Was war Angelinas Leben schließlich anderes als ein langes, zyklisches Sterben? Welche Erfüllung für dieses Sterben musste der reale Tod sein! Meiner kunstbesessenen Mutter konnte ich doch gar nichts Besseres schenken als die scharfe, klare Konsequenz, der sie auf ihren Leinwänden so unermüdlich nachjagte. Und ich glaube sogar manchmal, Angelina wusste, was ich vorhatte. Sie muss zumindest etwas geahnt haben, denn nach meinem Trockeneisversuch gab ich meinen Widerstand gegen sie plötzlich auf. Ein paarmal hat sie mich sehr nachdenklich angesehen in dieser Zeit.

Dann kam Angelinas üblicher Aufschwung. Eine Woche lang war sie auf den Beinen, organisierte mit Edi die Vernissage und besuchte in meiner Begleitung alle ihre reichen »Freunde«. Dies tat sie wie gewöhnlich mit bleichem, ausgezehrtem Gesicht, aber in hocheleganter Robe und selbstverständlich nur dezent hustend, alles andere hätte zu abstoßend gewirkt. Von jedem einzelnen »Freund« verabschiedete sich bedeutungsvoll und kam zuletzt auf »das Kind« – mich – zu sprechen. »Felicitas hat euch so ins Herz geschlossen!«, pflegte sie zu den Leuten zu sagen und dann einmal richtig grauenvoll zu röcheln. »Du warst wie eine Familie für uns, liebe Michaela! Veronika! Lieber Gerd! Ich bin so froh, dass wir dich kennengelernt haben!«

Aber wieso denn die Abschiedsstimmung, erkundigten sich die Besuchten besorgt, Angelina sei doch gerade auf dem Wege der Besserung und plane sogar ihre erste eigene Vernissage!

»Zu der niemand kommen wird«, war dann Angelinas Antwort. Sie konnte entsetzlich schwermütig aussehen.

Aber sicher doch, trösteten die Leute sogleich, die Ausstellung werde ein Riesenerfolg, schließlich habe Angelina Freunde, kenne Gott und die Welt und sei ein beliebtes Mitglied der Gemeinde. Sie dürfe sich keine Sorgen machen. Ein Gläschen Sekt werde sie wieder aufmöbeln, Moment ...

Rasch wurden Gläser und Flaschen geholt, 2007er Hambacher Römerbrunnen aus dem Hause Müller, Heim'scher Spätburgunder brut, Schloss Wachenheimer Pfalz-Crémant. Die Gastgeber ließen die Korken knallen und den Sekt überlaufen, weil das Glück brachte. Rein ins Glas damit, hoch die Tassen, einen großen Schluck nehmen und sich auf das Wesentliche konzentrieren.

Was Angelina gewöhnlich sofort tat. Sie reichte den Sekt an mich weiter und verkündete, dass wir in Wahrheit ganz allein auf der Welt standen. Dazu lachte sie tapfer und sagte, dass sie ja eigentlich froh sei, keine Verwandtschaft zu haben und völlig ungebunden zu sein. Ich sei das übrigens auch. Keine Tanten, keine Omas, nicht einmal mehr ein Vater. – »Nicht schlimm, nicht wahr, mein Schatz?« – Nur eben dann schlimm, wenn ihr etwas zustieße, denn dann würde das ganze Vermögen an einen widerlichen Cousin gehen, ich sei ja bloß adoptiert ... ich sei arm ... ohne Angelina sei ich ein Niemand, verloren, eine Kandidatin fürs Heim. Das wiederholte sie immer und immer wieder, stets den Arm fest um mich gelegt, ihre Klauenhand hart in meine Schulter gekrampft. Nichts habe ich sie in unserem Zusammenleben so oft und eindringlich sagen hören. Denn daran mussten die Leute sich erinnern, wenn bald darauf schwarz gerahmt in der Zeitung stand, dass Angelina tragischerweise und viel zu jung nach kurzer Krankheit von uns gegangen war und eine untröstliche Tochter hinterlassen hatte.

Am Ende unserer letzten gemeinsamen Woche verbrachte Angelina noch eine halbe Stunde auf ihrer heillos überlaufenen Vernissage, wo sie einen Schwächeanfall erlitt und von Dr. Brinkmann nach Hause gebracht werden musste. Dies war – wie schon so oft – der letzte Tag, da man sie lebend in der Stadt sah.

In die Todesanzeige in der Rheinpfalz schrieb ich »in tiefster Trauer« und dass Angelina an den Folgen einer Lungenentzündung gestorben war. Ich trauerte wirklich, denn jetzt, ohne Angelina, würde sich mein Leben doch sehr verändern, und möglicherweise würde ich die neue Sesshaftigkeit gar nicht aushalten. Wenn nun Paul doch nicht der Richtige war? Wo sollte ich wohnen, wie mein Leben organisieren? Ich tat, wie in Trance, was ich viele Male zuvor bereits hatte tun müssen, nachdem Angelina mich nach einem letzten Vorratsschläfchen des Nachts in unserem jeweiligen »Palast« allein zurückgelassen hatte: Ich rief den Mann mit dem Leichenwagen an und sagte: »Angelina ist tot.« Und er kam.

Ich habe stets vermutet, dass der Mann mit dem Leichenwagen mein Vater ist. Auf jeden Fall musste er Angelina und mir etwas schuldig sein, denn er erschien immer sofort, wenn ich anrief. Erst fuhr er den Nachbarn zuliebe mit dem bewussten Leichenwagen vor. Dann brachte er dieses Auto weg und kam mit einem anderen. Meistens blieb er eine Woche bei mir. Er war der Doc, der dem Hausarzt gegenübertrat und behauptete, er habe den Totenschein unterschrieben. Er setzte Angelinas Todesanzeigen auf. Er schimpfte mit mir auf meinen gierigen, unfreundlichen Cousin, wenn die Kondolenzbesuche kamen. Den Gästen bot er ungenießbaren Industriewein aus Tetrapacks an und erklärte ihnen unter scheinbar größter Verlegenheit, Angelinas Geldmittel seien eingefroren und ich könnte mir nicht einmal mehr einen anständigen Leichenschmaus leisten. Dann nahm er jeden Besucher einzeln beiseite, zwang ihm unerbittlich ein Glas von der Plörre auf und fragte ihn, ob er nicht eine Idee habe, wie mir zu helfen sei. Schließlich ließ er mich auf Anregung eines findigen Trauergastes ein Konto eröffnen und machte mit der Galeristin einen Deal, der das Geld aus dem Bilderverkauf auf dieses Konto fließen ließ. Der böse Cousin, so teilte mein mutmaßlicher Vater umgehend jedem »Freund« mit, hatte keine Rechte an den Gemälden, die fielen unter Hausrat und gehörten mir, schließlich hatte Angelina zu Lebzeiten nie einen Namen in der Kunstwelt erworben. Dennoch könne der Sammlerwert bald enorm steigen, bei der Qualität und dem, nun ja, abgeschlossenen Œuvre ... Ganz am Ende dann zählte er mit mir die Einnahmen. Denn all die alten »Freunde« nahmen mich selbstverständlich nicht an Kindes statt auf, auch wenn ich sie inständig darum bat. Stattdessen plünderten sie Angelinas Ausstellung und zahlten Unsummen für die Bilder.

Und dieses Geld gehörte diesmal mir.

Ich bin in Neustadt geblieben. Den Mann mit dem Leichenwagen habe ich danach nie wieder gesehen. Tabeas Mutter hat mich aufgenommen. Sie ist spitze. Ich sage Mama zu ihr. Paul und ich haben geheiratet. Er ist derselbe alte Spießer geblieben. Ich liebe ihn. Wir wohnen in einer billigen Dreizimmerwohnung. Ich habe begonnen zu schreiben, denn es interessiert mich, wie Geschichten ausgehen. Die Zeiten des »ganz exklusiven Rahmens« sind jetzt vorbei.

Manchmal allerdings wünsche ich mir den guten Wein zurück, einen, der nicht von meinen Schwiegereltern mit viel Gift und Schwefel erzeugt wurde. Auch unseren alten Steinschrank vermisse ich, die riesigen Küchen und sogar Angelina. Ich wünschte, ich könnte sie anrufen und quatschen, so wie früher, doch das lässt Angelina nicht zu. Sie verrät mir nie, wo sie gerade ist. Sie hat ihre Taktik geändert, wie, das kann ich natürlich nicht sagen. Jedenfalls ruft sie mich an, und ich komme dann. Ich bin jetzt die Frau mit dem Leichenwagen, den ich mir bei einem sammelwütigen Schrotthändler ausleihe. So haben wir es ausgemacht, und davon wird sie niemals abweichen. Sie hat es mir zu übel genommen, dass ich damals das ganze Geld aus Neustadt einfach abgehoben, versteckt und behalten habe.

Ja. Dachten Sie wirklich, ich hätte meine eigene Mutter umgebracht? Ich bin der Sympathieträger in diesem Spiel, vergessen Sie das nicht! Das Ästhetische und Zwingende war gar nie mein Fall. Ich könnte Angelina niemals töten. Schon gar nicht Ihnen zuliebe. Ich kenne Sie doch gar nicht. Vielleicht war ich mal relativ nahe dran, das gebe ich zu. Als die anderen aus Paris kamen und ich mich fühlte wie ein Wurm, wenn mir da einer einen Knopf gegeben und gesagt hätte, du musst nur drücken, Kleines – wer weiß, was passiert wäre.

Doch schließlich hatte ich mein ganzes Leben mit Angelina verbracht. Sie war zwar keine konventionelle Mutter, aber dafür wenigstens auch nicht langweilig. Und als ich diesen dämlichen Selbstversuch mit dem Trockeneis machte, da schlich sich irgendwie ein bestimmter Tag in meinen Kopf, ein wunderbarer Tag, der Tag, an dem Angelina und ich uns von oben bis unten mit ihren teuren Ölfarben angemalt hatten. Damals war ich acht, und es war heiß, und wir hatten anstrengende Leute zu Besuch gehabt. Als sie endlich fort waren, riss sich Angelina die Kleider vom Leib und fragte mich, ob ich aussehen wolle wie diese Frau? Ich sagte: »Nie!«, und Angelina sagte: »Wirst du aber gleich«, und malte mir einen Schnurrbart. In Öl. Dann malte ich ihr einen roten Bauch und sie mir ein Blumentattoo. Und so fort. Kaum hatte ich mir die Finger an diesem blöden Stück Eis verbrannt, fiel mir das Blumentattoo wieder ein. Wie wir uns anschließend mit Angelinas Handwaschpaste geschrubbt hatten. Und dann das Bad. Wie viel Spaß es gemacht hatte. Wie wir überlebt hatten in einer Welt, die keine Maler mehr braucht.

Und jetzt kommen Sie mir bitte nicht mit Krimi und dass Sie fest mit Leichen gerechnet haben. Sie wissen nun immerhin, wie man es fertigbringt, vom Malen zu leben, auch wenn man keinen Namen hat, das ist mehr, als die meisten Maler wissen. Und was die

Leichen betrifft – selbstverständlich wäre ich bereit, darüber nachzudenken, den einen oder anderen aus meinem Bekanntenkreis in
eine Leiche zu verwandeln. Pauls Mutter zum Beispiel (war nur
ein Scherz). Oder Dr. Brinkmann. Mit dem bin ich nämlich seit
unserer Hochzeit weitläufig verwandt. Und ich hasse ihn nach wie
vor. Aber da muss pro Seite mindestens eine ordentliche Flasche
Schwarztraubersche Bio-Reserve herausspringen, sonst lass ich
selbst den am Leben, das sag ich Ihnen gleich.

Silvija Hinzmann

Kein Wein auf Solitude

Er hatte einen leichten Abgang, einen viel zu leichten. Auch seine Farbe ließ zu wünschen übrig. Statt des schimmernden Tons überwog wässrige Blässe mit einem Stich ins Graue. Und erst sein Körper: keine Spur von Frische, kein Hauch erdiger Schwere, vom Charakter ganz zu schweigen. Sein Duft, der mich sonst erzittern ließ, war für immer dahin.

Falls es einen Gott gibt, wird er mir vergeben, denn ich habe Schuld auf mich geladen. »Du sollst nicht töten«, das weiß jeder. Nur im Krieg ist alles erlaubt.

Und ich weiß, was Krieg ist.

Ich war sechs Jahre alt, als ich in einem Flüchtlingsheim in Stuttgart aufgenommen wurde. An diese Zeit kann ich mich zwar erinnern, doch ganz andere Bilder haben sich in meine Seele eingebrannt. Meine zerstörte Stadt, die Angst und der Hunger während der schlaflosen Nächte, das Blut, der Tod.

Die Ereignisse des Abends, an dem mein Vater und mein kleiner Bruder getötet wurden, sind allgegenwärtig. Dass ich überlebt habe, verdanke ich nur dem Umstand, dass ich mich im Kleiderschrank versteckt hatte und die drei Kerle, die in unser kleines Haus gestürmt kamen, betrunken und in Eile waren. Ich kauerte hinter den Kleidern meiner Mama, die nach Veilchen dufteten, und wagte nicht zu atmen. Ich habe nichts vergessen. Weder die Schreie meiner Mutter, als sie aus den Armen meines Vaters gerissen und von zwei Männern ins Schlafzimmer gezerrt, noch das Wimmern meines Bruders, kurz bevor ihm die Kehle durchgeschnitten wurde. Und auch nicht das vor Entsetzen verzerrte Gesicht meines Vaters, der auf dem Boden kniend um das Leben seines Sohnes flehte. Durch den Spalt der Schranktür sah ich den riesigen, nach Schnaps riechenden Grobian und das blutige Messer in der Seitentasche seiner grau-grün gefleckten Hose. Er wankte und fuchtelte mit seiner Pistole herum, beschimpfte meinen Vater als Feigling und Verräter. Dabei dehnte er die Worte leise und drohend in die Länge und verzog sein mit schwarzer Farbe beschmiertes Gesicht zu einer Fratze. Er drehte sich zur Schlafzimmertür um und brüllte den anderen zu, sie sollten sich, verdammt noch mal, beeilen.

In dem Moment stürzte sich mein Vater auf ihn. Der andere fuhr herum, fiel fast um, Vater packte das Messer und stach zu. Der Mann griff sich an den Hals, Blut lief aus der Wunde unter seinem linken Ohr. Mit der Rechten versetzte er meinem Vater einen Stoß, Papa stürzte zu Boden, ließ das Messer fallen.

Ich hielt mir die Augen zu, drückte mich gegen die Schrankwand. Dann hörte ich ein gedämpftes Geräusch – ein Schuss. Und gleich darauf noch einer.

Ich weiß nicht, wie lange ich im Schrank gelegen habe. Irgendwann erwachte ich in den Armen meiner schluchzenden Mutter. Sie hielt mich so fest an sich gedrückt, dass ich kaum Luft bekam. Papa und mein Bruder lagen zugedeckt mit weißen Laken im Wohnzimmer, zwischen zerfetzten Büchern, Porzellanscherben und zerschlagenen Gläsern. Noch in der Nacht stopfte Mutter hektisch ein paar Sachen in meinen Rucksack und brachte mich zu einer älteren Frau, die zwei Häuser weiter wohnte. Sie redeten, weinten, saßen lange schweigend da. Ich schlief auf Mamas Schoß ein.

Als wir am nächsten Morgen auf die Straße traten, hing in der Luft ein beißender Geruch nach verbrannten Autoreifen, Ruß und Abfall, um den sich verstörte, herrenlose Hunde stritten. Wie Schatten huschten die Menschen aus Hauseingängen, drückten sich an den zerborstenen Schaufenstern eines Supermarktes vorbei in Richtung des Busbahnhofs. Der Wind türmte ungerührt die letzten Wolkenfetzen der Nacht zu riesigen Haufen auf, die wie frisch geschlagene Sahne am strahlend blauen Himmel schwebten. Ein Panzerwagen ratterte vorbei, irgendwo fielen Schüsse, wir liefen immer schneller.

Am Busbahnhof herrschte Chaos. Zwei klapprige Busse mit laufendem Motor, heißer Asphalt, entschlossen dreinschauende Männer in Uniform, mit Maschinengewehren, trieben uns zur Eile an, versuchten Ordnung in das Durcheinander zu bringen.

»Schatz, du musst jetzt einsteigen, du musst einfach, verstehst du?«, sagte meine Mutter und drückte mir meinen Rucksack in die Hand.

Ich nickte, verstand ihre Worte zwar, begriff trotzdem nichts.

»Sei ein braves Mädchen, alles wird gut, hör auf zu weinen, ich komme mit dem nächsten Bus nach, bald, ganz bestimmt, du wirst sehen, steig ein, mein Herz, bitte, wir sehen uns bald wieder, steig ein …« Sie schluchzte, konnte kaum sprechen.

»Ich will aber bei dir bleiben …«

»Mama liebt dich, vergiss das niemals …« Sie bedeckte mein Gesicht mit tränennassen Küssen und schob mich sachte von sich weg. Ein Mann hob mich in den Bus, die Tür wurde zugeschlagen.

Die Fahrt dauerte lange, und nur die Hoffnung, Mama bald wiederzusehen, hielt mich vom Weinen ab.

Mein Leben wurde verwaltet, die Ängste blieben.

Als die offizielle Mitteilung eintraf, dass meine Mutter bei einem Bombenangriff gestorben war und ich keine nahen Verwandten mehr hatte, nahm mich eine Pflegefamilie auf.

Aber die Zeit wollte meine Wunden nicht heilen.

Mit achtzehn änderte ich meinen Vornamen, nannte mich Liliane statt Ljiljana. Meine Schulfreundinnen nannten mich schlicht Lila. »Du bist meine Lilie auf dem Felde«, sagte meine Adoptivmutter, die jeden Sonntag in die Kirche ging.

Nach dem Schulabschluss machte ich eine Ausbildung als Verkäuferin. Das Lernen fiel mir nicht schwer, denn nichts konnte so schlimm sein wie das, was ich erlebt und überlebt hatte. Ich arbeitete in einer bekannten Weinhandlung in der Innenstadt. Alles in allem schien mein Leben, zumindest nach außen, in geordneten Bahnen zu verlaufen.

Fast zwanzig Jahre später holte die Vergangenheit mich dann doch ein.

Eines Nachmittags, es war Ende April und draußen leuchtete der Frühling, betrat ein Mann um die fünfzig die Weinhandlung. Bankangestellter, dachte ich. Dunkler Anzug, weißes Hemd, dezente Krawatte, Aktentasche. Er schob die Sonnenbrille in die grau melierten Haare und sah sich um.

»Guten Tag, ich möchte mit dem Geschäftsführer reden, hab's eilig. Ist er da?« Er lehnte sich an den Empfangstresen, zeigte auf die Weinregale, neigte den Kopf zur Seite.

Dabei sah ich die Narbe.

Ich schnappte nach Luft, meine Finger zitterten, und die Schere, mit der ich die Bastbändel in Stücke geschnitten hatte, um Schleifen daraus zu machen, fiel auf den Fußboden. Als ich mich danach bückte, gaben meine Knie nach, und in meinen Ohren rauschte das Blut wie ein tosender Wasserfall.

»Ihre Weinhandlung ist mir wärmstens empfohlen worden, von Herrn Doktor … Sowieso, habe den Namen vergessen.« Er lächelte, sein Blick wanderte über mein Dekolleté.

»Der Chef ist nicht da … er ist auf Geschäftsreise. Was kann ich …« Ich atmete tief durch, um nicht zu stottern. »Sie können sich unsere Weinliste anschauen, hier, bitte …« Ich fürchtete, er würde das Pochen meines Herzens hören, als ich sie ihm reichte.

Er blätterte die Liste durch, murmelte unverständlich vor sich hin und nickte, tippte mit dem Zeigefinger auf die Fotos der teuersten Abfüllungen, fragte, ob dieser oder jener Wein sauer oder süß, leicht oder schwer sei. Mit einem Wort, er hatte keinen blassen Schimmer von Wein.

»Ich brauche eine Auswahl der besten Weine, die ihr auftreiben könnt. Mein Neffe heiratet am Wochenende. Große Feier, oben auf Schloss Solitude, Sie verstehen?« Er zwinkerte mir zu. »Soll mein Hochzeitsgeschenk sein, Grundstock für seinen Weinkeller. Also nur Spitzenweine, klar? Je zehn Kisten, weiß, rot, rosé, am besten von hier, aus der Gegend, Württemberger, Badener, vor mir aus auch ein paar Flaschen aus Italien oder Frankreich. Sein Schwiegervater ist ein alter Geizhals. Sie verstehen?«

Ich nickte.

»Preis spielt keine Rolle. Bei mir nicht!« Er fingerte eine Hochglanzvisitenkarte aus dem Geldbeutel und schob sie mir zu. Sie fühlte sich samtweich an und wies ihn als Inhaber einer Import-Export-Firma im Stuttgarter Osten aus. »Ihr Chef soll mich anrufen, dann besprechen wir alles. Ach ja, bin selten im Büro. Am besten ist es, die Kisten am Hochzeitstag direkt zur Solitude zu liefern.«

»Klar«, sagte ich tonlos.

»Gut, ich verlasse mich darauf. Nächsten Samstag, fünf Uhr am Nachmittag, am Parkplatz hinter dem Schloss. Okay?«

»Ja, richte ich aus.«

»Übrigens zahle ich in bar. Ihr Chef soll mich anrufen, damit ich weiß, wie viel Geld ich mitbringen muss. Wiedersehen.«

Kaum war er draußen, rannte ich zur Toilette und übergab mich. Ich zitterte am ganzen Leib.

Was sollte ich nur tun? Die Polizei anrufen? Ihn als Mörder, als Kriegsverbrecher anzeigen? Würde man mir überhaupt glauben? Welche Beweise hatte ich schon? Vielleicht sollte ich meine Adoptiveltern anrufen und ihnen alles erzählen? Doch dann würde ich nur die alten Wunden aufreißen.

Als mein Chef kurz vor Feierabend zurückkam, erzählte ich ihm so ruhig wie möglich von dem Auftrag. Er freute sich über das bevorstehende Geschäft und stellte die besten Weine zusammen. Leider müsse er verreisen, hörte ich ihn kurz darauf am Telefon sagen, er könne also nicht persönlich kommen, aber jemand von der Belegschaft werde die Weinkisten zur Solitude bringen.

»Das könnte ich übernehmen, ich wohne ganz in der Nähe«, sagte ich, denn während ich meine Sachen zusammenpackte, begriff ich, dass ich den Mann, der meine Familie zerstört hatte, zur Rede stellen musste. Und diese Gelegenheit wollte ich mir nicht entgehen lassen, trotz der Angst, die ich gleichzeitig vor ihm hatte.

»Eigentlich ist mir nicht wohl dabei, dass er in bar bezahlen will … Schließlich könnten Sie …« Er brach ab, kratzte sich am Hinterkopf und musterte mich misstrauisch.

»Sie meinen, ich könnte damit durchbrennen?«

»Natürlich nicht, aber wenn jemand mitkriegt, dass Sie so viel Geld dabeihaben … Immerhin sind es fast dreitausend Euro. Vielleicht sollte doch lieber jemand mitgehen …«

»Ach, das wird bestimmt nicht nötig sein.«

Am verabredeten Samstagnachmittag fuhr ich mit dem Geschäfts-
lieferwagen zum Schloss. Ich war etwas früher losgefahren, damit
ich mich innerlich auf die Begegnung vorbereiten konnte.

Mein Herz hämmerte, als ich die gerade Zufahrtsstraße erreichte.

Wie immer an Wochenenden war sie zugeparkt, auf einigen teuren Limousinen flatterten weiße Seidenbänder – das mussten die
Autos der Hochzeitsgesellschaft sein.

Auf der Koppel rechts der Kastanienallee standen ein paar Pfer-
de, Spaziergänger mit und ohne Hund, Radfahrer, ein paar Jogger
waren unterwegs.

Ich stellte den Lieferwagen auf dem Parkplatz ab und ging zum
Schloss rüber, stieg auf einem der beiden geschwungenen Treppen-
aufgänge zur Terrasse hoch, umrundete den ovalen Rokokobau und
betrachtete das Treiben auf der Wiese vor dem Schloss. Kinder
spielten Fußball, Frisbeescheiben schossen durch die Luft, junge
Pärchen saßen verliebt im Gras, Familien machten Picknick, Hunde tollten herum.

Die Minuten verstrichen wie in Zeitlupe, ich sah ständig auf die
Uhr.

Du bist ein Feigling, sagte ich mir, du kriegst sowieso kein Wort
heraus, wenn du den Typ siehst. Also gib ihm den blöden Wein,
bring das Geld runter in die Stadt und basta. Kannst die Uhr nicht
zurückdrehen, Tote nicht wieder lebendig machen. Soll er doch in
der Hölle schmoren!

»Schön, dass Sie schon da sind …«, sagte jemand hinter mir.

Ich erkannte die Stimme sofort und fuhr herum. Der Mann, mit
dem ich mich in knapp zehn Minuten treffen sollte, stand vor mir.
Er schob die Sonnenbrille über die Stirn hoch, verzog das Gesicht
zu einem schiefen Grinsen. In der Rechten hielt er zwei langstieli-
ge Sektkelche.

»Gerade gab es Kaffee und Kuchen drüben im Restaurant. Die
Braut pudert sich die Nase und die anderen Gäste machen einen
Verdauungsspaziergang …«

Ich war unfähig, ein Wort zu sagen.

»Hab Sie vom Fenster aus gesehen, als Sie die Treppe hochgingen, und da dachte ich, wir trinken ein Gläschen Champagner, bevor wir das Geschäft abwickeln.«

Er hielt mir ein Glas hin.

»Ja … verstehe … bin etwas früher gekommen, weil so schönes Wetter … der Lieferwagen steht …«, stotterte ich. Ich nahm das Glas widerwillig an und ging zwei Schritte zur Seite.

»Auf das Leben und die Liebe und auf das junge Brautpaar!« Er prostete mir zu und sah mir tief in die Augen. Sein Blick war kühl und leicht getrübt.

Meine Hände zitterten, als ich so tat, als würde ich einen Schluck trinken. Was sollte ich bloß tun? Mir war schlecht. Am liebsten wäre ich auf der Stelle weggerannt.

»Fühlen Sie sich nicht gut? Kommen Sie … wir gehen lieber aus der Sonne.« Er hakte sich bei mir ein, als wären wir gute alte Freunde, und wir gingen in den Schatten.

»Vielleicht sollten wir gleich zum Auto … der Wein …«

»Ach was, das hat Zeit. Ich habe es heute ausnahmsweise gar nicht eilig. Es ist eine so schöne Hochzeit. Hundertfünfzig Leute, reiche Leute, sehr reiche Leute. Mein Neffe hat wirklich großes Glück! Die Braut ist hübsch, blond, blauäugig und kommt aus einer sehr feinen Familie. Und die Geschenkübergabe ist erst kurz vor Mitternacht. Also, Zeit hab ich genug …«

»Schön für Sie, aber ich kann nicht so lange bleiben …« Ich versuchte mich aus seinem Griff zu befreien.

»Ja, ja, Sie müssen sicher zu Mann und Kind …«, bemerkte er betont beiläufig, doch es war klar, dass er herausfinden wollte, ob ich tatsächlich Mann und Kind hatte.

»Ich bin nicht verheiratet«, sagte ich trocken und ärgerte mich sofort, weil ihn das überhaupt nichts anging.

»Ach, wirklich? Aber so eine schöne Frau wie Sie muss viele Verehrer haben! Alles andere wäre nicht normal.«

Unten auf der Wiese schlenderten jetzt einige festlich gekleidete Jugendliche. Ein Mädchen sah zu uns hoch. Er winkte ihr zu, huldvoll wie ein König.

»Meine Tochter, macht dieses Jahr Abitur, ist sie nicht hübsch?«, fragte er mit vor Stolz geschwellter Brust.

»Nett«, antwortete ich.

Dieser Kerl, mit seiner Vergangenheit, ein Mörder, hatte es geschafft, sich jahrelang irgendwo zu verstecken, hatte ein Kind in die Welt gesetzt, führte wahrscheinlich ein ganz normales Familienleben, und niemand außer seinen Komplizen wusste, wer er in Wirklichkeit war.

Ich zog meinen Arm weg, stellte das Glas auf die Treppenbrüstung und nahm meinen Mut zusammen.

»Mir wäre es lieber, wenn wir jetzt zum Auto gingen ... der Wein ... ich muss weg ...«

»Ja, ja, gleich, aber vorher müssen Sie mir versprechen, dass ich Sie demnächst zum Essen einladen darf. Bald, okay? Ich bin nämlich auch unverheiratet, das heißt, ich bin geschieden, und Sie gefallen mir, Sie gefallen mir sehr. Schon als ich Sie da im Geschäft sah, wusste ich es.«

»Ich soll mit Ihnen, mit Ihnen ... essen gehen?«

»Natürlich!« Er lachte, beugte sich zu mir und gab mir einen Kuss auf die Wange. »Sie gefallen mir wirklich!«

Mir stockte der Atem. »Könnten wir bitte zum Auto? Und ich werde ganz sicher nicht mit Ihnen essen gehen, ganz sicher nicht!«

Er trat einen Schritt zurück.

»Oh, habe ich etwas Falsches gesagt? Wissen Sie, ich bin immer so direkt. War nicht böse gemeint. Es würde mich wirklich freuen, Sie wiederzusehen.«

»Sie haben nichts Falsches gesagt. Aber getan! Und das wissen Sie ganz genau.«

»Ach, und das wäre?«

»Ich weiß, wer Sie sind«, sagte ich fest, während meine Knie nachgaben.

Er verzog das Gesicht zu einem Grinsen.

»So, so. Und wer bin ich Ihrer Meinung nach?«

»Ich werde Sie anzeigen, das hätte ich längst tun sollen.«

Er starrte mich entgeistert an, das Grinsen gefror. »Mich anzeigen? Weshalb denn?«

»Weil Sie ein Mörder sind!«

»Interessant! Sehr interessant, reden Sie ruhig weiter ...« Er drückte mich gegen die Brüstung, war jetzt so nah, dass ich seinen nach Alkohol riechenden Atem spürte.

Ich wand mich aus seiner Umklammerung heraus. »Wir sollten das Geschäftliche endlich erledigen.«

»Ganz schön unverfroren, Respekt! Sie behaupten also, ich sei ein Mörder und wollen das jetzt einfach so in der Luft stehen lassen. Sie wollen vorher ›das Geschäftliche‹ erledigen?« Er sah mich kühl an und packte mich am Arm. »Also los, was soll ich getan haben?«

In meinem Kopf herrschte Aufruhr. Ich hasste ihn, hatte Angst, konnte aber nicht mehr zurück, hatte ich doch in meiner Aufregung zu unbedacht gehandelt. Vor meinem geistigen Auge sah ich das Gesicht meiner Mutter, den Busbahnhof, das Kinderheim, meine Pflegemutter, die Tochter dieses Verbrechers, die keine Ahnung hatte, wer ihr Vater tatsächlich war. Ein Mörder.

Ich zeigte auf seine Narbe am Hals. »Die haben Sie von meinem Vater ... er hat Sie angegriffen ... nachdem Sie meinen Bruder getötet haben ... und ... meine Mutter von den zwei Männern, von Ihren Freunden ... im Schlafzimmer ...« Ich konnte kaum weiterreden. »Papa ist auf Sie losgegangen ... dann haben Sie ihn erschossen ... Ich habe alles gesehen!«

»Ich weiß nicht, wovon Sie reden.«

»Aber ich. Ich saß damals im Kleiderschrank ...«

Er packte mich an den Schultern. »Pass auf, was du sagst, du ... Schlampe«, sagte er leise und gedehnt. »Wir gehen jetzt ganz langsam und ruhig zu deinem verdammten Auto, ich lade die verdammten Kisten aus, du kriegst das verdammte Geld, ich habe es hier in einem Umschlag ... und dann sieh zu, dass du Leine ziehst, sonst ...«

»Sonst was?«

»Sonst vergesse ich mich. Und wenn du keine Probleme haben willst, hältst du hübsch deine Klappe. Haben wir uns verstanden?«

»Ich habe keine Angst vor Ihnen, jetzt nicht mehr!«, sagte ich so laut, dass sich Leute nach uns umdrehten. »Also lassen Sie mich sofort los!«

Ich riss mich los und rannte die Treppe hinunter, quer über den Rasen, an spielenden Kindern vorbei in Richtung Parkplatz.

Atemlos öffnete ich die Fahrertür des Lieferwagens, klappte die hinteren Türen auf und begann, die schweren Weinkisten auszuladen und auf dem Boden aufeinanderzustapeln. Immer wieder sah ich mich um, aber der Mann kam nicht. Ich wollte nur noch weg. Sollte er doch das Geld ins Geschäft bringen, sollte ihm mein Chef eine Rechnung schreiben.

Mitten in der panischen Hektik hielt ich inne. Was tat ich da eigentlich? Wieso sollte ich diesem Verbrecher den kostbaren Wein, die besten Jahrgänge der Württemberger und Badener, wie Perlen vor die Füße werfen?

Mein Herz hämmerte wie wild. Bleib jetzt ganz ruhig, befahl ich mir und sah mich um. Nein, er würde diese Weine nicht bekommen. Nicht von mir. Ich schob die Kiste mit dem Lemberger vorsichtig auf die Ladefläche zurück, lud auch die anderen Kisten wieder ein, schlug die Türen zu und ließ den Motor an.

Hinter dem Wald ging die Sonne unter, der Parkplatz lag jetzt tief im Schatten. Während ich ausparkte und die Ausfahrt hinunterrollte, kramte ich in meiner Handtasche nach dem Handy. Ich schüttete den Inhalt der Tasche auf den Beifahrersitz, doch das blöde Ding war nirgendwo zu sehen. Klar, ich saß ja auch darauf. Da erstarrte ich. Der Kerl kam direkt auf mich zu, betont lässig, langsam. Blieb dann stehen und fixierte mich. Hasserfüllt.

Ich ließ die Seitenscheibe runter, lehnte mich hinaus. »Hauen Sie ab, Sie …«, schrie ich. »Zur Seite! Ich rufe die Polizei an, den Wein kriegen Sie nicht … Sie nicht!« Ich gab Gas, war nur noch ein paar Meter von ihm entfernt.

Im letzten Augenblick sprang er zur Seite.

Ich zerrte an der Gangschaltung, fand endlich den richtigen Gang und raste hupend quer über den Innenhof. Leute stoben auseinander, schrien mir hinterher.

Als ich die Allee erreichte und schon aufatmen wollte, sah ich im Rückspiegel eine graue Limousine. Am Steuer, die Sonnenbrille immer noch in den Haaren, saß der Mörder. Er folgte mir.

Ich trat das Gaspedal voll durch, fuhr zur Kreuzung, dann auf die Bergheimer Steige, am Grab von John Cranko vorbei, der im Schatten hoher Bäume unweit der Straße seine letzte Ruhe gefunden hatte. Reifen quietschten, die Flaschen in den Kisten schepperten, der Lieferwagen neigte sich in jeder engen Kurve gefährlich zur Seite.

Wieder eine Kehre, und gleich die nächste, ich schaltete in den zweiten Gang, der Motor heulte auf. Das graue Auto klebte förmlich an meiner Stoßstange. In wilder Fahrt ging es den Berg hinunter, Bäume sausten an mir vorbei ... nichts wie weg.

In der letzten Kurve, kurz bevor ich die Gerade der Solitudeallee erreichte, musste ich scharf abbremsen. Ich war zu weit nach links abgekommen, musste den Lieferwagen wieder auf Kurs bringen.

In diesem Moment wurde ich nach vorne geschleudert, um gleich darauf wieder in den Sitz gepresst zu werden.

Glas und Holz splitterten. Die Limousine war in das Heck des Lieferwagens gekracht, wurde herumgeschleudert, schlitterte über die Fahrbahn, überschlug sich, stürzte in den Graben und blieb schließlich auf der Seite liegen.

Geschockt riss ich das Steuer herum und drückte die Bremse bis zum Anschlag durch. Endlich kam der Lieferwagen zum Stehen.

Mit zitternden Knien kletterte ich aus dem zerbeulten Wagen. Eine Hintertür war aufgesprungen, Holzkisten lagen auf der Straße, ausgelaufener Wein bildete ein Rinnsal auf dem Asphalt. Einige noch heil gebliebene Flaschen kullerten in den Graben ...

Ein entgegenkommendes Auto hielt an, eine Frau stieg aus, das Handy am Ohr, und führte mich an den Seitenstreifen. Ich lehnte mich an einen Baum, setzte mich auf den Boden.

In meinem Kopf drehte sich alles.

Ich starrte auf den Haufen rauchenden Blechs. Ein paar Meter weiter lag der Mann. Er rührte sich nicht. Die Sonnenbrille klebte auf der blutüberströmten Stirn. Sein Kopf war seltsam zur Seite gedreht.

Ich wusste, er war tot.

Das war ein leichter Abgang. Ein viel zu leichter.

Nina Schindler

Sechzehn Schluck

»Gutes Tröpfchen!« Bobby nahm noch mal eine Nase und schloss genießerisch die Augen, während er den Schluck Spätburgunder über die Zunge rollen ließ. »Einfach wunderbar!«

»Wie recht du hast.« Clemens atmete das Bouquet tief ein und hielt sein Glas gegen das Licht. »Und diese Farbe! Phantastisch! Kann man sich bloß kaum leisten.«

Bobby grinste. »Da gibt es einen Trick! Hast du etwa nicht gehört, was im Kupferkessel läuft?«

Clemens war immer noch völlig gebannt von dem wunderschönen Ziegelrot. »Nö. Was denn?«

»Na, dieser Paul Schlobohm vom Gourmet-Magazin hat sich mit fünfzehn anderen Weinliebhabern zusammengetan. Die treffen sich dort einmal im Monat zum Verkosten: Die Kupferkessel-Sommelière Holle sucht die Flaschen aus, Koch Dirk liefert ein paar Amuse-Bouches, und dann schwelgen sie nach Herzenslust.« Er seufzte.

Clemens starrte ihn an. »Mensch, da mach ich mit! Aber sofort! Bei wem muss man da vorstellig werden?«

Bobby verzog ärgerlich den Mund. »Geht nicht! Was glaubst du wohl, warum ich nicht zu dem erlauchten Klübchen gehöre?«

»Weil du dich seit Jahren mit Schlobohm rumzankst, wer von euch beiden der bessere Weinkenner ist?«

»Quatsch! Weil nur sechzehn dabei sein dürfen, deshalb! Der olle Schlobohm hat herausgefunden, dass in einer Weinflasche exakt sechzehn Trinkproben sind, gerade genug, dass jeder einen richtigen Schluck zum Schmecken kriegt. Und natürlich waren diese sechzehn ratzfatz gefunden.«

»Ohhh!« Clemens sah ihn enttäuscht an. »Und wann wird da mal wieder ein Platz frei?«

»Wenn einer über die Wupper geht! Stell dir das bloß vor: Da musst du warten, bis einer den Löffel abgibt, erst dann hast du 'ne Chance. Ich steh selbstverständlich als Nachrücker auf der Liste, dafür hab ich gleich gesorgt.«

Clemens kaute nachdenklich an der Unterlippe. »Und wenn wir einfach noch so einen exklusiven Klub aufmachen?«

Bobby winkte ab. »Da bist du nicht der Erste, der auf diese Idee kommt. Aber Holle sagt, sie kommt an diese Superweine nur selten ran, und Dirk will so eine Truppe auch nicht öfter als einmal im Monat bedienen. Für den Kupferkessel ist das eh purer Luxus, die verdienen daran kaum was.«

Clemens nahm noch einen Schluck von dem Aloxe-Corton. Ein Wahnsinnswein und sauteuer, wenn man einen Grand Cru oder einen Premier Cru wollte – und das waren nun mal die besten.

Plötzlich schmeckte der Wein nicht mehr so überwältigend wie bei den ersten Schlucken. Was diese exklusive Schlemmerrunde wohl alles probieren mochte?

»Meinst du, die haben auch schon einen Petrus im Glas gehabt?«, fragte er und schaute sehnsüchtig in sein Glas.

Bobby winkte ab. »Na klar. Bei Holles Beziehungen – gar keine Frage. Neulich hatten sie einen italienischen Abend mit Sassicaia, Tignanello und Pergole Torte …« Er griff nach der Flasche und goss sich nach. »Das hier ist aber auch ein edles Tröpfchen, nun mach mal Schluss mit traurig, sonst ärgere ich mich noch, dass ich dir davon erzählt habe.« Er hob sein Glas. »A la notre!«

Aber jetzt ließ die exklusive Runde Clemens keine Ruhe mehr. Neidvoll musste er drei Wochen später hören, dass die Schlemmerrunde einen Rioja-Abend abgehalten hatte – darunter ein Spitzenjahrgang von Lopez de Heredia, unglaublich!

Er grübelte und stöhnte und stöhnte und grübelte.

Es gab nur eins: Der natürliche Nachrückergang musste beschleunigt werden! Vorsichtiges Nachhaken bei Bobby brachte zutage, dass bereits drei Nachrücker auf einen Platz in der Verkosterrunde warteten – es galt also vier Freiplätze zu schaffen, und dazu war Clemens wild entschlossen. Einer aus der Runde und die drei Nachrücker ergaben vier Konkurrenten, die ihm den Zugang in den erlauchten Klub versperrten.

Er besorgte sich von Bobby und Koch Dirk die Namen der illustren Verkoster und sammelte Informationen über sie. Wozu hatte denn ein Werbefritze gute Kontakte zu Presseleuten und anderen Vielwissern? Die galt es jetzt zu nutzen.

Er erfuhr, dass Professor Göbel, der ehemalige Chefarzt des Alten Klinikums, einen Herzschrittmacher hatte, dass Dr. Brausewitter, der Nobelanwalt, an Diabetes litt, und durch einen glücklichen Umstand kam ihm über drei Ecken zu Ohren, dass Frau Mertens, die ehemalige Reedereibesitzerin, eine schwere Katzenallergie hatte und im Frühjahr während des Pollenflugs oft das Haus hüten musste.

Das waren wertvolle Informationen – er konnte mit der Planung beginnen. Umfangreiche Recherchen und die Lektüre einschlägiger Kriminalromane erweiterten seine Kenntnisse beträchtlich. Herzschrittmacher waren anfällig für elektromagnetische Schwingungen und neigten bei großer Belastung sogar zu Aussetzern. Wenn er es klug anstellte … Das Unglück musste Professor Göbel fernab seiner ehemaligen Wirkungsstätten treffen, es musste sicher sein, dass ihm kein Kollege zu Hilfe eilen konnte.

Clemens brachte die Urlaubsplanung des Ehepaars Göbel in Erfahrung – demnach war Spazierengehen in den Alpen vorgesehen, und zwar ohne Gruppe. Clemens beschloss, den Magnet Magnet sein zu lassen, und den Göbels hinterherzureisen. Irgendwo auf diesen Wanderungen würde sich doch eine Gelegenheit bieten … und dann galt es, beherzt zu handeln. Doch noch bevor er sein Ticket bestellt hatte, kündeten halbseitige Traueranzeigen im Weserkurier von dem vorzeitigen tragischen Ende der begeisterten Alpenwanderer, und Clemens packte seine Bergstiefel wieder in den Kellerspind.

Als er durch die Lektüre medizinischer Fachbücher viel über Diabetes erfuhr, wunderte er sich, dass jemand mit solch einem Leiden überhaupt Wein trank. Angeblich war Alkohol kontraindiziert. Aber es war wohl das einzige Laster des Anwalts, und Clemens verstand nur zu gut, warum der sich diese Probiertreffen gönnte, ohne auf seine Diät zu achten. Wahrscheinlich lebte er tagelang vor und nach der Verkostung von Sauerkrautsaft. Clemens beobachtete bei seinen Kontrollgängen durch Brausewitters Wohnviertel Oberneuland, wie dessen Haushälterin im Reformhaus tatsächlich eine große Anzahl von geeigneten Säften kaufte. Es stand nämlich in wenigen Tagen eine Verkostung deutscher Spätburgunder an – darunter Raritäten aus Sachsen und von der Ahr –, und Clemens hatte nicht die geringsten Gewissensbisse, der ächzenden Haushälterin seine Kavaliersdienste beim Tragen des schweren Einkaufskorbs anzubieten, was diese gern annahm. Während sie ihm zum Dank in der Brausewitter'schen Küche einen Kaffee servierte, gelang es ihm, den mitgebrachten hochprozentigen, aber ziemlich geschmacksneutralen Schnaps in eine der Sauerkrautsaftflaschen zu füllen, nachdem er die entsprechende Menge der Flüssigkeit vorher ausgegossen hatte.

Die Spätburgunder konnte Dr. Brausewitter noch unbeschwert genießen, doch zwei Tage später ereilte ihn ein Insulinschock, von dem er sich nur äußerst langsam erholte und der ihn dazu zwang, ein für alle Mal den edlen Weinen zu entsagen – keine Schlemmerrunden im Kupferkessel mehr: Brausewitter war fortan zu ungezuckerter Brause verdammt.

Clemens atmete auf und machte sich an die Erforschung von Allergikerproblemen. Er las alles über den anaphylaktischen Schock und führte seinen Hund neuerdings in der Emmastraße Gassi, in der die Reederwitwe lebte. Und als die nächste Versammlung der sechzehn Weinliebhaber anstand – diesmal ging es um eine Präsentation verschiedener Bordeaux-Weine –, holte er aus dem Tierheim eine Katze und versuchte, sie auf dem Grundstück der Witwe freizulassen. Doch statt die Witwe zum Röcheln zu bringen, sauste das fremde Vieh trotz delikater Lockspeise fauchend davon, als brenne ihm der Schwanz – was vielleicht an Clemens' Bullterrier und dessen gefletschten Zähnen gelegen haben mochte, denn der hasste nichts so sehr wie Katzen und hatte schon etliche zerfleischt.

Clemens verfiel wieder ins Grübeln. Er schickte Frau Mertens einen Werbebrief, dem er einige Katzenhaare beigelegt hatte, aber nichts passierte. Er kaufte in einem Alternativlädchen Pollen, den Gesundheitsbewusste angeblich gern in ihren Jogurt rührten, und sandte ihn mit dem monatlichen Werbebrief des Kupferkessels an die Dame, doch die reagierte nicht, jedenfalls nicht allergisch, und Clemens fühlte sich von dem Besitzer des Lädchens reingelegt: Wahrscheinlich hatte der ihm gelbe Wollflusen oder etwas Ähnliches verhökert – die Witwe war leider immer noch bei bester Gesundheit und würde bei der Verkostung australischer Shirazweine der Sonderklasse nicht fehlen.

Clemens ging weiterhin mit seinem Köter am Haus der Witwe vorbei Gassi und wartete auf eine Eingebung oder noch genauere Informationen bezüglich der Allergieprobleme der nach wie vor unverschämt rüstigen Dame. Doch sie schien geizig zu sein, eine Haushälterin hatte sie nicht, sie beschäftigte lediglich eine Zugehfrau, die nur stundenweise kam.

Was tun? Clemens war schier am Verzweifeln, denn nach der nächsten Verkostung von Eisweinen – Dirk hatte ihm gesteckt, dass es um alleredelste Moseltropfen ging – sollte etwas ganz Außergewöhnliches stattfinden: Paul Schlobohm hatte es geschafft, einem Rheingauer Winzer drei Rieslinge aus den Jahren 1934, 1936 und 1940 zu entlocken. Schon bei dem Gedanken daran lief Clemens das Wasser im Mund zusammen, heftiger als sonst, denn er wusste, dass der Geschmack dieser uralten Rieslingweine mit nichts verglichen werden konnte, was in den letzten dreißig Jahren auf Flaschen gezogen worden war. Die Zeit lief ihm davon – die Mertens musste weg.

Doch wie?

Eines Morgens sah Clemens beim Gassigehen das aus vielen Fernsehkrimis vertraute Absperrband der Polizei vor dem Grundstück der Witwe. Auf dem Asphalt vor der Haustür konnte man die ebenfalls aus Fernsehkrimis bekannten weißen Umrisslinien erkennen, wo eine Leiche gelegen hatte. Mit klopfendem Herzen kam Clemens näher und fragte den uniformierten Polizisten, der mit stoischem Gesichtsausdruck Wache schob, was um Himmels willen denn hier geschehen sei. Doch der bedeutete ihm, weiterzugehen, und überhaupt sei er nicht befugt, Fremden Auskunft zu erteilen. Doch ein wesentlich umgänglicherer Nachbar der Witwe, der am Zaun stand und ebenfalls die Kreidelinien angaffte, erzählte ihm aufgeregt, dass die alte Dame beim Zeitungholen die Treppe herabgestürzt sei: Zack! Und: Exitus.

»Wahrscheinlich ist sie ausgerutscht«, meinte der Nachbar mitfühlend. »War ja bekannt, dass sie nicht mehr gut zu Fuß war.«

Verwundert und erleichtert machte sich Clemens auf den Heimweg. War ihm das Schicksal derart wohlgesonnen, dass es ihm die Bresche in die Schlemmerrunde schlug, die er selbst nicht hatte schlagen können?

Jetzt waren drei aus dem illustren Kreis entweder dahingerafft oder von der weiteren Teilnahme ausgeschlossen.

Blieb nur noch einer.

Clemens schloss die Augen und versuchte sich den Duft des alten Rieslings auszumalen, er sah die goldgelbe Farbe vor sich, sah die schwere Flüssigkeit träge im Glas kreisen – oh, er musste einfach dabei sein, niemand würde diesen Tropfen so zu schätzen wissen wie er.

Er ging zum hundertsten Mal die Liste der Teilnehmer durch. Die Nachrücker hatte er von vornherein abgehakt, denn zwei kamen aus Oldenburg, und eine Bankerin aus Bremen flog ständig in der Welt herum, alle waren für ihn quasi unerreichbar und außerdem relativ junge Menschen, topfit und nur durch brutalste Gewalt vom Leben in den Tod zu befördern, und das war Clemens' Sache nicht.

Was war mit dem ehemaligen Werder-Trainer? Hatte der kein Gesundheitsproblem? Unwahrscheinlich, der hatte ja immer die Spieler sich abrackern lassen und selbst lässig dabeigestanden. Die Boutiquebesitzerin? Die konnte er vergessen, die war immer von einem Schwarm Modefreaks umgeben, an die kam er nicht so leicht ran. Und der Baulöwe? Der hatte sich emporgearbeitet und besaß Pranken wie ein Bär – weh dem, der in diese Hände fiel. Nein, an den traute er sich nicht ran.

Clemens war kurz davor, in eine Depression zu versinken.

Doch drei Tage vor der Rieslingverkostung klingelte sein Telefon. Paul Schlobohm teilte ihm mit, dass er als Nachrücker nun Mitglied der Schlemmerrunde sei, und entschuldigte sich, weil er sich nicht früher gemeldet habe. Doch es seien Probleme bezüglich der Nachrückerreihenfolge aufgetreten.

Clemens stammelte etwas wie »Danke« und »Wieso denn ich ...«, aber da war schon wieder aufgelegt worden. Sein Mund war trocken, er musste sich setzen.

Er war drin! Er würde die alten Rieslingweine schmecken dürfen! Ein Wunder war geschehen!

Unverzüglich rief er Bobby an, um ihm die überwältigende Neuigkeit mitzuteilen.

»Hab ich schon gehört – gratuliere«, sagte Bobby.

»Aber warst du denn nicht vor mir dran? Ich versteh das nicht!«

»Das hat der alte Schlobohm so getrickst«, knirschte Bobby. »Ich wette, der hat Holles Liste manipuliert.«

»Ja, aber …«

»Reg dich ab, Alter. War eben Schicksal. Der alte Sack hat mich nicht mal ausreden lassen. Aber hör mal, ich hab einen exzellenten Chardonnay aus der Pfalz, im Barrique ausgebaut – wie wär's mit einem Schluck heute Abend?«

Clemens sagte gerührt zu.

Bobby war nicht sauer. Sondern großzügig und verständnisvoll – das hatte Clemens gar nicht verdient.

»Du, ich topp das mit einem Chardonnay aus dem Burgund – da hab ich noch was ganz Besonderes im Keller«, versprach er. »Um acht bei dir?«

»Ich erwarte dich.«

Mit der Flasche im Kühlfutteral kam Clemens samt Hund bei Bobby an.

Die Begrüßung fiel wie immer herzlich aus, auch wenn sie sich in den vergangenen Wochen nicht so oft gesehen hatten wie früher, weil Bobby weniger Zeit als sonst gehabt hatte.

Dann vollzogen sie das Entkorkungsritual, nahmen eine Nase, prüften die Farbe und tranken bedächtig, man könnte fast sagen andächtig, erst einen Schluck aus Bobbys Flasche und dann aus der von Clemens.

Purer Genuss!

Clemens schloss die Augen bei dem Gedanken an das, was er in drei Tagen würde genießen dürfen, und als er sie wieder öffnete, sah er, wie Bobby ihn anlächelte.

»Mensch, Bobby – ich bin dir ja so dankbar, dass du mir den Vortritt lässt, ich hätte gedacht, du setzt Himmel und Hölle in Bewegung, damit Schlobohm seinen Irrtum korrigiert.«

Bobby lächelte immer noch, aber sein Blick hatte sich verändert. »Ich mach gar nichts. DU rufst jetzt Paul Schlobohm an – die Nummer hab ich schon eingetippt – und teilst ihm mit, dass du leider zurücktreten musst und dass ich deinen Platz einnehme. Ich lass mich doch nicht von dir um den Erfolg meiner ganzen Bemühungen bringen!«

Fassungslos starrte Clemens Bobby an. Dann holte er tief Luft. »Und warum sollte ich das tun? Warum in aller Welt sollte ich das aufgeben, wonach ich mich so gesehnt habe? Die Krönung meiner Weingenießerkarriere?«

»Deshalb!« Bobby hatte plötzlich ein Fläschchen in der Hand.

»Und was ist das?«

»Katerpisse. War gar nicht so einfach zu kriegen. Und wenn du in dreißig Sekunden nicht angerufen hast, schütt ich sie dir über den Frack und schau zu, wie dein Hund Hackfleisch aus dir macht!«

Thomas Hoeth

Die Liebe höret nimmer auf

Der einzige Weg, die wirklichen Schrecken des Lebens
zu überstehen, besteht darin, sie nachzuspielen.
Peter Zadek

Er wachte auf, weil er fror. Als er die Augen öffnete, sah er über sich das Gitter aus Wasseralfinger Gusseisen. Wie durch ein sehr grobes Sieb fiel das Morgenlicht auf sein Gesicht. Natürlich wusste Sebastian sofort, wo er war. Hier unten in der Gruft der Grabkapelle hatten sie schon als Kinder gespielt. Er war der König und Anna war seine Königin. Als Sebastian jetzt seinen Kopf hob, spürte er den stechenden Schmerz und fasste sich an den Hinterkopf. Aber er hatte keine Zeit, über diesen Schmerz nachzudenken, denn im Augenwinkel sah er neben sich Anna liegen. Ihr weißes Gewand war hochgerutscht, fast bis über den Kopf, und überall war Blut. Sebastian schaute an sich herunter, auch er war voller Blut. Vorsichtig beugte er sich über Anna. Er erschrak, weil sie ihn anstarrte, mit ihren großen grünen Augen. Die Pupillen unnatürlich geweitet, der Körper steif und verrenkt, wie bei einer ausrangierten Schaufensterpuppe. Es war ein Reflex, Sebastian fuhr ihr über die Augen, schloss ihre Lider, eine Geste wie in einem Film.

Fast gleichzeitig hörte Sebastian, dass oben in der Kapelle jemand herumlief. Die Akustik des Rundkuppelbaus trug die Schritte mit vielen kurzen Echos herunter in die Gruft. Er schaute auf die Uhr, es war kurz vor zehn, Sonntag. Gleich würde die Grabkapelle auf dem Stuttgarter Rotenberg öffnen. Er richtete sich auf, unterdrückte ein Stöhnen, warf noch einen kurzen Blick auf Annas Augen, die nun geschlossen waren. Dann, als er sie unter den Armen packte, sie irgendwo verstecken wollte, da sah er diesen Satz, dieses Versprechen, das sie sich einmal gegeben hatten. »Die

Liebe höret nimmer auf.« Es stand auf Annas Arm, in schnörkeligen schwarzen Lettern, wie eine Tätowierung. Sicher, das hatten sie sich einmal geschworen. So wie es König Wilhelm I. einst getan hatte. Der Herrscher, der diese wunderbare Grabkapelle auf dem Rotenberg hatte bauen lassen. Für seine große Liebe, Katharina, die viel zu früh gestorben war. Über dem Eingang zur Grabkapelle, sodass es jeder sehen konnte, stand dieses Versprechen für immer und ewig in Stein gemeißelt. Der König hatte diesen Bibeltext aus dem 1. Korintherbrief für die Leichenpredigt gewählt. Nur ein kurzes Gebet sollte bei der Einsenkung des Grabes gesprochen werden. »Die Liebe höret nimmer auf.« Sebastian hörte sich reden und doch formte eine fremde Stimme diese Worte. »Sie erträgt alles, / glaubt alles, / hofft alles, / hält allem stand.« Sebastian hatte das Gefühl, dass irgendeine fremde Macht in ihm wirken würde. Er musste so handeln.

Als er Anna nun aus der Mitte des Raumes schleifte und ihr Körper diese dunkelrote Spur hinter sich herzog, rutschte ihr Arm zur Seite und gab den Blick auf seinen rechten Unterarm frei. Da stand auch etwas. Auch in seine Haut war ein Versprechen geritzt. »... bis in den Tod« war dort zu lesen. Sebastian konnte sich nicht erinnern, wie er dazu kam. Er konnte sich überhaupt an wenig erinnern. Und er hörte wieder die Geräusche von oben, sah einen Schatten über das Gitter huschen, das den Blick bis in die gläserne Kuppel freigab. Ein Stück ausgestanzter Himmel. Panisch zerrte er an Annas Körper, zog ihn zur Grablege des Königspaares. Wilhelm I., König von Württemberg, und Katharina Pawlowna, Großfürstin von Russland und Königin von Württemberg, gemeinsam ruhten sie in einem Sarkophag aus weißem Carrara-Marmor. Im Tod vereint. Er spürte seinen Herzschlag, als ob dieser große Muskel ausbrechen wollte, spürte die Übelkeit. Hier gab es nicht viele Verstecke, ein kreisförmig angelegter Raum mit der Kuppel und dem gusseisernen Gitter in der Mitte, mit ein paar Nischen für die Grablegen. Hinter dem Sarg, da war Platz. Sebastian zog Annas Körper bis zum Königsgrab und legte ihn dahinter ab. Er warf einen Blick auf die Stelle, wo er eben noch gelegen hatte. Eine dunkle Blutlache, die wie rote Grütze glänzte, ein Kranz aus Weinlaub, den er auf dem Kopf getragen hatte, der Thyrsusstab und die leeren Weinflaschen. Der Katharina-Riesling für Anna und der Wilhelm-Trollinger für ihn. Auf den Weinflaschen war das Markenzeichen der Winzergenossenschaft Rotenberg / Uhlbach zu sehen, ein Bild der Grabkapelle, in der Sebastian gerade stand.

In diesem Augenblick hörte er die Schritte auf der schmalen Eichentreppe, die in die Gruft führte. Der einzige Zugang zur Grablege. Sebastian schlich vorsichtig rückwärts, schob einen schweren Vorhang beiseite, hinter dem sich ein enger Schacht befand. Da oben, in drei Meter Höhe, war Hoffnung, ein kleines Fenster. Er nahm die Leiter, die neben einigen Reinigungsgeräten stand, kletterte hinauf. Jetzt war die Person mitten in der Gruft, wo sich jeder Schritt vervielfachte, sich das Echo wie aus einer Glocke in die Kapelle ergoss. Jemand fluchte vor sich hin, kleingehackt schossen die Wortfetzen durch den Raum, verfolgten ihn bis in den letzten Winkel. Sebastian öffnete das Fenster und zwängte sich nach draußen. Erschöpft blieb er ein paar Sekunden auf den Steinplatten liegen und lauschte. Weiter unten, über dem Neckar, bei Stuttgart-Untertürkheim, hing der Nebel wie eine aufgeplatzte Weißwurst. Hier oben auf dem Rotenberg, in vierhundertelf Meter Höhe, schien die Sonne.

Sebastian rannte los, querfeldein durch die Weinberge nach Uhlbach, nach Hause zu seinen Eltern und zu Elke, die dort sicher auf ihn warten würde. Er versuchte zu verstehen, was mit ihm passiert war. Sicher hatte er mit Anna eine Auseinandersetzung gehabt. Sie wollte das alles nicht wahrhaben. Hatte ihn belächelt wegen Elke, aber dazwischen fehlte eine gewisse Zeit, als ob ihm jemand ein paar Bilder gestohlen hätte, ein Gedankenraub. Das Band der Erinnerungen durchtrennt, zack, einfach ein paar Lebenslagen herausgeschnitten und den Rest zu einer verkürzten Wahrheit verdichtet. Sebastian tastete seinen Hinterkopf ab. Er hatte einen Schlag abbekommen, daran glaubte er sich noch zu erinnern. Weiter zurück, also noch davor, was war passiert, bevor sie in die Grabkapelle gingen? Sie hatten das Bacchusfest gefeiert. Deshalb war er doch nach Uhlbach gekommen. Hatte Elke mitgebracht und … Was sollte er Elke nur erzählen?

Die Verwalterin der Grabkapelle hatte sofort die Polizei gerufen. Das Blut, die Weinflaschen, dieser seltsame Stab, mit Reben verziert, und der Kranz aus geflochtenem Weinlaub, all das konnte sie sich nicht erklären. Vielleicht ein Scherz? Aber das viele Blut?

»Das ist wirklich seltsam«, sagte die junge Polizeibeamtin Verena Breuer. Das flinke Echo hatte ihren Satz fast verschluckt, nur ein Wort war noch übrig geblieben, das sie nun mit kindlicher Freude wiederholte: »Seltsam, seltsam ...« Dabei suchte sie den Boden ab, als ob sie dort die umherspringenden Worte wieder einfangen könnte, und blieb dann abrupt stehen. Wie der große Zeiger einer Uhr zog sich die samtrote Spur von der Mitte des runden Raumes bis zum Sarg des Königspaars. Ihr Kollege, Polizeikommissar Daniel Hurrle, stand da wie diese lebenden Statuen in der Fußgängerzone. Als ob man erst einen Euro einwerfen müsste, damit er sich wieder bewegt.

»Was ist?«, fragte Verena Breuer, während sie der Blutspur folgte. »Ist vielleicht alles ein dummer Scherz von irgendwelchen Gruftis, schwarze Messe oder so.«

Daniel Hurrle nickte mechanisch und zeigte auf den mit Weinlaub verzierten Holzstab. »Der gehört meinem Bruder.«

Verena Breuer zwängte sich gerade am Sarg des Königspaars vorbei und schaute verdutzt zu ihrem Kollegen. »Deinem Bruder? Aber was ...«

»Wir haben gestern ein Weinfest gefeiert.« Er wirkte jetzt entschlossener, als ob die Erinnerungen an den Abend auch das Leben in seinen Körper zurückbrachten. »Es sollte etwas Besonderes sein.«

Verena Breuer lehnte am Sarg und musterte ihn aufmerksam.

»Ein Bacchusfest, na, zu Ehren des Weingottes. Wie im antiken Rom.« Er lächelte gezwungen. »Mein Bruder hatte sein Examen als Önologe bestanden, und wir wollten das feiern.«

Sie verdrehte die Augen. »Ich muss mich erst noch dran gewöhnen, dass das Leben für euch Schwaben eine Art Freizeitpark ist.« Verena war erst vor Kurzem aus dem Ruhrgebiet nach Stuttgart gezogen. Sie schaute nun erneut der Spur nach und warf einen Blick hinter den Sarg. »Nichts.«

Daniel erinnerte tatsächlich an eine Statue, nur seine Augen wanderten nervös hin und her.

»Erzähl weiter«, sagte sie und kam auf ihn zu. »Ich hatte sowieso den Verdacht, dass du und dein Bruder, na ja, dass ihr ein wenig seltsam seid.«

Daniel zupfte sich an der Augenbraue herum. »Gestern Nacht, wir hatten uns alle in weiße Gewänder gehüllt, hatten eine große Kutsche dabei, die von zwei Kaltblütern gezogen wurde. Wir waren etwa zwanzig Leute, fast alle aus Uhlbach.«

Verena stand jetzt neben ihm und schaute auf die Weinflaschen zu ihren Füßen. »Weingärtnergenossenschaft Collegium Wirtemberg, die sind von euch?«

»Ja, aus der Monarchie-Troika.«

»Was?«

»Spezielle Weine, die an Königin Katharina, König Wilhelm und Giovanni Salucci erinnern sollen. Riesling für die Königin, Trollinger für den König, für Salucci Rotwein-Cuvée, den hätte ich wohl getrunken, eine wunderbare Kreation aus …«

»Salucci?« Verena formte ihre schmalen Augenbrauen zu einem Fragezeichen.

»Der italienische Baumeister hat die Grabkapelle für den König gebaut, nach dem Tod von Katharina. Der König hat dafür die Stammburg der Württemberger abreißen lassen.«

»Wow, das ist Liebe«, sagte Verena anerkennend.

»Dieses Blut.« Daniel war in die Hocke gegangen. »Es könnte auch von einer Ziege stammen.«

»Klar, oder von einem … Moment, wieso Ziege?«

»Wir haben uns an die antike Tradition gehalten. Die Bacchanten, festlich in weiße Gewänder gekleidet und in Felle gehüllt, hatten meist eine Ziege dabei, die dem Gott des Weines geopfert wurde. Ein Fest zu Ehren des Bacchus, nach der Ernte, weißt du?«

Verena schüttelte den Kopf. »Ihr habt einen Knall. Willst du mir erzählen, dass ihr gestern eine Ziege geschlachtet habt?«

»Das war ein unglaubliches Erlebnis. Die prächtig geschmückte Kutsche, jeder hatte eine Fackel, einige sind nebenher gelaufen. Alles war dunkel, nur wir in den weißen Gewändern mit unseren Fackeln leuchteten hell wie Sterne.« Daniel starrte hinauf zur Kuppel, als ob seine Erinnerungen an die vergangene Nacht dort umherfliegen würden. Das gesiebte Licht, das von oben durch das

Gitter fiel, formte sein Gesicht zu einer kunstvoll verzierten Maske. »Es war wie damals, 1864, als man den König in die Grabkapelle überführte, zu seiner Katharina.« Er machte eine feierliche Pause. »Mein Bruder spielte gestern den Bacchus.«

»Warum nicht du?«

»Er erbt die Weinberge, er ist der Weinbauingenieur, er ist der ältere.« Das klang eingeübt, aber plausibel.

»Und wie ging die Sache aus?«

»Ich bin nicht bis zum Schluss geblieben, wie du weißt, hatte ich heute Morgen Dienst.«

»Klar, ich meine davor?«

»Wir haben Musik gemacht, gesungen, Wein-Dithyramben, also antike Lobgesänge auf den Wein, ein alter Brauch der Griechen. Wenn du willst, kann ich dir …«

»Danke, muss nicht sein.«

»Ja und natürlich gab es jede Menge guten Wein. Dann im Weinberg, unterhalb der Grabkapelle, haben die Mädels die Ziege geschlachtet. Früher haben die Bacchantinnen sogar ihr Blut getrunken und das rohe Fleisch gegessen.«

»Danke, mir wird langsam übel.« Verena deutete ein Würgen an. »Und weiter?«

»Nach dem Opfer geben sich die Bacchanten der Liebe und dem Wein hin, eine Orgie im Weinberg, wenn du so willst.«

»Ah«, sagte Verena, schien aber wenig Verständnis für diese Art von Folklore zu haben. »Und du?«

»Ich bin nach Hause, wie gesagt … der Dienst.«

Sie deutete auf den langen Holzstab, der auf dem Boden lag.

Daniel verstand es als Aufforderung. »Ja, also das ist Sebastians Thyrsusstab, oft sind sie geschmückt und verziert mit Weinlaub und Reben.«

»Warum bist du so sicher, dass es der Stab deines Bruders ist?«

»Bacchus hat den größten Stab, den mit den meisten Verzierungen. Ich habe die Kleidungsstücke selbst aus dem Verleih geholt. In Untertürkheim gibt es einen großen Kostümverleih. Film, Fernsehen, Volksfeste, Fastnacht, die versorgen alle und haben uns sogar geschminkt.«

»Da sind Blut und Haare dran. Ziege, ja? Dann rufe ich mal die

Spurensicherung.« Verena griff nach ihrem Funkgerät. »Und du, willst du nicht bei deinem Bruder anrufen?«

»Ja, klar.«

Sie lächelte. »Was hat eigentlich dein Bruder bei diesem Fest so gemacht? Ich meine, hat er sich auch der Liebe und dem Wein hingegeben?«

Daniel lächelte verlegen. »Ja, er ist wohl mit seiner Muse im Weinberg verschwunden.«

»Hm, Muse? Was meinst du damit?«

»Sie heißt Elke, er hat sie mitgebracht. Die beiden haben zusammen Weinbau studiert in Geisenheim.«

»Dann war dein Bruder vielleicht mit Elke hier unten, nicht?«

Daniel nickte, nahm seine Dienstmütze ab und wischte sich den Schweiß von der Stirn.

Sebastian traf seine Mutter in der Küche an. Der Vater war beim Frühschoppen, ein ewiger Streit, wenn er zurückkam, konnte man den Rest des Tages nichts mehr mit ihm anfangen. Erst abends, wenn das Leuchten seiner roten Nase nachließ, so als ob jemand langsam an einem Dimmer drehen würde, konnte Frederike Hurrle wieder mit ihrem Mann reden. Aber der schlief dabei meistens auf dem Sofa ein.

Die kleine zierliche Frau mit den dunkelblauen Knopfaugen schaute ihren Sohn beunruhigt an. »Du siehst müde aus. Wo wart ihr denn?« Sie beobachtete Sebastian nun genau. »Habt ihr etwa die ganze Nacht durchgefeiert?«

Sebastian hatte sich umgezogen und das weiße Gewand mit den Blutflecken sicherheitshalber in seinem Zimmer versteckt. Eingezogen zwischen Bettdecke und Bezug, dort würde keiner danach suchen. »Ist Elke noch nicht da?«

»Wart ihr denn nicht zusammen?«, hakte seine Mutter nach.

»Doch, doch, sie wollte nur noch eben einen Spaziergang in den Weinbergen machen. Sie findet Uhlbach so … inspirierend.«

Sebastian spürte die Blicke seiner Mutter, war in Gedanken aber bei Elke. Wo konnte sie nur sein?

»Ich gehe sie suchen«, sagte er und gab seiner Mutter einen Kuss auf die Wange.

Elkes Koffer war nicht mehr oben im Zimmer. Vielleicht war sie abgereist? Sicher hatte sie etwas mitbekommen. Die Sache mit Anna ... Sebastian schüttelte den Kopf. Das konnte man ja auch nur falsch verstehen. Er musste unbedingt mit Elke reden, ihr alles erklären. Aber es gab keine Entschuldigung, er hatte sich schließlich von Anna überreden lassen. Nur mal schnell in die Grabkapelle, runter in die Gruft, auf ein Glas Wein. So wie früher, als sie ein Paar waren, sich ewige Liebe geschworen hatten. »Die Liebe höret nimmer auf.« Plötzlich fiel ihm der Satz ein, der auf seinem Unterarm zu lesen war. »... bis in den Tod.« Wie kam der dorthin? Sauber, wie mit einer Schablone, vielleicht aufgespritzt, auf jeden Fall ging der Schriftzug nicht ab. Sebastian dachte an Elke und dann wieder an Anna. Er hatte Streit mit Anna gehabt, sie hatte mehr gewollt, da unten in der Grabkapelle. Sie hatte ihn geküsst und umarmt, immer wieder. Alles war so vertraut. Doch er weigerte sich, schob sie beiseite. Anna wollte das ganze Programm, es gab Streit und dann? Und dann ... war es doch passiert? Sebastian hatte viel von diesem Wilhelm-Trollinger getrunken, sehr viel. Aber dass er sich an gar nichts mehr erinnern konnte? Er dachte, dass er unbedingt Daniel anrufen müsste, vielleicht wusste sein Bruder ja, was mit Elke war. Dann tauchte Anna wieder in seinem Kopf auf, er sah ihr Gesicht wie auf einer großen Leinwand. Ihre minzgrünen Augen verfolgten ihn. »Ich habe sie nicht getötet.« Das sagte Sebastian ganz leise, weil er sich selbst nicht mehr traute. Er schaute an sich herunter. Kein Zweifel, dies war sein Körper. Der Kopf, damit stimmte etwas nicht. Sebastian hatte das Gefühl, sein Leben nur noch zu spielen. Regie führte ein anderer. Er betrachtete sich von außen. Wie einer, der die kurzen Anweisungen für seine Figur einem Bühnenstück entnimmt. Achtung, jetzt Gefühle zeigen und verwirrt wirken, soufflierte ihm jemand.

Nach dem dritten Klingeln nahm sein Bruder ab und sagte: »Sebastian, wo steckst du? Die Polizei ... wir suchen dich. Was um Gottes willen hast du in der Grabkapelle gemacht?«

»Hör zu, habt ihr Anna gefunden?«

»Anna, wieso fragst du das?«

»Sie lag tot neben mir, in der Gruft. Mann, das ist ... Daniel, hörst du mich?«

»Ja, bin noch dran.«

»Du musst mir helfen.« Sebastian setzte sich an den Küchentisch, sah nach draußen auf die Hänge des Götzenbergs, die aussahen, als ob dort einer mit einem riesigen Kamm durchgegangen wäre, und drückte den Hörer fest an sein Ohr.

»Aber was soll das? Da war niemand. Wir haben in der Gruft nur deine Sachen gefunden.« Daniels Stimme wurde nun lauter. »Willst du mir allen Ernstes erklären, dass du Anna umgebracht hast?«

»Nein, du verstehst nicht, sie war da, sie lag da ...«

»Sebastian, hör mir zu.«

Sebastian hatte das Gefühl zu fallen, ganz tief, in ein dunkles, enges Loch, wo viele Hände nach ihm griffen, immer mehr. »Ich ... ich bin neben ihr aufgewacht, und sie war tot. Ich habe keine Ahnung, was passiert ist.«

»Sebastian?«

»Ja, was ist ... hilfst du mir jetzt?«

»Anna ist bei mir. Hier auf der Wache, hast du verstanden?«

»Was?« Sebastian sprang auf und presste den Hörer noch fester an sein Ohr.

»Hast du das verstanden?«, wiederholte sein Bruder. »Anna ist bei mir.«

Auch wenn er es nicht begriff, war Sebastian erleichtert. Jetzt würde alles wieder gut werden. Mit der Linken hatte er die ganze Zeit über in seiner Hosentasche gewühlt. Er zog einen kleinen Zettel heraus. Ein Spruch, der in einem Glückskeks gesteckt hatte, aus dem Chinarestaurant, wo er gestern mit Elke gegessen hatte. »Sie werden viel Glück in persönlichen Dingen haben«, stand dort. Na bitte!

Sebastian fuhr die Strecke durch die Weinberge, die sie mit der Kutsche genommen hatten, gestern, als er noch Bacchus gewesen war. Er hatte das Verdeck seines Mini Coopers geöffnet. Sebastian fuhr direkt unterhalb der Grabkapelle entlang, links und rechts von dem schmalen Weg leuchtete das herbstliche Weinlaub goldgelb und tiefrot und noch ein wenig grün. Das hier war doch sein Paradies! Daran konnte Sebastian sich jetzt wieder erinnern. Wie unter einem Mikroskop sah er nun ein einzelnes Weinblatt, mit seinen pulsierenden Lebensadern. Doch das Sterben kündigte sich hier schon an, der Herbst trachtete nach dem Leben. Ein Kreislauf, dem Anna ... Warum dachte er jetzt an den Tod? Nein! Jetzt würde alles wieder gut werden!

Nur ein Hänger mit einem großen Kunststofftank trübte das Bild. Ganz in Gedanken grüßte Sebastian den Wengerter, der dahinter auftauchte. Hans Bentele begutachtete gerade die kleinen reifen Trauben für den Süßwein. Der sonnige Spätherbst würde den mit Graufäule befallenen Früchten ein besonderes Aroma verleihen. Eine wunderbare Kerner-Beerenauslese würde das geben. Sebastian spürte den Geschmack auf der Zunge, eine Explosion der Sinne, und da hinein klingelte sein Handy, fordernd, wie ein Wecker. Weit weg klang das. Er zog es aus der Tasche, führte es zögernd an sein Ohr und hörte die Mailbox ab. Das war Elkes Stimme, leise und verzerrt.

Sie sagte: »Bitte ... man hat mich hier eingesperrt ... Ich ersticke.« Dreimal hatte Elke auf die Mailbox gesprochen. Ihre Stimme wurde schwächer und schwächer, als ob ihr jemand den Mund mit Klebstoff gefüllt hätte. Warum hatte er dieses verdammte Handy in der Nacht zu Hause gelassen? »Sebastian, ich kriege keine Luft, bitte ...«, flüsterte Elke, dann brach die Stimme ab. Er raste quer durch die bunt leuchtenden Weinberge den Mönchberg hinunter nach Untertürkheim, wo Anna und sein Bruder in der Polizeiwache auf ihn warteten. Sicher würden sie Elke bald finden, ihr Handy orten, wie auch immer.

Sebastian war leichenblass, als er das Polizeirevier betrat. Der kahle Raum war durch einen Tresen getrennt, hinter dem sein Bruder stand und ihm zunickte. Etwas weiter hinten saß Anna an einem Tisch. Ihre Hände waren ineinander verschlungen wie zwei kämpfende Kraken. Sebastian machte einen Schritt auf den Tresen zu, um Anna zu begrüßen, sie besser sehen zu können. Sie sah fürchterlich aus. Immer noch trug sie das weiße Gewand, auf dem die Blutflecke angetrocknet waren. An einigen Stellen war es zerrissen. Ihr Make-up war tränenverschmiert und ihr linkes Auge geschwollen. Sie zuckte zusammen, als Sebastian den Raum hinter dem Tresen betrat.

Sein Bruder hatte ein lächerlich ernstes Gesicht aufgesetzt.

»Sebastian Hurrle, du bist vorläufig festgenommen. Du wirst des Mordes an deiner Freundin Elke Friedheim beschuldigt.«

Sebastian schaute die beiden ungläubig an. »Was soll das? Ich kann jetzt keine Scherze vertragen, ja?«

»Das ist kein Scherz. Anna erhebt schwere Anschuldigungen gegen dich. Sie hat ausgesagt, dass du Elke im Streit erschlagen hast, weil sie dich verlassen wollte. Sie war schwanger und …«

»Sie war was?« Sebastians Beine zitterten, er wollte auf seinen Bruder zugehen.

Der hob abwehrend die Hände. »Setz dich bitte.« Daniel deutete auf einen Stuhl, der vor einer kahlen Betonwand stand. »Ich rate dir, jetzt nichts mehr zu sagen, ich habe nur Annas Anzeige aufgenommen. Sebastian … das ist nun eine Sache für die Kollegen von der Mordkommission.«

»Moment …« Sebastian schaute zu Anna hinüber, die abwesend auf den Boden starrte. »Anna, was hast du ihm erzählt?« Ihr Kopf wackelte, als ob sie in einem fahrenden Zugabteil sitzen würde.

Doch statt Anna antwortete ihm Daniel. »Ihr habt euch von der Gruppe abgesetzt. Anna hat zu Protokoll gegeben, dass sie beobachtet hat, wie du Elke mit dem Thyrsusstab niedergeschlagen hast. Wir haben Haare und Blut sichergestellt.«

»Was soll der Quatsch?«

»Ihr hattet einen Streit. Elke hat dir erzählt, dass sie ein Kind bekommt. Dass es aber von einem anderen ist. Da bist du ausgerastet und hast auf sie eingeschlagen, bis sie sich nicht mehr rührte.«

»Das ist kompletter Wahnsinn«, brüllte Sebastian.

»Ja, das ist es. Als Anna eingreifen wollte, hast du auch sie geschlagen, sie bedroht und schwer verletzt«, sagte Daniel ruhig und beobachtete Sebastian abschätzend. »Du kannst dich an nichts erinnern?« Er nickte seinem Bruder verständnisvoll zu. »Jemand hat euch Pillen in den Wein getan. Als Extrakick für den Bacchus gewissermaßen. Drogenmissbrauch, das ist eine Sache, aber Mord …«

Sebastian warf einen Blick auf Anna, auf ihre zerkratzten, blutverschmierten Arme. Irgendetwas war anders an ihr. Dann sah er seinem Bruder direkt in die Augen. Er bebte am ganzen Leib, wie ein Junkie, der seinen Affen hat. »Wo ist Elke?«

Daniel schwieg.

Sebastian kratzte sich am Arm und sah wieder diesen Satz: »… bis in den Tod.« Seine Augen wanderten über Annas Arme. »Du hast ihn weggemacht!«

»Was meinst du?«, fragte Daniel an Annas Stelle.

»Sie hatte diesen Satz auf dem Arm, ›Die Liebe höret nimmer auf‹.«

»Sebastian, ich sehe nur, dass Anna schwer misshandelt wurde und …«

In diesem Augenblick öffnete sich die Tür zur Wache und Verena Breuer betrat den Raum. Sie nickte Daniel zu.

Wenige Minuten später waren sie am Mönchberg, wo der Wengerter Hans Bentele schon auf sie wartete. Zwei Polizisten hatten den Bereich um den Anhänger abgesperrt. Einer der beiden machte sich gerade mit einer Kettensäge an dem Kunststofftank zu schaffen, der auf der Pritsche stand. Der Tank hatte zwar oben ein kreisrundes Loch, doch der Körper, der dort drinnen lag und jetzt einen grauen Schatten auf den gelblichen Kunststoff zeichnete, konnte so nicht geborgen werden. Als das Loch groß genug war, wurde es still. Der Notarzt untersuchte den Körper und stellte fest, was man ohnehin sah. Elke war tot. Aufgedunsen und wächsern, mit weißer, seifiger Haut. Die Hitze und die angestaute Feuchtigkeit im Tank hatten ihren Körper verändert, die Maden der Schmeißfliege tanzten schon auf ihren Augen. Als sie Elke herauszogen, fiel ihr rechter Arm herunter, und man konnte die Worte immer noch deutlich lesen. »Die Liebe höret nimmer auf«, stand da. In dem braunen, vertrockneten Gras sah sie aus wie ein Fabelwesen aus der Geisterbahn.

Sebastian spürte Übelkeit in sich aufsteigen, diese stechenden Kopfschmerzen, als ob seine Augen auf tausend Nadeln stecken würden. Er schwitzte stark, alles klebte, jemand musste ihn mit Tapetenkleister eingerieben haben, so fühlte sich das an. Sebastian wollte sich aufrichten, doch mit jedem Klingeln wurde der Schmerz schlimmer. Was klingelte da? Irgendwo ganz tief unter ihm oder in ihm lärmte sein Handy. Aber er konnte nicht rangehen. Noch nicht. Es wurde lauter und lauter. Jetzt! Sebastian tastete nach seinem Telefon und hielt es ans Ohr. Er presste ein leises »Hallo« heraus und vernahm sofort dieses kurze Echo »Hallo, -lo, -lo, -lo«. Erst jetzt öffnete er die Augen und sah neben sich Elke in ihrem weißen Gewand liegen. Sie strahlte und warf ihm einen Kuss zu. Sebastian schaute nach oben in das grelle Licht, das durch das Wasseralfinger Gitter wie kleine Locken auf sie herabfiel und schloss sofort wieder die Augen.

»Anna hier«, sagte die Stimme. »Sag mal, wo steckt ihr eigentlich?«

Sebastian atmete tief ein, lachte und öffnete die Augen. Langsam fiel diese Schuld von ihm ab, diese Last, all das, die schrecklichen Bilder wurden blasser.

»Sebastian, hallo?«

Er griff nach dem Wilhelm-Trollinger und nahm einen kräftigen Zug. »Wir müssen wohl eingeschlafen sein«, sagte er.

»Verstehe, die Liebe höret nimmer auf«, flüsterte Anna in sein Ohr.

Sebastian nickte und grinste Elke an. Sie sah wirklich aus wie die junge Katharina, wie die Königin auf den Gemälden, die oben in der Grabkapelle hingen. Das zierliche runde Gesicht, die braunen Locken, diese Augen mit dem selbstbewussten, funkelnden Blick.

»Die Liebe höret nimmer auf, das hast du zu mir auch mal gesagt«, unterbrach Anna seine Gedanken.

»Ich weiß«, sagte Sebastian. Aber da hatte Anna schon aufgelegt.

Gleichzeitig zog Elke ihn zu sich heran. »Ich habe einen Bärenhunger.«

Sebastian hob entschuldigend die Hände und suchte den Boden ab. Neben dem platt gelegenen Haarkranz aus Weinlaub lag ein kleines Päckchen. Das war doch der Glückskeks, den er gestern im Chinarestaurant bekommen hatte. Er brach den Keks auseinander und reichte Elke die beiden Teile. Jetzt hielt er den Zettel zwischen den Fingern und las: »Sie werden viel Glück in persönlichen Dingen haben.«

Elke steckte den Keks in den Mund und ihre Augen tasteten Sebastians Profil ab. »Ich muss dir was sagen«, flüsterte sie.

Ulf Annel

Wein, den es nicht gibt

Mit dem ersten Vierzehn-Uhr-Schlag der Uhr des Erfurter Domes fing der kleine, dicke Mann an zu kotzen. Er hatte es gerade noch so zum Fenster geschafft, aber was er nicht mehr geschafft hatte, war, das Fenster auch zu öffnen. Und so kotzte er das Fensterglas von innen und die Wand unter dem Fenster voll.

Der kleine, dicke Mann kotzte sein Mittagsmenü rückwärts. Drei Kugeln Eis mit Erdbeeren und Sahne, dachte er als Erstes, und ein undefinierbarer bunter Schwall klatschte gegen das Fenster. Thüringer Klöße, Roulade und Rotkraut. Der kleine, dicke Mann wunderte sich, dass er dachte, ihm täten besonders die drei Klöße leid. Er wollte sich mit dem Taschentuch den Mund abwischen, aber es würgte ihn wieder, und er dachte: Die Suppe! Diese zwei Wörter konnte der kleine, dicke Mann immer nur im Cartoon-Ton von Roger Rabbit denken. Falsches Spiel mit Roger Rabbit, dachte der kleine, dicke Mann: Die Suppe! Dann kotzte er sich die Seele aus dem Leib. Blödes Klischee, dachte der kleine, dicke Mann. Die Seele aus dem Leib kotzen. Welche Seele? Und wenn man eine hätte, was würde sie nützen, wenn man sie auskotzen könnte?

Er wollte sich wieder aufrichten, doch sein Magen zwang ihn noch einmal nach vorn. Das musste wohl die Bratwurst mit viel Senf gewesen sein, die er zum zweiten Frühstück genüsslich verdrückt hatte. Sehr schade, dachte der kleine, dicke Mann, ausgesprochen schade.

Er öffnete vorsichtig erst den einen, dann den anderen Fensterflügel, damit ihm nichts vom ehemaligen Mittagessen und dem zweiten Frühstück auf Kleidung und Schuhe tropfen konnte. Als er an sich herabschaute, sah er, dass dies eine vergebliche Mühe gewesen war. Hose und Jacke und die glänzenden Schuhe befanden sich in ganz unglänzendem Zustand. Trotz der frischen Luft, die durch das geöffnete Fenster hereinstrich, roch es widerlich. Aber all das wollte er aushalten, wenn er sich nicht wieder umdrehen und in das Zimmer sehen musste. Das jedoch war unausweichlich. Er wusste und fürchtete es. Er musste sich dieses blutige Bild ansehen und einprägen. Und er musste Gründlich anrufen. Das hier war keine Sache für einen Privatdetektiv. Das war Sache der Polizei. Aber vielleicht konnte ein kleiner Privatdetektiv ja mal wieder der großen Polizei helfen.

Der kleine, dicke Mann sagte laut: Also, mein Lieber, schau genau hin!

Langsam drehte er sich um. Wieder stieg überfallartig Übelkeit in ihm hoch. Er atmete tief, um dem Brechreiz nicht nachzugeben.

Dann sah der kleine, dicke Mann in das Chaos. Rund um die tote junge Frau ein Gemenge von leeren, aber auch ungeöffneten Flaschen, von aufgerissenen Erdnussfliptüten und zerkrümeltem Salzgebäck, von CDs, Glasscherben und Papierfetzen, von zerknüllten Kleidern und mehreren Hosen und Shirts, als wären die Gäste eines Bacchanals Hals über Kopf geflohen. Bacchanal, was für ein Wort. Wer benutzt so etwas heute noch, dachte der kleine, dicke Mann. Hier hat eine Orgie stattgefunden, ein Besäufnis mit hässlichem Ende.

Der kleine, dicke Mann lachte ein trockenes, krächzendes Lachen. Wie absurd, dachte er, doch nicht alles ausgekotzt, mein Gehirn funktioniert wieder: Lauter Kleidung liegt hier herum, aber kein einziges Stück Unterwäsche. Nichts. Vielleicht unter all den Sachen, die auf dem Boden verstreut waren?

Der kleine, dicke Mann registrierte alle Details. Alles, außer der Farbe Rot. Sein Hirn gaukelte ihm Fehlfarben vor. Grün schillernde Flecken auf dem Mädchenkörper. Dunkelgrün war aus den Wunden geflossen und hatte grünschlierige Pfützen neben der Leiche gebildet.

Der kleine, dicke Mann atmete wieder tief ein. Das Mädchen hatte man mit Wein- und Schnapsflaschen drapiert. Sie hielt Flaschen in den Händen. Flaschen waren tief in ihren Mund gesteckt worden und in die Vagina. Eine Flasche ragte aus dem Hintern. Wie im Film, dachte der kleine, dicke Mann. Aber ich bin im falschen Film. Er wischte mit einer Handbewegung den Gedanken weg. Das hier war blutige Realität. Brutale Wirklichkeit.

Das Grün wechselte zu Rot. Die Nackenhaare des kleinen, dicken Mannes sträubten sich. Seine Handrücken kribbelten. Ein untrügliches Zeichen, dass er Witterung aufgenommen hatte. Jetzt war er der Jäger. Und er würde nicht von dem Wild ablassen, bevor er es in die Enge getrieben hatte. Nie würde er es töten. Aber er wollte den Menschen, der hier so unmenschlich gewütet hatte, gefangen sehen.

Was denkst du da nur für einen Mist, sagte er laut zu sich.

Der kleine, dicke Mann verfluchte seine Freundin Heidi, die ihn gebeten hatte, doch mal schnell die Pauline, die Tochter ihrer Freundin Kristina, abzuholen. Friedensstraße 13, erster Stock links, am Klingelschild müsste Wendler, Glücksmann und Hübner stehen, es sei eine Studenten-WG.

Doch mal schnell! Der kleine, dicke Mann grinste verzerrt und stieß Luft durch die Nase. Kristinas Tochter Pauline sei bei einer Party versumpft, wie sich Heidi ausdrückte, versumpft und über Nacht geblieben. Nur abholen und zu Heidi bringen. Die Tochter habe ihren Schlüssel daheim liegen lassen, und Kristina müsse arbeiten, habe einen wichtigen Termin und könne sich nicht selber kümmern. Er war zur angegebenen Adresse gefahren, hatte die Tür offen vorgefunden, war rufend hineingegangen, und dann hatte er gekotzt. In der Friedensstraße mit der Unglückszahl 13 als Hausnummer.

Der kleine, dicke Mann schaute sich noch einmal genau um. Dann gab er sich einen Ruck. Er musste Gründlich holen. Jetzt hätte er, der Handy-Verächter, gern so ein mobiles Telefon gehabt. Er ging in den Korridor, wo er beim Hereinkommen ein Telefon gesehen hatte. Der Anrufbeantworter blinkte. Der kleine, dicke Mann kämpfte kurz mit sich, ob er die Wiedergabetaste drücken solle. Er entschied sich, es nicht zu tun. Er fasste auch das Telefon nicht an. Er hatte schon genug Spuren am Tatort hinterlassen. Der kleine, dicke Mann ging in den Treppenflur und zog die Wohnungstür hinter sich zu. Das Schloss schnappte ein.

Kommissar Gründlich machte seinem Namen alle Ehre. Er sei gründlich wütend, brüllte er. Was sich diese Privatschnüffler erlauben würden, einen Tatort vollzukotzen. Gründlich sauer sei er deswegen. Der kleine, dicke Mann wollte Gründlich auf die zweimalige Verwendung seines Nachnamens hinweisen, zog die Wortmeldung aber sofort zurück, als er Gründlichs Gesichtsausdruck sah. Er möge bitte kurz zeigen, was er angefasst und vollgekotzt habe, sich dann aber umgehend vor die Wohnungstür begeben. Er würde hier nicht mehr gebraucht. Er könne aber gleich draußen warten, damit Gründlich ihn anschließend mit zur Vernehmung nehmen könne. Zu mehr sei er ja wohl nicht in der Lage. Die Kotze würde übrigens barbarisch stinken. Der kleine, dicke Mann schluckte die Beleidigung hinunter. Wenigstens wieder etwas im Magen, dachte er.

Der kleine, dicke Mann stand im Hausflur und schaute durch den Türspalt. Der Arzt kam, ging in die Wohnung hinein und warf ihm die Tür vor der Nase zu. Wie das Telefon bei Chandler, dachte der kleine, dicke Mann, mitten hinein ins Gesicht aufgelegt.

Er ging ein paarmal den Flur hoch und wieder herunter. Alter Tiger im Zoo, sagte er laut. Hin und her. Und wieder her und hin. Der kleine, dicke Mann roch wieder das schillernde Grün, das sich in blutiges Rot verwandelt hatte. Er rümpfte die Nase. Nein, es war etwas anderes. Es roch in diesem Treppenflur wie im Zoo. Er ging hinaus. Fresh-Air-Snäpping, dachte er. Er wunderte sich, was ihm trotz allem noch an Blödsinn einfiel.

Der Vorgarten des Hauses war von einer niedrigen Mauer umgeben. In die Mauer waren runde Metallstangen eingelassen, die eine Art Zaun bildeten. Darauf setzte sich der kleine, dicke Mann. Was bringt einen Menschen dazu, so etwas zu tun, dachte er. Einen Menschen töten und dann dem toten Mädchen Flaschen in die Körperöffnungen stecken. Wer tut so etwas und vor allem, warum?

Eine junge Frau ging auf den Hauseingang zu. Sie grüßte freundlich. Der kleine, dicke Mann fragte, ob sie im Haus wohne. Nein, aber sie hätte gestern Abend dort oben im ersten Stock gefeiert und etwas vergessen.

Sie können da jetzt nicht rein, sagte der kleine, dicke Mann. Wer er sei, ihr das zu verbieten, und ob ihn das was anginge, zickte die junge Frau. Dort oben ist die Polizei, sagte der kleine, dicke Mann.

Warum, fragte die junge Frau, so hoch her sei es ja nun auch nicht gegangen. Ja, sie wären etwas laut und aufgedreht gewesen, aber beschwert hätte sich keiner. Ach, ich verstehe, sagte die Frau dann, der Wichser aus dem Erdgeschoss, zu feige, mal mit dem Besen an die Decke zu klopfen, lieber zur Polizei, wo doch nun alles vorbei sei. Hinterhältige Ratte. Und ein Spanner sei er sowieso. Der würde immer ins gegenüberliegende Haus gehen und durch das Flurfenster ihre Mitstudentinnen begaffen. Ein Speichel sabbernder Voyeur. Mit Blockwartmanieren.

Nun mal langsam, sagte der kleine, dicke Mann. Wie heißen Sie? Bitte.

Weil er so nett gefragt und sogar bitte gesagt hätte, würde sie ihm ihren Namen verraten. Aber nur den Vornamen. Der Nachname würde unter den Datenschutz fallen.

Na und?

Was, na und?

Ihr Name?

Pauline.

Der kleine, dicke Mann ärgerte sich wieder über sein Denken in Klischees, aber ihm fiel nichts Besseres ein, als dass ihm ein Stein vom Herzen geplumpst sei. Pauline wurde ganz starr, als der kleine, dicke Mann sie umarmte und sagte, er sei sehr froh, dann könne er ja Heidis Freundin Kristina ihre Tochter unversehrt zurückbringen.

Ob er einen an der Dattel hätte, keifte Pauline, als sie sich losriss. Ob er vielleicht der Freund vom Wichser aus dem Erdgeschoss sei. Der kleine, dicke Mann versuchte sie zu beruhigen, was ihm nicht gelang, bis er Pauline an den Handgelenken packte, sie kurz schüttelte und sagte: Die Polizei ist da oben, weil eine der drei Bewohnerinnen der WG nicht mehr am Leben ist.

Pauline erstarrte wieder.

Und er sei sehr erleichtert, dass es nicht Pauline sei. Die junge Frau wurde schlagartig blass. Leichenblass, dachte der kleine, dicke Mann und verfluchte sich. Er, der seine Muttersprache über alles liebte und sie gegen jede Art von Schlamperei und Oberflächlichkeit verteidigte, ganz zu schweigen von seinem Kampf gegen jedwedes Denglisch, ausgerechnet ihm fielen nur noch Klischees ein. Leichenblass, so ein Scheiß, dachte er.

Paulines Lippen zitterten. Dann fragte sie: Wieso drei? Dort oben wohnen nur zwei.

Drei, sagte der kleine, dicke Mann. Am Klingelschild stehen Wendler, Glücksmann und Hübner.

Nein, sagte Pauline, Glücksmann ist vor einem Monat ausgezogen. Glücksmann sei außerdem wirklich ein Mann. Andreas Glücksmann, Philosophiestudent. Ein intellektuelles, arrogantes Arschloch erster Güte, ein selbstverliebter Körperfaschist. Da oben würden nur noch Wendy und Mandy wohnen, Ulrike Wendler, genannt Wendy, und eben Mandy Hübner. Aber Mandy sei ja mit rausgeflogen gestern Nacht. Demzufolge könne die Tote nur ihre Mitstudentin Wendy …

Und dann weinte sie. Der kleine, dicke Mann bot seine Schulter zum Ausheulen an. Eine Studentin, dachte er, ein Mädchen, das sein Leben noch vor sich wähnte.

Pauline schluchzte.

Was ist da gestern Abend abgegangen, fragte der kleine, dicke Mann.

Nichts Besonderes. Wir haben gefeiert, Wendys Geburtstag, nachträglich. Pauline schniefte. Zusammen gekocht. Das machen wir immer reihum. Die Gastgeber sorgen für ein schönes Essen, die Gäste bringen die Getränke mit. Zu Geburtstagen eigentlich nur Wein, aber Wendy liebt Whisky. Und Mandy hatte auch noch Wodka vom vorigen Treffen.

Nur Frauen, fragte der kleine, dicke Mann, oder auch …

Nein, halbe-halbe. Vier Frauen, vier Männer. Pauline zögerte.

Und, fragte der kleine, dicke Mann.

Gegen zwölf ist dann der Blödmann aufgetaucht. Andreas.

Welcher Andreas?

Na, der Glücksmann, das Arschloch. Er hatte noch einen Schlüssel. Wendy muss ihm den gelassen haben. Die beiden hatten mal was miteinander, vielleicht hat sie gehofft, dass da noch was laufen könnte, und deswegen der Schlüssel. Wir waren schon etwas angeschickert. Na ja, bisschen was durcheinander getrunken, so beim Kuscheln und Filmgucken und …

Also, sagte der kleine, dicke Mann, ihr wart vier Pärchen.

Pauline stöhnte kurz auf. Wieso das denn? Pärchen, so ein Scheiß. Sind wir Spießer oder was?

Der kleine, dicke Mann guckte irritiert.

So ein Gesicht können Sie sich schenken, sagte Pauline.

Sie solle die Kratzbürste stecken lassen, sagte der kleine, dicke Mann. Das würde gar nichts nützen. Weiter erzählen, das könnte vielleicht helfen, etwas Licht in die Sache zu bringen. Der kleine, dicke Mann verfluchte sich innerlich, weil er gerade ein totes Mädchen als Sache bezeichnet hatte.

Na ja, als der Film zu Ende war, sagte Pauline, hat Kevin vorgeschlagen, ein paar Runden Strip-Poker zu spielen. Aber andersrum.

Wie andersrum, fragte der kleine, dicke Mann.

Für die Treffen machen wir uns immer schick. Die Jungs im Anzug. Die Frauen haben Hosenverbot. Kleid oder Rock und Bluse.

Was daran andersrum sei, fragte der kleine, dicke Mann.

Pauline verdrehte die Augen und zog die Brauen hoch. Andersrum wär die Reihenfolge gewesen beim Ausziehen. Also wer verliert, muss zuerst Unterwäsche abgeben. So als Gaudi. Die Jungs haben bei dem Spiel ein bisschen die Arschkarte.

Wie bitte, sagte der kleine, dicke Mann.

Na ja, die müssten sich doch ganz ausziehen, um an die Unterhose zu kommen. Und das hätte den Vorteil, sagte Pauline, dass die Mädchen sehen würden, was sie im besten Falle zu erwarten hätten. Er solle nicht wieder so gucken. Menschenskinder, würde er aber auf der Leitung stehen. Die Mädchen sehen dann schon mal, welcher Junge wie bestückt ist. Die Mädchen würden nur ihre Slips unter den Kleidern oder Röcken vorziehen und gar nichts gucken lassen. Außer wenn sie einen Jungen anmachen wollten.

Und dieser Andreas, fragte der kleine, dicke Mann, ist da reingeplatzt.

Ja, wir waren schon etwas weiter.

Wie weiter?

Wir waren alle beschäftigt. Miteinander.

Was?

Nicht wieder so ein Gesicht!

Wie bitte?

Alle zusammen miteinander. Jeder mit jedem. Das machen wir wirklich nicht immer. Sonst verteilen wir uns in die Zimmer. Wir hatten einfach zu viel intus.

Einfach, sagte der kleine, dicke Mann.

Wir haben uns einfach gegenseitig hochgeschaukelt.

Rudelbumsen.

Was Sie da für Wörter für kennen! Pauline schien amüsiert zu sein.

Der kleine, dicke Mann atmete tief durch. Und Andreas Glücksmann?

Ausgeflippt ist er, sagte Pauline. Die halbe Einrichtung hat er runtergeschmissen und drauf rumgetrampelt. Er hat uns alle rausgeschmissen, so wie wir waren, halb oder ganz nackt. Auch die Mädchen. Nur Wendy hat er drinbehalten. Der Glücksmann war voll der Brutalo. Der geht ja auch jeden Tag in die Muckibude. Solche Muskeln. Ein Superkörper für einen Philosophiestudenten. Und alles rasiert. Körperfaschist eben.

Der kleine, dicke Mann wollte fragen, woher sie das wisse, aber er verkniff sich die Frage.

Und der Glücksmann war echt krass unter Dampf, sagte Pauline. Der ist Amok gelaufen.

Amok?

Ja, und die Jungs waren so angeschossen, also zu sehr betrunken, die hatten keine Chance gegen den. Der ist total ausgeflippt. Hat dem letzten Jungen sogar ein Messer hinterhergeschmissen. Das vibrierte dann so in der Wohnungstür gegenüber, wie im Film.

Der kleine, dicke Mann fragte, ob denn bei dem Krach keiner im Haus für Ruhe gesorgt hätte. Pauline lachte verächtlich auf. Der Wichser aus dem Erdgeschoss hat mal um den Treppenabsatz rumgeguckt und gerufen, er würde jetzt die Polizei holen. Da hat ihm Mandy ihre Nippel gezeigt und gefragt, ob er lieber die weiter angucken möchte oder die Bullen. Damit hat sie ihn ruhig gekriegt.

Und sonst?

Nichts sonst. Die, bei denen das Messer in der Tür steckte, die scheinen im Urlaub zu sein. Sonst ist das Haus leer. Drei leere Wohnungen. Da könne er einziehen. Na ja, nach ein paar Minuten ist der Glücksmann erschienen und hat unsere Unterwäsche vor die Wohnungstür geschmissen und gnädigerweise die Schlüssel. Aber meiner war nicht dabei. Ich wollte rein, den Schlüssel suchen, aber der Glücksmann schrie nur: Das waren alle Schlüssel. Haut ab!

Und Wendy saß flennend im Korridor. Kevin hat noch gefragt,

ob er ihr helfen könne, aber Wendy hat abgewunken und gesagt, es wär schon in Ordnung, die Fete wäre eh im Eimer und es wär besser, wenn wir nach Hause gehen würden. Und dann hat er sie also umgebracht.

Mal langsam, sagte der kleine, dicke Mann. Und was haben die Rausgeschmissenen gemacht?

Kevin hat die anderen beiden Jungs beruhigt, sagte Pauline, die wollten wieder rein zu Wendy, aber Kevin hat gemeint, wär kein Problem, wir könnten bei ihm schlafen, wär ja fast um die Ecke, und unsere Sachen morgen holen, also heute. Und den paar Leuten, die uns unterwegs gesehen haben, haben wir erzählt, unser Aufzug wär ein Polterabendscherz.

Viel weiter hilft das alles nicht, sagte der kleine, dicke Mann.

Gründlich kam aus dem Haus. Der kleine, dicke Mann stellte ihm Pauline vor. Gründlich bat dann Pauline, sofort mitzukommen, damit er ihre Aussage aufnehmen könne. Sie fragte, ob das nötig sei, sie hätte ja schon alles dem kleinen Dicken da erzählt. Gründlich knurrte den kleinen, dicken Mann an und sagte scheißfreundlich: Wir beide werden uns dann auch noch unterhalten müssen.

Gründlich war immer noch sauer auf den kleinen, dicken Mann. Als dieser dann aber zum dritten Mal beteuerte, dass er am Tatort direkt nichts angefasst habe, beruhigte sich Gründlich langsam. Nicht mal den Anrufbeantworter im Flur habe er gedrückt, obwohl er doch so neugierig gewesen sei. Gründlich schaute den kleinen, dicken Mann über den Brillenrand hinweg an und sagte: Auf dem Anrufbeantworter war ein gewisser Kevin zu hören. Kevin Groß. Mit der Ansage, dass er gleich noch mal kommen und nach Wendy gucken würde.

Und, hat er, fragte der kleine, dicke Mann.

Er behauptet, dass er vor verschlossener Tür gestanden und mehrfach geklingelt habe, aber niemand hätte geöffnet.

Die Tür war offen, als ich kam, sagte der kleine, dicke Mann.

Noch etwas, sagte Gründlich, stand eine Flasche Wein vor der Tür?

Nein. Wieso Wein vor der Tür?

Kevin Groß hat behauptet, er sei mit einer Flasche Wein hin. Er dachte, er könne damit vielleicht den Glücksmann rauslocken, mit ihm einen trinken und dann nach Wendy gucken. Aber als niemand öffnete, habe er die Flasche einfach für Wendy stehen lassen, als Gruß.

Hast du den Wichser aus dem Erdgeschoss befragt, ob er vielleicht die Flasche geklaut hat?

Wie bitte, sagte Gründlich. Seine Augenbrauen schnellten in die Höhe.

Ich weiß nicht, wie der Wichser heißt. Pauline hat ihn so bezeichnet.

Müller. Klaus-Dieter Müller. Und der kleine, dicke Mann solle doch einmal bitte sein Vokabular überprüfen.

Klaus-Dieter Müller? Da kannte ich bisher mindestens drei davon, sagte der kleine, dicke Mann. Nun also vier.

Der Müller, sagte Gründlich, habe alles bestätigt, was auch die jungen Damen und Herren erzählt hätten. Aber er sei dann ins Bett und auch schnell eingeschlafen. Er habe auch dem Alkohol zugesprochen gehabt.

Der kleine, dicke Mann fragte, ob sich dieser Müller wirklich so ausgedrückt hätte: dem Alkohol zugesprochen?

Gründlich blätterte im Vernehmungsprotokoll und sagte: Ja, genau so.

Komische Ausdrucksweise, sagte der kleine, dicke Mann, hätte ich dem Müller nicht zugetraut.

Und Glücksmann?

Gründlich schaute dem kleinen, dicken Mann direkt in die Augen: Andreas Glücksmann ist während der Vernehmung zusammengebrochen, als er hörte, dass Ulrike Wendler ermordet worden sei. Aber er hat nur zugegeben, dass er sie in einem Anfall von Eifersucht vergewaltigt habe.

Der kleine, dicke Mann biss die Zähne fest aufeinander und sog die Luft nach innen. Das Schwein, sagte er. Und sonst?

Sonst nichts. Außer, dass er noch mit der Ulrike Wendler in der Wohnung war, als es klingelte. Er habe ihr den Mund zugehalten, damit sie nicht um Hilfe schreien konnte, und dann habe er sie noch mal …

Musst nicht weiterreden, sagte der kleine, dicke Mann. Das Schwein war's!

Vielleicht auch nicht, sagte Gründlich.

Und das Messer?

Eben, sagte Gründlich, nachgewiesenermaßen die Tatwaffe. Glücksmann hat es als sein eigenes identifiziert. Aber er habe damit Ulrike Wendler nicht ermordet, sagt er. Er sei raus aus der Wohnung, Ulrike Wendler habe noch gelebt, an das Messer habe er, nachdem er es den Partygästen hinterhergeworfen habe, gar nicht mehr gedacht.

Und die Weinflasche vor der Tür, fragte der kleine, dicke Mann.

Davon weiß der Glücksmann nichts.

Sagt er, sagte der kleine, dicke Mann.

Dabei blieb es.

Eine Woche nach Ulrike Wendlers Beerdigung saß der kleine, dicke Mann im Café. Draußen nieselte es. Pauline kam herein, mit Kevin. Als sie den kleinen, dicken Mann sah, wollte sie sofort umdrehen, überlegte es sich dann aber. Das Pärchen kam an den Tisch des kleinen, dicken Mannes und setzte sich.

Scheiße, sagte Pauline.

Der kleine, dicke Mann nickte und sagte: Oberscheiße!

Pauline und Kevin sahen den kleinen, dicken Mann erstaunt an. Anscheinend hatten beide ihm solch einen Kraftausdruck nicht zugetraut. Nach einer Kaffeerunde bestellte Kevin eine Flasche Wein. Sie stießen an. Für Wendy, sagte Pauline. Sie tranken. Pauline verschluckte sich und hustete. Sie wollte etwas sagen, musste aber wieder husten. Dann fragte sie: Welchen Wein hast du eigentlich mitgenommen?

Kevin sah sie fragend an.

In der Mordnacht zu Wendy, welchen Wein?

Den du zur letzten Koch-Fete bei mir mitgebracht hast, war die einzige Flasche, die ich noch hatte.

Pauline sagte: Bingo! Vielleicht kriegen wir das Schwein doch. Der Gründlich hat uns gelöchert wegen der Flasche. Das war Wein, den es gar nicht gibt.

Kevin und der kleine, dicke Mann schauten sich verständnislos an.

Der Wein ist von Muttis Freyburger Bekanntem, Willweber heißt er, sagte Pauline, der macht Wein, sehr guten Wein, aber nur für sich und Freunde, verkaufen darf er den nicht, der Willweber ist nicht in der Winzergenossenschaft. Neuerdings haben seine Weinflaschen nicht mal mehr ein Etikett. Aber die Flasche, die Kevin mitgenommen hat, die hatte eins. Ein Silvaner von 2006. Das Etikett ist eine Kinderzeichnung. Ein kleines Haus, Wolken darüber. Wer die Flasche hat, der ist der Mörder.

Der kleine, dicke Mann wusste genau, wo er diese Flasche gesehen hatte, aber er sagte es nicht. Seine Nackenhaare sträubten sich wieder, und die Handrücken kribbelten. Als der kleine, dicke Mann Kevin ansah, fiel dem förmlich die Farbe aus dem Gesicht. Weiß wie eine Wand, dachte der kleine, dicke Mann. Weiß, wie die Wand hinter Kevin.

Dann sind also meine Fingerabdrücke auf der Flasche, sagte Kevin. Ich schwöre, ich war es nicht. Pauline rückte von ihm ab.

Der kleine, dicke Mann sah Gründlich fragend an. Ja, sagte der, freilich habe er den Kevin Groß in die Mangel genommen. Wegen der Fingerabdrücke. Aber da waren noch mehr auf der Flasche gewesen. Es hat gedauert, alle zuzuordnen, vor allem die von Müller. Der hat erst alles abgestritten, ist dann umgekippt, hat gestanden. Als sie ihn in die Zelle gebracht haben, hat er gebrüllt: Das hätte doch keiner ausgehalten, erst der Krach und das laute Gelächter, dann dauernd die Geräusche von fickenden Leuten, das Geächze, die spitzen Schreie und dann die nackten Weiber auf der Treppe, aufgegeilt hätten die ihn, und die Tür hätte ja sperrangelweit offen gestanden, und die Wendler wär untenrum noch ganz nass gewesen, als er in der Wohnung gestanden hätte.

So genau wollte ich es gar nicht wissen, sagte der kleine, dicke Mann.

Gründlich nickte. Dabei wollte er nur die Flasche reintragen, der Müller. Ordnung machen im Treppenhaus. Die Flasche rein. Und das Messer, das da in der Tür gegenüber steckte. Aber wie die Wendler dann so dagelegen hätte mit Beine breit, da sei er ausgerastet, da hätte er so ne Wut gekriegt. Immer nur zuhören und selber keine haben, das wär doch Psychokrieg, das wär unmenschlich, und da hätte er das Messer ja noch in der Hand gehabt und einfach zugestochen. Und als sie dann so dalag, das Blut überall rausquoll, da habe er nur noch an die anderen da gedacht, die ihm das alles eingebrockt hätten, und er habe alles so hingeschmissen, wie das eben bei einer Orgie aussieht, dass es eben so aussieht, als wären die es gewesen.

Dieser dumme Wichser, sagte der kleine, dicke Mann und schaute Gründlich dabei fest in die Augen.

Ulla Lessmann

Die Spuckerin

»Dieser Nullneuner Weißburgunder offenbart einen müden Abgang«, flüsterte Friederike vor sich hin, rollte den Schluck noch einmal im Mund herum und roch an dem Weinrest in ihrem Glas, bevor sie in den zylinderförmigen Behälter neben dem Tisch mit den Weinflaschen ausspuckte. Dann notierte sie sich etwas im Prospekt des Weingutes.

»Ich mache auch gleich einen müden Abgang«, grummelte Ulrich unhörbar, ohne sein Wortspiel besonders komisch zu finden. Ulrich fand seine Frau mal wieder zum Kotzen, und auch diese Assoziation brachte ihn nicht zum Lächeln.

Friederike probierte seit über einer Stunde systematisch hintereinander weg in einer schon zu Hause festgelegten Reihenfolge die Weine des neuen Jahrgangs ihres zweitliebsten Lieblingswinzers im südpfälzischen Siedeldingen. Genauso systematisch spuckte sie jeden zweiten Schluck der ohnehin nur maximal drei Schlucke großen Proben in den dafür vorgesehenen Behälter. Natürlich erst, nachdem sie den Wein sorgfältig im schräg gegen das Licht gehaltenen Glas betrachtet und intensiv beschnuppert hatte. Sie wälzte den Wein im Mund um und um; ihre gepuderten Wangen dellten sich zu kleinen Golfbällen und Ulrich verspürte den dringenden Wunsch, ihr mit dem Zeigefinger in die Wange zu pieksen.

Natürlich spuckte Friederike diskret, beugte sich tief zu dem Behälter hinunter. Dabei sah sie, das musste Ulrich widerwillig zugeben, wesentlich eleganter aus als die anderen, fast ausnahmslos männlichen Spucker, die aus großer Höhe mit Schwung ausspien und dabei feine Sprühregen an ihre Umgebung und auf das eine oder andere Polohemd verteilten.

Ulrich hasste Friederikes kontrolliertes Probetrinken und hielt gebührenden Abstand von dem ekligen Gespucke. Er fand es unglaublich verschwenderisch.

Er schluckte jede Probe hinunter und achtete darauf, dass er keine Flasche in der langen Reihe auf dem Probiertisch ausließ. Er trank den Wein genauso konsequent wie seine Frau ihn ausspuckte, und deshalb war er nach einer Stunde leicht und angenehm angetrunken. Ulrich fühlte sich wohl, weil er die neuen Weißweine, je mehr er von ihnen probierte, desto besser fand, und weil er so viel trinken konnte, wie er wollte, ohne dass es jemandem auffiel.

Er war beileibe nicht so betrunken, dass er Friederike nicht noch klug und differenziert widersprechen konnte.

»Aber, Friederike«, sagte er nun, um sie zu ärgern und ein bisschen Schwung in diese sterile Atmosphäre des Schnüffelns, Im-Mund-Rumrollens und Ausspuckens zu bringen, »selbst du musst zugeben, dass der Nullsiebener St. Laurent eine unwahrscheinliche Dichte, einen kraftvollen Körper, sensationelle Muskeln und grandiose Energie im Abgang hat. Er erinnert mich intensiv an geraspelte, leicht angeräucherte Cashewkerne, dies aber nur im Abgang.«

Ulrich war stolz auf sich und hätte fast gekichert. Einen solch wunderbaren Satz hatte er lange nicht zustande gebracht. Er schaffte es gerade noch, die Nase ins Glas zu stecken, ehe Friederike sein zufriedenes Grinsen sah.

Den St. Laurent hatte Ulrich überhaupt nicht probiert. Er war mit den Weißweinen beschäftigt und entschlossen, jeden Weißburgunder, Chardonnay, Riesling, Muskateller, Sauvignon Blanc und Grauburgunder zu genießen. Dann wollte er sich langsam an die Großen Gewächse vom Kastanienbusch herantrinken, die er sich nicht leisten konnte und die er deshalb bei den Proben immer besonders langsam trank. Er hoffte, dass die Ausschenker sein Gesicht vergessen hatten, wenn er sich einen zweiten Probeschluck holte. Erst nach den Weißweinen wollte er sich ebenso bedächtig durch die Roten trinken, bevor, vielleicht, noch der eine oder andere Trester drin war. Leider durfte man sich auch bei diesem Winzer auf der Jahrgangsprobe nicht mehr selber bedienen. Der Weinbauer hatte in den vergangenen Jahren zu viele Flaschen bereitstellen müssen, es gab zu viele Betrunkene, zu viele Verkoster, die auf das Hemd ihres Nachbarn spuckten. Die kultivierte Probe hatte allzu oft in einem grölenden Gelage geendet.

Ulrich wollte auf jeden Fall am späten Nachmittag nach Birkweiler zu Friederikes drittliebstem Lieblingswinzer hinüberlaufen. Dort durfte man sich noch selbstständig aus der langen Reihe der neuen Weine bedienen. Die waren aber auch längst nicht so teuer wie die von Friederikes zweitliebstem Lieblingswinzer, ganz abgesehen von den Preisen ihres liebsten Lieblingswinzers, zu dem sie gerne allein gehen konnte. Bei dem war Ulrich schon einmal aufgefallen, weil er sich von einem Großen Gewächs, die Flasche zu sechsunddreißig Euro, zum dritten Mal das Glas voll gegossen – und gesehen hatte, wie der liebste Lieblingswinzer mit Friederike geflüstert hatte. Die hatte Ulrich daraufhin scheinheilig lächelnd an die Hand genommen und in die Pension gebracht.

Friederike sah ihn nun skeptisch an und sagte nichts.

»Wahrscheinlich interessierst du dich bei Weinen nicht für kraftvolle Körper und sensationelle Muskeln«, sagte er darum so kühl wie möglich. Seine Stimme saß noch völlig sicher. Seines Wissens interessierte sich Friederike allerdings seit Jahren auch nicht für menschliche Körper, jedenfalls nicht für seinen, bei dem allerdings auch von Muskeln keine Rede sein konnte.

Friederike war zu beschäftigt. Sie musste gut aussehen, sich elegant anziehen und »auf dem Laufenden« sein, wie sie das nannte. Sie veranstaltete sogenannte »Wein-Kulinarik-Events«. Schon bei dem Wort »Kulinarik« dachte Ulrich ans Kotzen, obwohl ihm die Chardonnay-Spätlese, die er gerade probiert hatte, wirklich schmeckte und er beschlossen hatte, den Ausschenker mit dem Argument um einen zweiten Schluck zu bitten, der erste sei zu klein gewesen, um die Kiwi- und Aprikosenaromen zu riechen. Oder jedenfalls irgendetwas Obstartiges. Das hatte er mitbekommen, dass man derzeit ganze Obstkörbe zitieren musste, wenn man mal in Ruhe ein Glas Wein trinken wollte. Lustlos kaute er auf einem Stück trockenem Brot herum. Genau wie das Spucken hasste er dieses Brot. Angeblich neutralisierte es den Gaumen. Ihm verdarb es den Appetit.

»Ulrich, mein Lieber«, sagte Friederike und sah ihn über ihre Lesebrille hinweg streng an. Immer hoffte Ulrich, die Lesebrille fiele in den Ausguss. Aber das passierte natürlich nie. »Könntest du dich ein ganz klein wenig zurückhalten beim Trinken? Mir und unserem gemeinsamen Einkommen zuliebe? Ich suche, wie du weißt, hier die Weine für meine nächsten Events aus. Ich bin im Gegensatz zu dir nicht zum Vergnügen hier! Ich wäre dir dankbar, wenn du kein Aufsehen erregen würdest.«

Friederike sprach leise und artikuliert, sie konnte gleichzeitig äußerst deutlich und äußerst leise sprechen, und Ulrich hasste diese Messerstimme. Er hasste das Spucken und dieses Sprechen, und er hasste Friederike. Aber sie hatte recht. Sie musste Geld verdienen. Sie verdiente viel Geld. Er wusste, sie wollte ihn als Ehemann behalten, trotz seines wachsenden Bauches und seiner Lust am Weintrinken. Er war nämlich Künstler, und zwar ein ziemlich guter – ein nicht sonderlich erfolgreicher, vermutlich aber kurz vor dem endgültigen Durchbruch stehender Maler. Einer Eventmanagerin stand es glänzend zu Gesicht, wenn sie einen Künstler zum Mann hatte, der zwar keine Muskeln, aber viele ausgezeichnete und unverständliche Kritiken in elitären Kreisen erhielt und Ausstellungen in schicken Weinbistros, auf traditionsreichen Weingütern und in einigen Galerien am Niederrhein und in der Pfalz vorzuweisen hatte. Friederike sagte gerne, wie sehr es sie »erde«, einen von materiellen Überlegungen freien kreativen Geist an ihrer Seite zu wissen. Geist war das richtige Wort, dachte Ulrich oft, wenn er auf irgendeinem ihrer Events herumstand, bei dem er meistens am Anfang schon auf Vorrat trank, weil der Wein am Ende nie für Genießer wie ihn reichte. Dann lächelte er ein wenig schüchtern und weltfremd. Das konnte er gut, und trotz leichtem Bauchansatz und ausgedehntem Weinkonsum war er ein guter Maler. Und nur sehr selten wirklich betrunken. Fand er. Außerdem, das musste selbst Friederike zugeben, blieb er freundlich und wurde nicht aggressiv, wenn auch ein ganz klein wenig redselig. Manchmal wurde seine Stimme höher.

»Ich versuche hier«, zischte Friederike weiter und drängte ihn mit ihrem schlanken, trainierten Körper vom Tisch mit den Weinflaschen weg, »die Weine für den fünfundsiebzigsten Geburtstag von Professor Doktor Breuer und die Hochzeit von Schulze-Brüdersamen und die Hauseinweihung von Gräfin Duweißtschon auszuwählen, und muss mich darauf konzentrieren, wer was bei wem gerne trinkt oder nicht. Ich bitte dich nachdrücklich, mich nicht in dieser Konzentration zu stören. Geh doch bitte solange in den Hof. Setz dich unter den Sonnenschirm und iss eine Bratwurst.«

»Ja, ich weiß«, sagte Ulrich, trank den Chardonnay aus und spürte eine sich zusammenkugelnde Wut im Magen. »Ich weiß, ich weiß! Professor Breuer trinkt keinen Weißwein, aber vor dem Essen gerne einen trockenen Sherry. Sein Assistent Franz sagt zu einem Weißwein nicht Nein, wenn es später als achtzehn Uhr ist und draußen nicht zu kalt. Ulla Schulze trinkt keinen Alkohol vor zwölf Uhr, greift aber schon mal zu einem Whisky, wenn es dämmert.«

Seine Stimme wurde lauter. Die ersten Verkoster reagierten mit hochgezogenen Augenbrauen und demonstrativem Weggucken, während Friederike hektisch an seinem Ärmel zog und versuchte, ihn auf den Hof hinauszuziehen.

»Richard Brüdersamen mag Rotwein, wenn er kein Tannin enthält. Sabine Gräfin Irgendwie will auf Bier nicht verzichten, trinkt aber, wenn keines im Hause ist, auch schon mal einen Sekt, wenn er nicht zu trocken ist. W. trinkt am liebsten Prosecco, wenn die Sonne scheint, und nach dem Essen einen Grappa. Frau Breuer hasst Grappa, trinkt aber Weißwein, wenn er nicht zu kalt ist. Jochen Schneider trinkt Rotwein, wenn er schwer ist, während Theo Schulze schwere Rotweine verabscheut und nur Rosé trinkt, allerdings nicht im Winter. G. mag gerne Sekt am Sonntag, aber unter der Woche trinkt sie Beuteltee! Peter Graf Irgendwo hasst Beuteltees und trinkt italienische Rotweine, wenn es keine französischen gibt, während seine Geliebte nur deutsche Rotweine trinkt, wenn sie von der Ahr kommen, und kalifornische Weißweine, die aber nur im Herbst.«

Ulrich holte tief Luft. Er ließ sich von Friederike am Ärmel ziehen, während er mit unnatürlich hoher Stimme flüsterte: »Dein Vetter Lothar verschmäht selten einen Champagner, aber nur zu besonderen Gelegenheiten, und trinkt ansonsten Milchkaffee, aber nicht aus dem Glas. Deine Freundin Ines hasst Milchkaffee, sagt aber nie Nein zu einem Chardonnay, wenn er aus der Pfalz kommt, während mein Galerist in Landau nur sizilianischen Weißwein trinkt und deine Tante Marlene nur dann Rotwein mag, wenn es Winter ist und später als einundzwanzig Uhr.«

Friederike schubste ihn auf dem Hof auf eine Bank, setzte sich neben ihn, streichelte hektisch seine Hand und machte »Sch, sch, sch«, während sie nervöse Blicke in den Probierraum schickte, um zu kontrollieren, ob jemand zu ihnen hersah. Niemand tat das.

Ulrich sprach manisch in diesem hochstimmigen Singsang weiter: »Verena von gegenüber mag nur dunkles Bier, wenn sie alleine ist, in Gesellschaft trinkt sie leicht kohlensäurehaltiges Wasser, wenn es nicht direkt aus dem Kühlschrank kommt, meine Nichte Christel mag am Wochenende nur südafrikanische Rotweine, und ihre Schwester Adelheid trinkt nach zehn Uhr fünfzehn Leitungswasser, wenn es aus dem Bergischen Land kommt.«

Ulrich verstummte abrupt, blickte sich um, blinzelte in die tief stehende Sonne, dann kamen ihm die Tränen. Er war völlig überrascht, sich im Hof wiederzufinden. Hatte er eine Art Anfall erlitten? Friederike erhob sich, strich ihren Rock glatt und die Haare hinter die Ohren, schob die Lesebrille auf den Scheitel und ging betont gelassen zurück in den Probierraum. Huch, dachte Ulrich, ein Wort, das normalerweise nicht in seinem Sprachgebrauch vorkam, was ist mir da passiert? Ich trinke vielleicht wirklich zu viel. Aber Friederike hat sich geärgert, das ist es wert. Und überhaupt, ich bin erwachsen, ich trinke so viel, wie ich will und was ich will und …

»Mit uns können sie's ja machen. Das ist heute so. Und auf dem Röntgenbild sieht man dann nichts.«

Ulrich schaute verdutzt auf die ältere Dame, die plötzlich neben ihm auf der Bank saß. In dem schön gepflasterten Hof des alten Weingutes standen die Tische und Bänke unter Sonnenschirmen, außer Ulrich und der Frau saß aber niemand dort. Alle Besucher standen im Probierraum. Die Frau sah Ulrich aus sehr blauen Augen an. »Nicht wahr?«

»Sicher«, sagte Ulrich, »wenn man auf dem Röntgenbild nichts sieht, ist ja alles okay.«

»Ich hole uns jetzt was richtig Gutes«, sagte die Frau und lief ins Gutshaus. Ulrich kicherte. Das klang, als ob sie Schnaps holen wollte. Der lief bei Trinkern unter »richtig Gutes«. Aber er mochte keinen Schnaps, ganz selten einen Trester. Er war kein Trinker. Er mochte eben Rieslingspätlesen aus der Südpfalz und vorhin diesen Chardonnay, und den St. Laurent immer. Und er liebte ganz besonders einen bestimmten Rieslingsekt aus Leinsweiler, den Friederike »dünnwandig« fand.

Ohne Friederike, dachte Ulrich, wäre das Leben eigentlich schöner. Ich könnte trinken und malen und trinken und malen. Keiner würde meckern. Und das Geld? Ich könnte erben, dachte Ulrich, ich könnte mit ihr zu ihrem liebsten Lieblingswinzer gehen, die kann mich ja nicht einsperren. Dann frage ich ihn, ob wir eine Fassprobe von dem Spätburgunder im Gewölbekeller nehmen können. Das kann er nicht ablehnen, weil Friederike eine sehr gute Kundin ist. Friederike kann das auch nicht ablehnen, weil sie weiß, dass ich dann den Säufer gebe und das Glas am Bauch statt am Stil anfasse. Das ist ihr furchtbar peinlich, und deshalb geht Friederike dann auf ihren albernen Wackelschuhen vor mir her die steile Treppe hinunter, und ich kann ihr ganz unauffällig einen winzigen Schubs geben und sie stolpert … Aber dann sitzt sie nachher bloß im Rollstuhl, und ich schiebe sie durch die Gegend. Es gibt keine Garantie dafür, dass sie tot ist. Aber ich könnte es versuchen. Und wenn sie wirklich im Rollstuhl landet, hat das auch sein Gutes. Sie könnte mich dann nicht mehr ständig beobachten, wenn ich auf ihren blöden Kulinarik-Events auf Vorrat trinke.

Er streckte seine Beine aus, sah über seinen gewölbten Bauch hinweg in die blühenden Rhododendronbüsche in der Hofeinfahrt und stieß leise auf. Vielleicht sollte er eine Bratwurst essen. Er war überrascht und ein wenig stolz, dass er Friederike all diese Trinkgewohnheiten hatte aufzählen können. Das könnte ein alkoholkrankes Hirn bestimmt nicht. Diese Aufzählung war sein Test, dass er noch voll im Bilde war, und das war offensichtlich der Fall.

Die Frau war zurückgekommen. Sie hielt einen Weinkühler samt Flasche in der einen, zwei Sektgläser in der anderen Hand. Es sah ziemlich professionell aus. »Früher sagte man, ein Gläschen in Ehren kann niemand verwehren«, sagte sie und setzte sich neben Ulrich, »wenn man am helllichten Tag mit jemandem anstoßen wollte, weil sich das für ältere Damen nicht gehört. Da braucht man eine offizielle Begründung, und Ehre kommt immer gut an, wenn man sich schon vorm Mittagessen einen hinter die Binde kippen will. Das sagt übrigens auch kein Mensch mehr: ›Einen hinter die Binde kippen‹.«

Sie goss ein, etwas hellrosa-pinkfarbig Prickelndes. »Heute sagt man, ›der hat wohl ein Alkoholproblem‹, während man früher sagte ›der säuft wie ein Loch‹ oder ›der trinkt schon mal gerne einen über den Durst‹. Ich finde das interessant, wie sich die Sprache im Laufe des Lebens so verändert, obwohl Alkohol Alkohol bleibt und genauso wirkt wie früher. Sherry gibt's bei mir aber erst am Nachmittag.«

Sie hob ihr Glas, Ulrich tat es ihr nach. Sie stießen an. »Handgerüttelte Burgunder-Cuvée von meinem Neffen drüben in Godramstein«, sagte die Frau, »hat keiner gemerkt, dass ich die hier reingeschmuggelt habe. Das macht man eigentlich nicht, aber ich kenne mich hier seit meiner Kindheit aus und weiß, wo die Kühlschränke stehen. Und ich dachte, wenn mir jemand Sympathisches begegnet ...«

Sie grinste jetzt und Ulrich sah, dass sie zwar grauhaarig und ein wenig faltig, aber noch keine Greisin war, was man wahrscheinlich auch nicht mehr sagte. Eher war sie Anfang siebzig, wirkte schmal und für ihre Generation relativ groß. Er fand sie amüsant und der Sekt schmeckte ihm ausgezeichnet.

»Ist diese Spuckerei nicht furchtbar?«, flüsterte die Frau vertraulich, nickte vage Richtung Probierraum und nippte an ihrem Sekt. »Natürlich, die Profis aus der Gastronomie und dem Weinhandel, die müssen das machen, sonst sind sie ständig sturzbetrunken. Aber die sogenannten Weinkenner, die das nachmachen, das ist doch affig! Sagt man noch ›affig‹? Ich meine, wenn man zur Jahrgangsprobe kommt, fährt man doch sowieso hinterher nicht mehr Auto und könnte das Trinken mal so richtig genießen.«

Ulrich trank in einvernehmlichem Schweigen mit der Frau. Vor seinem inneren Auge sah er, wie Friederike sich zu tief über den Ausgussbehälter beugte, wie er ihren Kopf hineindrückte, wie sie sich hysterisch aufrichtete, mit dem Behälter um den Kopf geklemmt, wie die rote Weinbrühe an ihr herunterlief wie Blut, sich in ihr cremefarbenes Seidentop fraß, sich auf ihrem bordeauxroten kniefreien Satinrock ausbreitete, in ihre fersenfreien High Heels lief. Noch blieben ihm nur blutrünstige Phantasien, die rein farblich immer hübscher wurden, wenn er viel trank. Schließlich war er Maler, und manche Kritiker schwärmten von seinem Rot.

Er fühlte sich wohler als je zuvor an diesem Tag. Gerade wollte er etwas sagen, als er merkte, dass die Frau schon wieder weg war. Ihr Glas stand aber noch halb voll auf dem Tisch. Er schenkte sich nach. Köstlich, einfach köstlich, das konnte eigentlich gar kein Alkohol sein. Was wohl mit ihrem Röntgenbild los war?

Die Frau kam wieder aus dem Gutshaus heraus, hatte zwei Teller mit Bratwürsten in der Hand, auch Brot und Besteck dabei. Tolle Person.

»Danke«, sagte Ulrich und begann zu essen, »das ist wirklich nett von Ihnen, ich bin übrigens Ulrich Feldhuisen, mit ui, angenehm.«

Die Frau legte ihr Besteck auf den Tisch: »Hetty Überholz, mit Ypsilon, auch angenehm. Doch nicht der Maler Feldhuisen?«

Ulrich verschluckte sich fast. Er war nicht völlig unbekannt, das nicht, er stellte aus und war in zwei Galerien vertreten, aber dass jemand seinen Namen kannte, geschah selten.

»Ja, das bin ich«, sagte er ein bisschen verlegen und schnitt sich noch ein Stück Bratwurst ab.

Hetty Überholz hob ihr Glas, um mit ihm anzustoßen: »Das freut mich aber jetzt wirklich, ich habe Ihre Bilder in Landau gesehen. Na, so was, und jetzt begegnen wir uns hier zufällig. Und Sie sind so zurückhaltend und bescheiden.«

Ulrich trank und lächelte vor sich hin. Hier traf er mal jemanden, der überhaupt nicht in Friederikes Kunden- und Bekanntenkreise passte, der trotzdem sehr viel von Wein und Genuss verstand, der Ulrich Feldhuisen kannte und offenbar einen Neffen hatte, der großartige Burgundersekte produzierte.

»Was war nun mit Ihrem Röntgenbild los, wenn Sie die Frage gestatten?«, fragte Ulrich, während er aus dem Augenwinkel einen warnenden Blick von Friederike auffing, die wohl entdeckt hatte, dass er hier ein Fläschchen kredenzt bekam. Sollte sie doch, diese genussfeindliche Spuckerin, sollte sie doch austrocknen, sollte sie doch am trockenen Brot ersticken!

Hetty Überholz nahm einen kleinen Schluck, aß bedächtig ihre Bratwurst auf und sagte: »Jetzt sagen sie ja, man soll ein mündiger

Patient sein und sich alles trauen und ›Halbgötter in Weiß‹ gibt es nicht mehr, weil es auch viele Ärztinnen gibt und ›Halbgöttinnen‹ kann man nicht aussprechen. Aber diese Ärzte mit den schlohweißen Haaren, die sind eben imponierend, denen ist unsereins einfach nicht gewachsen in dem Sinne, dass man fragt, was mit einem eigentlich los ist. Ich meine, die halten einen doch für schwierig, wenn man sagt: ›Hören Sie mal, ich verstehe kein Wort von dem, was Sie mir erzählen, aber mein Bauch ist immer noch an der einen Stelle so hart, und Ihre Tabletten haben nichts genutzt.‹ Dann sitzt man da im Nachthemd im Krankenhausbett und ist nicht mündig. Das ist doch das Problem, dass der da steht mit seinem schlohweißen Haar wie die im Fernsehen und guckt auf einen runter, und man war ja nicht vorher beim Friseur, und dann lächelt der gütig, und man versteht ihn nicht, und dann fragt man hinterher die Schwester, und die sagt ›Das müssen Sie den Arzt fragen‹!«

Ulrich unterhielt sich bestens. Er fand zwar die Erzählweise von Hetty Überholz gewöhnungsbedürftig, aber er liebte Frauen, die sich ihm anvertrauten, etwas, was Friederike seit Jahren nicht mehr tat. Er fand Hetty Überholz beruhigend und vertrauenerweckend.

»Die Leber vielleicht?«, fragte er leise. Er rückte etwas näher an sie heran und sah ihr in die Augen. Sie hatte harte Augen, aber schon blickte sie wieder an ihm vorbei in die Probierstube.

»Na, auf dem Röntgenbild war eben nichts, aber mit unsereins versuchen sie es. Haben Sie Lust, mit mir nach Birkweiler rüberzulaufen?«, fragte sie. »Man soll sich ja bewegen, gerade wenn man ein bisschen was getrunken hat. Wir könnten beim …«

Ulrich war schon aufgestanden. Genau, jetzt gingen sie zu Friederikes drittliebstem Lieblingswinzer, bei dem es keine Ausschenker gab. Das hatte er ja ohnehin vorgehabt und zwar ohne Friederike und ihre Spuckerei, und überhaupt gab es dort viel weniger von diesen widerlichen Spuckern.

Die Sektflasche war leer, was ihn wunderte, na gut, hatte er eben etwas mehr getrunken als sonst. Diese Hetty war einfach reizend und wirklich an ihm interessiert, und gab es nicht heutzutage Frauen, die jüngere Männer mochten? Er war siebenundvierzig, kein Alter, sie war vielleicht siebzig, und dieses hellblaue Wickelkleid war zwar nicht topmodisch, aber auch nicht gerade eine Kittelschürze, und sie war nicht dick und hatte eine schöne, ziemlich glatte Haut.

Er ging in den Probierraum, um Friederike Bescheid zu geben, dass er die Lokalität wechseln wollte, zögerte aber. Warum eigentlich sollte er ihr das mitteilen? Sie würde doch nur sagen, er sollte weniger trinken und lieber ins Bett gehen.

Nein, er würde mit Hetty Überholz einen schönen Nachmittag verbringen, gut trinken und über ihre Leber und ihre Ärzte plaudern. Bestimmt hatte sie noch andere Geschichten zu erzählen und vielleicht konnte er seine Magenbeschwerden unauffällig anbringen oder sein Gefühl, dass er manchmal den Faden verlor.

Bevor er wieder hinausging, sah er, dass Friederike gerade an einem Rosé roch, und sofort hatte er die Vision, ihr Gesicht würde im Glas stecken bleiben, das Glas würde sich festsaugen und sie müsste den Rest ihres Lebens mit einem mitten im Gesicht festgesaugten Weinglas herumlaufen.

Erst jetzt sah er Hetty Überholz neben ihr stehen. Er hatte sie gar nicht hineingehen sehen, aber vielleicht wollte sie jemanden begrüßen. »Nein«, hörte er Friederikes Messerstimme, »alles wie geplant.«

Hetty Überholz kam lächelnd auf ihn zu.

»Kennen Sie meine Frau?«, fragte Ulrich verwirrt, seine Stimme rutschte hoch.

»Ihre Frau?«, machte Hetty und betrachtete neugierig eine rundliche, rotwangige Brünette neben sich. »Ich wusste gar nicht, dass Sie Ihre Frau dabeihaben.«

Das ist nicht meine Frau, wollte Ulrich sagen. Aber er hatte keine Lust dazu. Die Formulierung »dabeihaben« gefiel ihm, normalerweise dachten die Leute, Friederike habe ihn »dabei«.

Ohne Friederike noch einmal anzusehen ging er in den Hof hinaus. Hetty blieb an seiner Seite. Er bemerkte zum ersten Mal, dass sie ein wenig größer war als er und modische Pumps trug. Er spürte, dass sein Gleichgewichtsgefühl ein wenig beeinträchtigt war. Aber als Hetty sich vertraulich bei ihm einhakte, fühlte er sich wieder sicher. Sie liefen an bunten Bauerngärten vorbei. »Ich baue hauptsächlich Salat an«, plauderte Hetty, während sie auf dem schmalen Bürgersteig an der Landstraße so gerade eben noch nebeneinander passten. Ulrich registrierte in einem Gehirnwinkel Hettys erstaunlich muskulösen Oberschenkel an seinem, vergaß ihn aber sofort wieder und hörte ihr zu. »Man muss alles selber züchten wegen dem Gift, das sie in den Supermärkten am Salat und an den Radieschen gemessen haben. Deshalb züchten auch alle Radieschen, obwohl da bei mir nie was dran ist. Da kommen Blätter raus und sehen aus wie Radieschenblätter, und man zieht, und unten ist nichts! Da gehen die Schnecken nicht dran, die wissen wohl, dass da nichts dran ist.«

Ulrich Feldhuisen fühlte sich sauwohl, leicht schwankend rülpste er leise und summte vor sich hin. Sauwohl, dachte er, das ist mir lange nicht passiert. Dieses ständige Gequatsche über intensive Frucht mit faszinierender Nase, mineralisch unterlegte Röstaromen und elegante Pheromone macht mich krank. Deshalb trinke ich so viel. Kein Wunder, dass ich Friederike nach dem Leben trachte. Aber das hat Zeit, und vielleicht lass ich es auch sein, züchte Radieschen und tue mich mit Hetty und ihrem Neffen zusammen. Wir trinken den ganzen Tag Burgunder-Cuvée, so etwas Wunderbares kann ihrer und meiner Leber doch nur guttun.

Nach wenigen Minuten betraten sie den Hof von Friederikes liebstem Lieblingswinzer. Gut gekleidete Menschen mit Weingläsern standen plaudernd herum, im Probierraum wurde gespuckt, die Tür zum Gewölbekeller stand offen. Ulrich erinnerte sich, dass er eigentlich zu Friederikes drittliebstem Lieblingswinzer gewollt hatte, bei dem es keine Ausschenker und weniger Spucker gab. Aber bevor er etwas sagen konnte, führte Hetty ihn mit sanftem Armdruck zum Probiertisch. Suchend und kritisch musterte sie die Flaschen.

»Habt ihr den Spätburgunder noch nicht abgefüllt?«, fragte sie.

»Nein«, der Lehrjunge schüttelte den Kopf, »den gibt's aber als Fassprobe, der Chef ist unten.«

Ulrich hasste Fassproben, an denen man sich nicht betrinken konnte, doch Hetty hatte ihn schon Richtung Kellertür bugsiert.

»Es ist nur wegen meines Neffen, ich habe ihm versprochen, ein bisschen zu spionieren. Wenn wir wieder oben sind, gehen wir beide drei Häuser weiter und machen mal so richtig einen drauf, versprochen, dann ist Schluss mit der Nipperei. Wir kippen uns einen hinter die Binde, dann ist es ja auch bald dunkel und gehört sich wieder.«

Sie zwinkerte ihm zu, und er wusste, dass sie ihn verstand. Ulrich steuerte gehorsam auf die Kellertür zu, betrat die erste Stufe der rutschigen alten Treppe mit den abschüssigen Stufen, spürte einen Moment Hettys kühle Hand in seinem Nacken, drehte sich überrascht um – und bevor er fiel, dachte er noch, wie merkwürdig kalt doch ihre blauen Augen waren.

Friederikes liebster Lieblingswinzer stand ratlos mit seinen besten Kunden vor der Leiche, die mit verdrehtem Kopf vor seinem Spätburgunderfass lag, und fragte sich verzweifelt, wie er seiner liebsten Lieblingskundin beibringen sollte, dass ihr sinnlos besoffener Künstlergatte von seiner historischen Treppe gefallen war. Er konnte sich noch sehr gut an die vergangenen Jahre erinnern, in denen dieser Mann, der jeden Wein dreimal probierte, um angeblich »mineralisch unterlegte Aprikosenaromen« zu erschnuppern, ihm ungefragt mehrfach versichert hatte, dass er Fassproben hasse und hoffe, seine Frau würde sich auf ihren Stöckelschuhen auf der Kellertreppe nicht das Genick brechen. Der Winzer hatte allerdings den Eindruck gehabt, der Künstler wünsche sich nichts sehnlicher als genau das, und hatte Friederike beim Abstieg stets fürsorglich an die Hand genommen.

Friederike Klübermais, seit einer halben Stunde verwitwete Feldhuisen, saß auf einer Bank hinter dem Weingut ihres zweitliebsten Lieblingswinzers, nippte an einer Godramsteiner Burgunder-Cuvée und blinzelte verträumt in die über den sanft hügeligen Weinbergen verschimmernde Sonne.

»Wie schön und friedlich«, seufzte sie. »Und Sie sind sicher, dass er nicht gelitten hat?«

Hetty Überholz nahm einen großen Schluck aus ihrem Glas.

»Ganz sicher«, sagte sie. »Sie haben Profiarbeit bestellt und Profiarbeit bekommen, wie, bleibt Berufsgeheimnis. Niemand wird merken, dass sein Genick gebrochen war, bevor er am Fuße der

Treppe ankam, denn sein Blutalkoholgehalt wird Erklärung genug sein.«

»Er wurde wirklich zu peinlich fürs Geschäft. Und ich hatte gerade heute das Gefühl, er wollte mir zuvorkommen«, sagte Friederike und schob ihre Lesebrille auf den Scheitel. »Es ist wie mit der Weinproduktion: Man braucht einen unverwechselbaren Markenkern, eine eindeutige Stilistik. Witwe eines Künstlers, die sich seinem Werk widmet und sich mit ihren ›Wein-Kulinarik-Events‹ tapfer durchschlägt.«

Sie lehnte sich zurück und schaute melancholisch in die Weinberge. »Das ist ein perfektes, sehr anziehendes Image. Sein tragischer Tod wird seine Bilder richtig teuer machen, und ich bin sicher, dass sich einige Winzer erkenntlich zeigen, wenn meine Tragödie in den Medien geschildert wird und man erfährt, wie glücklich mein geliebter Mann in seinen letzten Stunden auf den Prädikatsweingütern der Südpfalz war. Und wie er inmitten seines Weingenusses plötzlich aus dem Leben gerissen wurde.«

Friederike leerte ihr Glas.

»Auch Sie sind ein Profi«, sagte Hetty Überholz, die nicht Hetty Überholz hieß, nahm ihre graue Perücke ab, schüttelte ihr kurzes Blondhaar, pulte sich die Kontaktlinsen aus den Augen und wickelte sich aus dem hellblauen Jerseykleid, unter dem sie Leggings und T-Shirt trug. »Der Burgundersekt ist übrigens wirklich von einem, wenn auch sehr entfernt verwandten, Neffen aus Godramstein«, sagte sie, während sie sich mit dem Jerseykleid die Falten aus dem Gesicht wischte. »Ist sein bester Wein. Danke für die Gage – wenn Sie mich mal wieder brauchen … Sie werden wenige Profikiller mit Doppelqualifikation als Schauspielerin finden.«

Sie wickelte die Sektgläser in das Kleid, stopfte die Rolle in einen Rucksack und joggte über die Weinberge Richtung Frankweiler davon.

Friederike schlenderte ums Haus herum zurück in den Hof und wartete darauf, dass ihr jemand die traurige Nachricht überbrachte. Bis dahin konnte sie sicher noch die Muskateller-Spätlese probieren, die vermutlich perfekt zum Dessert des Hochzeitsdinners von Schulze-Brüdersamen passen würde.

Brigitte Glaser

Amoltern sehen und sterben

Viscontis Film war an allem schuld: der schöne blonde Junge im Ringelhemd, Mann und Mahler, unstillbare Sehnsucht und gefühlswirres Tanderadei. Letzteres ergriff mich, als wir auf der Abschlussfahrt der Winzerschule Weinsberg mit dem Vaporetto durch die Kanäle der Lagunenstadt fuhren. Öchslegrad und Restzucker, CO_2-Bilanz und virtueller Wasserverbrauch, Barrique-Ausbau, Edelstahlfass, Korken, Schraubverschlüsse, Selbstvermarktung oder Winzergenossenschaft, all das, womit wir uns in den letzten Monaten beschäftigt hatten, verschwamm im trüben Wasser der Lagunen. Umnebelt von Gefühlsduseleien und Herzeleid kam es mir mit einem Mal so erbärmlich vor, dass der Wein alles sein sollte, um das es in meinem Leben ging.

Mit dem Geruch von Vergänglichkeit in der Nase und weit weg von den heimischen Weinbergen in Amoltern erschienen mir auch meine drei erfolglosen Bewerbungen um den Posten der Kaiserstuhl-Tuniberg-Weinprinzessin in neuem Licht. Ich hatte mich maßlos über die Jury geärgert, die mir, obwohl ich bei der theoretischen und praktischen Prüfung glänzend abschnitt, keine Chance gegeben hatte. »Weisch, Mädli«, hatte es einer der Prüfer auf den Punkt gebracht, »dr Wii verkaufsch nid mit d'm Kopf, do bruucht's ä feins G'sichtli und ä nett's Dirndl.«

Sollte ich mir etwa Botox spritzen lassen, um den Kaiserstühler Wein zu vertreten? Und in einem Dirndl mein viel zu dünnes rechtes Bein und den Klumpfuß zur Schau stellen? Da konnte man so klug sein, wie man wollte, als weiblicher Quasimodo wurde man keine Weinprinzessin. Wieso eigentlich nicht?, schrie ich in Amoltern die menschenleeren Weinberge an. Ist der Weinanbau nicht ein verdammt hartes Geschäft? Passte zu einem ehrlichen Wein eine ehrliche Haut nicht viel besser als diese weichgespülten, auf riesigen Farbfotos blank polierten Weinprinzessinnengesichter?

Hier in Venedig kam mir meine Empörung lächerlich vor. Verletzte Eitelkeit, weiter nichts. In der Lagunenstadt zählte der Zauber des Augenblicks. Ein letzter Sonnenstrahl auf dem Wasser, der Duft von welken Lilien, das traurige Lied eines Gondoliere. Hier spürte man, wie endlich alles war. Eine vielleicht kitschige, aber auch friedliche, versöhnliche Stimmung erfasste mich. Und dann, wie aus den Nebeln dieser morbiden Stadt aufgetaucht, lehnte plötzlich Herbert Dollinger neben mir, schob die Sonnenbrille nach oben, streifte meinen Arm und seufzte: »Venedig sehen und sterben, des isches, Rosi!«

Genau das hatte ich in diesem Augenblick auch gedacht, Herbert sprach mir aus der Seele, und das verwirrte mich noch mehr. Nicht der Satz, eher die Tatsache, dass Herbert ihn zu mir sagte und dabei sehnsüchtig lächelte. Mit einem Klumpfuß lächeln einen keine Männer an. Deshalb traf mich dieser Blick ungeschützt, und mein ausgetrocknetes Herz saugte sich sofort mit diesem sehnsüchtigen Herbert-Lächeln voll. Wie dämlich ich war! Wie blind! Heute weiß ich, dass dieses Lächeln so falsch wie seine Armani-Sonnenbrille, so oberflächlich wie sein gestählter Körper, es der erste Giftpfeil war, den mir der schöne Herbert ins Herz schoss. Damals aber perlte es wie feinster Kaiserstuhl-Sekt und versprach endlich mal Glück und keinen Kater.

Als der Bus sich auf der Rückfahrt die Alpen hochquälte, schäkerte Herbert wie schon auf der Hinfahrt mit Elsbeth Räpple, während ich mir auf dem Brave-Mädchen-Platz direkt hinter dem Busfahrer sicher war, dass Herberts Herz ebenso voll von mir wie meines voll von ihm war und ihn das Geplänkel mit Elsbeth nur von diesem Wunder ablenken sollte.

»Mir sehe uns, Rosi, ade dann!«, verabschiedete er sich in Weinsberg vor der Winzerschule von mir und hieb mir seine kräftige Hand auf die Schulter.

»Säl isch sicher«, flüsterte ich, den Herzschmerz niederkämpfend, als er Arm in Arm mit Elsbeth Räpple von dannen zog. »Ganz b'schtimmt.«

Ob nun erbärmlich oder nicht, zurück in Amoltern wurde der Wein schnell wieder zu meinem Lebensinhalt. Dreieinhalb Hektar besaßen meine Eltern, der größte Teil davon in Amoltern und Endingen, und, durch klugen Zukauf in den letzten Jahren, ungefähr einen weiteren halben Hektar beste Kaiserstuhllagen im Sasbacher Eichert, im Bischoffinger Rosenkranz und im Schelinger Kirchberg. Erstaunlicherweise störte mich das Hinkebein bei der Arbeit in den Weinbergen nie, selbst nach stundenlangem Rebenschneiden oder tagelanger Weinlese spürte ich es nicht. Dafür jedes Mal, wenn auf einem der vielen Weinfeste zum Tanz aufgespielt wurde. Im Festzelt wusste niemand so gut wie ich, wie lang und hart eine Bierbank war, wenn auf der Bühne geschwoft wurde und ich als Einzige darauf sitzen blieb.

Glück im Spiel, Pech in der Liebe, dieser blöde Spruch traf exakt auf mich zu, wenn man »Glück im Spiel« durch unternehmerisches Geschick ersetzte. Nachdem ich meinen Vater, einen begnadeten Kellermeister, überredet hatte, nur noch im Keller zu arbeiten, umhegte ich die jungen Rebstöcke und hatte ein feines Händchen für unsere alten Reben. Der Erfolg ließ nicht lange auf sich warten. Unsere Grauburgunder mauserten sich zu den besten des Kaiserstuhls, Preise flogen uns zu, und die Fachpresse überhäufte uns mit Lob.

So blieb es nicht aus, dass in regelmäßigen Abständen heiratswillige Winzerkollegen bei mir anklopften. Man lud mich zu einem Winzerball, zum Essen in den Schwarzen Adler oder in die Sonne ein, protzte mit seinem Können, redete die eigene, schmale Mitgift groß, malte mich schön, lockte mit der Aussicht auf gesunde Kinder und eine glänzende gemeinsame Zukunft. Nichts, was mich beeindruckte, ich wusste Bescheid. Bei einer guten Partie half der Glanz des Geldes, über den Klumpfuß hinwegzusehen. Ich ließ mich zwar von ihnen über die Tanzfläche schleifen oder sie im Schwarzen Adler die Rechnung begleichen, gab aber selbst Kollegen, bei denen zumindest Achtung und Respekt für meine Arbeit durchschimmerten, keine Chance. Die wütenden Attacken meines Vaters, sein einziges Kind würde als alte Jungfer enden und das Weingut erbenlos hinterlassen, ignorierte ich genauso wie das vorwurfsvolle Seufzen meiner Mutter, die nicht müde wurde zu betonen, dass es doch auch für mein Töpfchen ein Deckelchen geben müsse, ich die Suche danach auf gar keinen Fall aufgeben dürfe.

Wenn ich in den Reben die Triebe hochband oder die Blätter um die Gescheine herum ausdünnte, dachte ich manchmal an Herbert, der für einen winzigen Augenblick in Venedig das Deckelchen für mein Töpfchen gewesen war. Seit der Abschlussfahrt hatte ich ihn nicht mehr gesehen. Über andere Klassenkameraden hörte ich gelegentlich von ihm, wusste, dass er mit seinem Bruder den elterlichen Betrieb im Achertal bestellte und ganz anständigen Spätburgunder machte. Wenn ich mit meinem Sauerburger durch die Reben pflügte und sich dessen Tuckern mit der Erinnerung an die Vaporetti mischte, tauchte sein Gesicht gelegentlich vor mir auf, und ich sah ihn lächeln und hörte ihn »Venedig sehen und sterben« flüstern. Dann verschwand er wieder für Wochen aus meinem Kopf, schließlich gab es in Feld und Keller genug zu tun.

Schon seit Längerem plagten wir uns mit dem Problem der Vermarktung. Wir brauchten einen Vertreter, der unsere Weine deutschlandweit vertreiben konnte, hatten aber noch niemand Zuverlässigen gefunden. Und genau hier tauchte Herbert wieder in meinem Leben auf. Eines Abends entdeckte ich seinen Namen in der elektronischen Post. Durch eine Rundmail an seine ehemaligen Klassenkameraden teilte er mit, dass er nicht weiter im elterlichen Betrieb arbeite, sich stattdessen als Vertreter kleiner, hochklassiger Weingüter betätige. Ich zögerte keinen Augenblick und lud ihn zu uns ein.

»So sieht man sich wieder, Rosi!« Wie damals hieb mir Herbert seine kräftige Hand auf die Schultern und setzte ein breites Vertreter-Lächeln auf. Was sollte er auch anderes tun, wo meine Eltern neben mir standen?

Ich ließ Vater die Verhandlungen führen. Herbert punktete mit Kontakten zu guten deutschen Weinhändlern und überzeugte mit einer von ihm selbst betriebenen Versandstation. Letzteres war für uns ausschlaggebend, denn das Verpacken und Verschicken von Wein war in unserem Betrieb die Arbeit meiner Mutter, die den vermehrten Nachfragen schon jetzt kaum nachkam und zudem über Kreuzweh und andere Zipperlein klagte. Kränkeln tat sie schon ihr ganzes Leben, deshalb hatte es sie auch überfordert, in meiner Kindheit, als Hopfen und Malz noch nicht verloren waren, meinen Klumpfuß behandeln zu lassen. Für Korrekturen war es jetzt zu spät, die Chance verspielt, ohne Hinkebein durchs Leben zu gehen. Vielleicht kann ich mich, wenn sie alt und wirklich krank ist, dafür revanchieren.

Eine Degustation unserer besten Grauburgunder zeigte mir, wie zufrieden mein Vater mit dem Abschluss der Verhandlungen war. Herbert kostete und lobte und bat danach meine Mutter um ein Bett für die Nacht und mich um einen Spaziergang durch unsere Weinberge.

In der Luft hing der Duft von roten und rosafarbenen Pfingst-rosen, als wir die Dorfstraße in Richtung Weinberge schlenderten. Ich zählte Herbert die Lagen des Dorfes auf: Eichert und Geist-grub, Halde, Steinfelsen und Lug ins Land, zeigte ihm stolz unsere Weinberge, berichtete ihm, was ich seit unserem Besuch in der Winzerschule verändert hatte. Herbert war ein aufmerksamer und kundiger Zuhörer. Vertieft in Fachgespräche kletterten wir immer höher, ließen die Weinberge hinter uns, tauchten in den schattigen Eichenwald ein, schnupperten den Duft von jungem Bärlauch und kamen erst vor der Katharinenkapelle zum Stehen.

»Schön habt ihr's hier, Rosi, wirklich!«

»Da muesch erscht mal von oben gucken«, schlug ich vor und stieg mit Herbert den Glockenturm hinauf.

Die Sonne versank rot hinter den Vogesen, als silbernes Band schlängelte sich der Rhein glitzernd durch die Ebene. Nach Süden hin zogen sich die sanften, vulkanischen Hügel der Schelinger Matten bis hoch zum Vogelskopf, im Osten schimmerte blau der Schwarzwald, und im Norden, direkt unter uns, schmiegte sich mein Heimatort an die frisch ergrünten Weinfelder. Häuser und Kirche, Straßen und Gärten spielzeugklein, ein Dorf wie aus dem Bilderbuch.

Herbert beugte sich weit über die Balustrade des Turms, breite-te die Arme aus, saugte, zwischen Himmel und Erde hängend, die sanfte Abendluft in sich ein und sagte dann: »Mannomann, Rosi. Des isch besser als Gondeln und Kanäle.«

Dann drehte er sich um und sah mich mit diesem sehnsüchtigen Venedig-Lächeln an und strahlte, gefährlicher als das Atomkraftwerk in Fessenheim, in mein mal wieder schutzloses Herz. Tief in mir spürte ich deutlich, dass solch ein Strahlen nur einem Menschen gelten konnte, den man liebte. Ich fühlte, wie meine fehlerhafte Hülle von mir abfiel, weil Herbert meine innere Schönheit sehen konnte.

Auf dem Rückweg lobte Herbert die botanische Vielfalt unserer Weinbergböden, wo jetzt im Frühling der gelbe Milchstern, Wolfsmilch und Taubnesseln in herrlichen Farben blühten, er schwärmte von dem hervorragenden Wein, den mein Vater machte, und schlug vor, dass wir die Etiketten ändern sollten.

»Was hältsch von rot, Rosi? Des wär doch ä richtiges Eyecatcherle, was meinsch?«

Ich war ihm dankbar, dass er das Gespräch auf Geschäftliches brachte, weil sich die gewaltigen Gefühle auf dem Turm überhaupt nicht in Worte fassen ließen. Und natürlich verstand ich die Botschaft, die er mir mit den roten Etiketten schickte. Rot, die Farbe der Liebe ... So holte ich nach unserer Rückkehr eine Flasche Spätburgunder aus dem Keller, der einzige Rotwein, den wir in kleiner Menge anbauten. Und Herbert verstand auch meine Botschaft, als er schnüffelte und schlürfte und dann meinte: »Nid schlecht, Herr Schpecht, Rosi. Aber da isch noch mehr drin, aus dem konn mr noch mehr mache!«

Ab diesem Zeitpunkt telefonierten wir und sahen uns regelmäßig. Herbert verkaufte unseren Wein mit einer Begeisterung und einem Engagement, die weit über das Übliche hinausgingen. Auch ohne dass er ein Wort darüber verlor, wusste ich, dass er in unsere gemeinsame Zukunft investierte. Schon sah ich uns im Altweibersommer Arm in Arm über die Kaiserstühler Weinfeste schlendern. Schon wischte ich das gehässige Getuschel über den Kraftkerl und die Krüppelfrau wie ein lästiges Insekt von den Schultern, jetzt sicher, dass Herbert die Schönheit meines Herzens kannte. Aber noch war diese Vorstellung Zukunftsmusik, noch hatte Herbert mir seine Liebe nicht erklärt. Das änderte sich erst, als Kevin Weber aus Ihringen anfing, mir den Hof zu machen.

Es war Gedankenübertragung, dass Herbert ausgerechnet an dem Abend bei uns vorbeikam, als Kevin mich zu einem Essen in den Schwarzen Adler abholte. (Ich ließ mich immer in den Schwarzen Adler führen, weil er das vornehmste Lokal des Kaiserstuhls war.) Mehr als Gedankenübertragung, Seelenverwandtschaft, wahre Liebe war das. Denn der Blick, den Herbert Kevin schickte, sprach Bände. Hätte die darin liegende Eifersucht Funken sprühen können, unser ganzer Hof wäre in Flammen gestanden. So wunderte ich mich nicht, dass Herbert bei meiner Rückkehr noch da war. Er hatte mehr als eine Flasche Grauburgunder geleert, und während sich Vater schon leicht schwankend auf den Weg ins Bett machte, fragte Herbert, ob ich noch ein paar Schritte mit ihm durch die Nacht gehen wolle.

Ein sahneweißer Vollmond beschien die menschenleere Dorfstraße, wo man nur den Gleichklang von drei Füßen und ein leises Schleifen hörte. Auch ohne dass Herbert mich berührte, hüllte er mich vollkommen ein.

»Ä gueder G'schichtleverzähler isch er, dinner Vader«, begann Herbert.

Ich nickte und wartete darauf, dass er weiterredete. Er musste sich mehrfach räuspern, bis ihm dies gelang.

»Weisch, Rosi, ich dät mich nie in deine privade Ang'legeheite iimische, aber beim Kevin Weber ischd Vorsicht gebode. Dem sinner Betrieb isch hoch verschuldet. Der isch nur hinder dinnem Geld her.«

Ich nickte, sah zum Mond hoch und lächelte in mich hinein. Mach schon weiter, Herbert, du kannst dich ruhig trauen, mir deine Liebe zu gestehen, versuchte ich ihm in Gedanken Mut zu machen, aber er reagierte nicht. Er müsse jetzt aufbrechen, sagte er bei unserer Rückkehr, bedankte sich für den Spaziergang und fuhr davon.

In dieser Nacht schlief ich nicht, weil ich mir Herberts Verhalten nicht erklären konnte, aber am nächsten Morgen lichteten sich die Nebel. Herbert würde mich niemals fragen, ob ich seine Frau werden würde, weil er wusste, wie viele dies des Geldes wegen schon getan hatten. Mit seiner reinen Liebe zu mir wollte er sich nicht in die Reihe der Mitgiftjäger stellen. Diese ritterliche Haltung rührte mich zutiefst, und ich verstand: Es war an mir, ihn zu fragen! Ob ich bereits einen Verlobungsring für ihn aussuchen sollte? Ob ich schon ein breiteres Bett kaufen, mit den Eltern über das Altenteil reden sollte? So viele Fragen, so viele schöne Fragen, die wohl überlegt sein wollten. Und wo sollte ich ihm den Antrag machen? Auf keinen Fall im Schwarzen Adler, das war klar, aber wo sonst? Ich ging in Gedanken alle Restaurants mit romantischen Biergärten und lauschigen Weinlauben durch, keines erschien mir für Herbert gut genug. Und dann wusste ich es: die Katharinenkapelle, der schönste Ort zwischen Himmel und Erde, genau dort würde ich ihn fragen, ob er mich heiraten wollte. Tagelang überlegte ich an den Sätzen, feilte an jedem Wort, zweifelte daran, ob sie mir vor Aufregung überhaupt über die Lippen kommen würden. Sollte ich ihm nicht einfach nur den Ring überreichen, den ich schon bei einem Freiburger Juwelier gekauft hatte? Sagte das nicht mehr als tausend Worte?

Und dann kam der Brief. Handschriftlich an mich adressiert, mit einem teuren Umschlag aus champagnerfarbenem Papier. Herbert schickte nur ausgedruckte Rechnungen, er schrieb mir nie. Ob er diese altmodische Form gewählt hatte, um sich mir zu erklären? Mein Herz hüpfte bis zum Hals, als ich den Umschlag öffnete. Niemals, wirklich niemals hätte ich mit dem Inhalt des Briefes gerechnet.

»Liebe Klassenkameraden der Winzerschule, bei uns kündigt sich Nachwuchs an, deshalb heiraten wir und wollen mit euch feiern. Herbert und Elsbeth.«

Und darunter, handschriftlich: »P.S. Zum Hauptgang gibt es euren 2006 Lug ins Land – Grauburgunder. Keiner macht so guten Grauburgunder wie ihr. Freu mich, wenn du kommst. Herbert.«

Ich weiß nicht mehr, wie ich den Tag zu Ende brachte, wie ein Gespenst muss ich durch die Gegend getorkelt sein. Später wunderte ich mich, dass mich niemand auf meinen Zustand angesprochen hatte. Jeder hätte doch den Dolch sehen müssen, der mir im Herz steckte.

Das zerfetzte Herz ließ mich nächtelang nicht schlafen, tagelang nichts essen. In den Weinbergen ließ ich den Tränen freien Lauf, traktierte den harten Boden mit meiner Wut und Verzweiflung. Immer wieder sah ich hoch zur Katharinenkapelle, deren Turm Erlösung von all meinen Schmerzen versprach. Aber irgendetwas in mir wehrte sich gegen diesen Weg.

Nach ein paar verzweifelten Tagen beruhigte ich mich, weil ich plötzlich wusste, was zu tun war. So erzählte ich den Eltern und Nachbarn von Herberts Hochzeitsplänen und so ganz nebenbei davon, wie gerne er immer wieder zur Katharinenkapelle hochgestiegen war. Und wie das so ist, meinten sich einige tatsächlich zu erinnern, wie Herbert durch die Weinberge hinauf zum Wald gelaufen war. Dann kam der schwerste Schritt: Ich rief Herbert an, gratulierte ihm zu seiner Hochzeit, versprach zu kommen. Außerdem bat ich ihn um einen baldigen Besuch, weil ich ein neues Stück alten Endinger Weinberg pachten wolle, aber noch unsicher sei und deshalb seine Meinung dazu hören wolle.

»Des mach ich doch gärn, Rosi. Ich bin in dr nächscht Woche eh in der Gegend.«

Telefonisch bat ich Herbert, sein Auto am Dorfeingang zu parken. Er wunderte sich auch nicht, dass ich dort auf ihn wartete und ihn nicht zu uns auf den Hof bat. Er war freundlich wie immer und merkte überhaupt nicht, wie sehr ich mich seit unserem letzten Treffen verändert hatte. Ich erzählte ihm, dass ich sehr in Eile sei und dass man den Weinberg am allerbesten von der Katharinenkapelle sehe, ich heute die Strecke leider nicht mit ihm laufen könne, da mein Klumpfuß zu sehr schmerze.

»Dann fahre mr halt so weit's geht mit däm Audo! Isch doch gar kein Problem.«

»Mir könnes au so mache«, schlug ich vor, »du gehsch z' Fueß, weil ich noch schnell mit d'r Rebschul' telefoniere muess. Dann treffe mir uns obe bii d'r Kapell!«

»Wie's dir am beschte passt, Rosi!«

Wie beabsichtigt hatte uns niemand zusammen gesehen. Die Eltern und Nachbarn »wussten«, dass ich auf dem Weg zu Kevin Weber war, mit dem ich mich schon vor einigen Tagen für diesen Termin verabredet hatte. Er würde mir gerne einen Gefallen tun und bei Bedarf mein Alibi sein.

Eine Stunde später traf ich Herbert bei der Kapelle. Ich hatte meinen Stock, ein bisher unnützes Geschenk meiner Mutter, dabei.

»Isch's so schlimm?«, fragte Herbert und schaute mich an, und jetzt sah ich, dass in seinem Blick nur Mitleid war. Immer nur Mitleid gewesen war, nie Liebe. Um nicht zu schreien, hetzte ich vor ihm die Treppe zum Turm hinauf. Er folgte unbekümmert und leichtfüßig.

»Du muesch dich ein bissl vorschtrecke, um den Weinberg richtig zu sehe«, presste ich atemlos hervor, »guck nach rechts in Richtung Endingen.«

Und Herbert beugte sich weit vor. Es war ein Leichtes, ihm mit dem Stock die Füße wegzuziehen. Er war zu überrascht, um sich noch festzuhalten.

»Des hesch du dir doch immer g'wünscht, mein Schätzele«, flüsterte ich, als ich ihn unterhalb des Turmes liegen sah: »Amoltern sehen und sterben.«

Horst Eckert

Ex und hopp in Würzburg

Susanne Berg wusste nicht recht, was ihr an der Leiche nicht gefiel, die auf den Betonplatten lag. Zu wenig Blut, die Augen geschlossen – vielleicht war es das.

Es war ungemütlich hier draußen in der oberen Zellerau, trotz des Blicks auf die Weinlage Am Stein. Der Wind hatte aufgefrischt, der Frost hatte nun auch Unterfranken erreicht – es würde Glatteis geben, warnten die Nachrichten. Susannes Hals kratzte.

Kollege Kranewitter hob die Videokamera, um den Fundort zu dokumentieren. Susanne ging der gestrige Abend durch den Kopf. Weihnachtsfeier, im Präsidium war es hoch hergegangen. Dunkel erinnerte sie sich, dass sie mit dem Blondschopf geknutscht hatte. Die Chefin des KK11 und ihr Mitarbeiter – Susanne konnte nur hoffen, dass Kranewitter sich nicht etwas einbildete. Sie musste niesen und stopfte sich die Enden des Wollschals fester in den Kragen ihrer Regenjacke.

Der Rechtsmediziner ächzte, als er sich neben dem Toten niederkniete, der drei Stockwerke unterhalb eines geöffneten Fensters im Licht der Scheinwerfer lag. Erste Schneeflocken taumelten aus dem abendlichen Himmel und schmolzen bei der Berührung mit dem Toten, der nichts als einen Bademantel aus dünner, schwarzer Seide trug und noch warm war.

Fast als hätte man ihn so hindrapiert, dachte Susanne. Eine seltsam gekrümmte Haltung für einen, der unbeobachtet in den Tod gesprungen war: die Knie leicht angezogen, die Arme parallel zum Körper, der Kopf mit den grauen Stoppelhaaren in den Nacken gebeugt.

Der Rechtsmediziner nickte den Bestattern zu und streifte die Latexhandschuhe ab. Zu Susanne sagte er: »Keine Anzeichen von Fremdeinwirkung.«

Missmutig schleuderte der Weißkittel die Handschuhe in seinen

Koffer. Die Vorstellung im Mainfranken-Theater drohte, ohne ihn zu beginnen – oder was immer der Arzt an diesem Abend noch vorhatte.

Die Bestatter legten die Bahre neben dem Toten ab und öffneten den Reißverschluss des Leichensacks. Das Geräusch erinnerte Susanne an die Campingurlaube ihrer Jugendzeit.

»Wann ist es Ihrer Meinung nach passiert?«, fragte sie.

»Vor zwei Stunden, plus/minus fünfzehn Minuten.«

»Sicher?«

»Wir haben die Temperaturwerte des Körpers und seiner Umgebung und können das ziemlich genau berechnen. Müssten Sie doch auch gelernt haben.«

Arroganter Arsch, dachte Susanne. Sie deutete in Richtung Leiche – die Bestatter mussten die Beine gerade drücken, um sie in den Sack zu bekommen. »Aber nach zwei Stunden beginnt erst die Leichenstarre, und zwar ganz allmählich. Hier ist sie schon ausgeprägt.«

»Ein Fall von kataleptischer Erstarrung.« Der Arzt knüllte seinen Overall zusammen und stopfte ihn in den Koffer. »Kommt vor«, brummte er und eilte zu seinem Porsche.

Thorsten Kranewitter trat neben Susanne. Er riecht anders als gestern, dachte sie. Rasierwasser, nicht Glühwein.

»Die Spurensicherung ist fertig mit der Wohnung«, sagte er, den Blick auf den Toten gerichtet. »Keine Fingerabdrücke. Nicht am Griff, nicht am Fensterbrett und auch nicht am Rahmen.«

»Keine verwertbaren?«

»Nein, gar keine. Alles offenbar sauber abgewischt.«

Susanne wandte sich um. Der Rechtsmediziner ließ gerade den Kofferraumdeckel zuknallen.

»Doktor ...«, rief sie ihm zu. Sie hatte den Namen vergessen.

»Is' was?«

»Sieht aus, als bräuchten wir doch 'ne Obduktion.«

Der Arzt musterte sie missmutig. »Morgen früh geht es nicht.«

Sie antwortete: »Dann jetzt gleich.«

Die Bullen waren höflich zu ihr, fand Claudia Lerch. Die Ermittlungen leitete eine Frau um die vierzig, die ihre Figur unter einem rustikalen Wollpulli verbarg. Die Chefin der Mordkommission war bereits die Zweite, die Claudia in einem schäbig möblierten und schlecht geheizten Dienstzimmer vernahm.

»So, so, das Rebstock«, sagte die Kommissarin, die sich als Susanne Berg vorgestellt hatte. »Was gab's denn Gutes zu essen, Frau Lerch?«

Die Spulen des kleinen Aufnahmegeräts drehten sich mit leisem Knirschen.

»Blumenkohlterrine mit Spargel und Rotbarbenfilet, danach Kalbsfilet an Trüffelsauce«, antwortete Claudia.

Kopfschmerzen quälten sie. Ihre Migräne, die sie im Winter öfter plagte als sonst. Ohne auf die Uhr zu sehen, schätzte Claudia, dass Mitternacht schon vorüber war. Sie sehnte sich nach ihren Tabletten, die in ihrem Büro lagen. Excedrin, das einzige Mittel, das zuverlässig gegen ihre Anfälle half.

»Und Dreierlei von der Schokolade zum Dessert. Das hab ich alles bereits Ihren Kollegen erzählt.« Wichtiger fand sie, was es zu trinken gegeben hatte: den Randersackerer Lump, ein Großes Gewächs aus Silvanertrauben, den Volkacher Karthäuser, einen reinsortigen Weißburgunder, und zum Nachtisch eine Rieslaner Trockenbeerenauslese von 1993 – das Beste, was das Weingut Conradi zu bieten hatte.

Berg nickte. »Und wer saß mit Ihnen am Tisch?«

Die Bullen nervten. Sie lassen mich schmoren, dachte Claudia. Spekulieren darauf, dass ich mich in Widersprüche verwickle. Claudia kannte diese Spielchen aus zahllosen Fernsehkrimis und sie wunderte sich nicht – wer sonst hatte ein solches Mordmotiv?

Sie schilderte der Ermittlerin die letzten Stunden in allen Details. Conradi hatte zum fünfzigjährigen Jubiläum seines Betriebs einen exklusiven Kreis wichtiger Geschäftspartner eingeladen. Als Grafikerin, die mit großem Erfolg die Etiketten gestaltete, hatte sie neben Conradi gesessen, der sie unverhohlen umwarb, seit sie sich von Markus getrennt hatte. Abgesehen von Conradi war es nett gewesen.

Die Tafel im gediegenen Hotelrestaurant war prominent besetzt gewesen. Zwei Dutzend erstklassiger Zeugen würden bestätigen, dass Claudia zur fraglichen Zeit für keinen Moment den Tisch verlassen hatte. Vor allem der Weinkritiker des Gault Millau auf der anderen Seite der Tafel würde sich an sie erinnern – ihr Dekolleté war der Hingucker des Abends gewesen.

Danach sei sie zu Markus gefahren und habe entdeckt, dass er aus dem Fenster gesprungen war.

Die Polizistin nieste in ihr Taschentuch, dann fragte sie: »Was wollten Sie bei ihm?«

»Ich habe noch ein paar Sachen dort«, erklärte Claudia – immerhin war es bis vor sechs Wochen auch ihre Wohnung gewesen.

»Stimmt es, dass Sie auch am Nachmittag bei Ihrem Mann waren?« Der lauernde Blick der Kommissarin erinnerte Claudia an die Leiterin ihrer Schule, die früher jedes Mal so geguckt hatte, wenn Claudia etwas ausgefressen hatte.

»Wir hatten wegen der Scheidung etwas zu besprechen. Aber auch das habe ich Ihren Kollegen schon gesagt.«

Die Schnüffler hatten die Nachbarn im Haus befragt und waren auf die alte Schmidt gestoßen, die in der Wohnung gegenüber bei jedem Geräusch am Spion lauerte.

»Und dabei hat es Streit gegeben.«

Diese Schmidt sollte man auch aus dem Fenster stoßen, dachte Claudia. Eines Tages würde das Ohr der greisen Hexe noch an der Wand festwachsen.

»Glauben Sie nicht alles, was Frau Schmidt behauptet. Die Dame übertreibt.«

»Sie behauptet, sie hätten schon öfter gedroht, ihn umzubringen.«

»Er hat *mir* gedroht. Und wenn er mal nicht davon sprach, mich umzubringen, dann faselte er etwas von Selbstmord. Zuletzt waren das seine Lieblingsthemen. Markus war krank und unberechenbar. Erwarten Sie bitte nicht, Frau Berg, dass ich die trauernde Hinterbliebene spiele. Ehrlich gesagt, ich bin froh, dass er gesprungen ist. Auch wenn ich nicht vermutet hätte, dass er etwas von dem Unsinn wahr machen würde, den er so gern von sich gab.«

»Es gibt Zweifel daran, dass Ihr Mann sich selbst getötet hat.«

»Markus hat mir damit gedroht, dass er es wie Mord aussehen lassen wollte.«

Es klopfte an der Bürotür. Ein jüngerer Beamter steckte seinen blonden Schopf ins Zimmer und winkte. Die Mordermittlerin reagierte nicht weiter.

Claudia sagte: »Markus hat die Fingerabdrücke abgewischt, bevor er sprang, stimmt's? Sie wären nicht die Erste, die auf ihn reinfallen würde. Er machte nichts ohne Berechnung. Markus war schlau und bösartig bis zu seinem Tod. Zum Glück saß ich im Rebstock, als er es tat.«

Die Kommissarin nickte, dann erhob sie sich und folgte dem blonden Polizisten nach draußen.

Susanne schnäuzte sich in ihr Tempo, dann fuhr sie Thorsten Kranewitter an: »Können die von der Haustechnik das Scheißpräsidium nicht anständig heizen?«

Der junge Kollege war nicht allein. Am Ende des Gangs traktierte Schranz den Kaffeeautomaten mit Boxhieben. Schranz war gut darin. Er war Stammgast in einer Muckibude.

Thorsten erwiderte: »Du hättest erst mal die Obduktionshalle erleben sollen.«

»Dort muss es kühl sein. Hier nicht. Was gibt's Neues?«

Der Blondschopf machte zum Glück nicht den Eindruck, als leite er aus dem Gefummel auf der gestrigen Büroparty eine Sonderstellung ab. Susanne war zu betrunken gewesen, um noch zu wissen, wie weit sie gegangen war, als sie sich hinter die Schränke der Aktenhaltung verzogen hatten. Hoffentlich hatte es auch Thorsten vergessen.

»Nichts«, antwortete er. »Der Doc bleibt dabei: Todeszeitpunkt etwa zwanzig Uhr.«

Schranz stieß einen Schrei aus und trat zu. Das Scheppern des Blechs hallte im Flur nach, dann floss tatsächlich Kaffee in den Becher. Schranz reckte die Faust, sein Siegerblick suchte nach Zuschauern.

Susanne gesellte sich zu ihm. »Und was sagt die Spurensicherung?«

Schranz rührte mit einem Plastikstäbchen, obwohl er weder Milch noch Zucker in den Becher gegeben hatte. »Die Kriminaltechnik hat Spuren von Kaliumzyanid in der Wohnung des Opfers gefunden. In der Küche, um genauer zu sein. In einem Mörser aus grünem Marmor. Du weißt schon. So ein Ding, das man Leuten, die schon alles haben, zu Weihnachten schenkt.«

»Nach Bittermandel hat der Tote aber nicht gerochen«, antwortete Susanne.

»Auch nicht bei der Leichenöffnung«, pflichtete Kranewitter ihr bei.

»Man riecht es nicht immer, behaupten die Leute vom Labor.«

»Heißt das, seine Frau hat ihn vergiftet und aus dem Fenster gestoßen?«

»Vielleicht wollte sie auf Nummer sicher gehen.«

»Der Typ muss ein Kotzbrocken gewesen sein.« Susanne nahm dem Kollegen den Becher aus der Hand. Die Brühe war dünn, aber sie wärmte.

»Hey, gib her!«

Susanne wich Schranz aus. »Habt ihr sein Aquarium gesehen?«

»Das ist mein Kaffee!«

Sie nahm einen weiteren Schluck. Dann sagte sie: »Ich frag mich, wer sich jetzt um all die Fische kümmert.«

Kranewitter antwortete: »Automatenfütterung. Alles vom Feinsten.«

»Fest steht, dass wir der Frau nichts beweisen können. Danke, mein Lieber.« Susanne gab Schranz den halb leeren Becher und ging zu ihrem Büro zurück.

Kranewitter fragte: »Du wirst sie doch nicht laufen lassen?«

Würzburg lag still und starr, der Schnee ließ die Straßen leuchten. Vielleicht wird schon morgen die Pracht zu grauem Matsch zusammenschmelzen, dachte Claudia, als sie über den Main fuhr. Wie die Liebe, die von gleicher Vergänglichkeit war. Sogar seinen blöden Buntbarschen war Markus mit mehr Aufmerksamkeit begegnet als ihr.

Vielleicht lag es am Schnee, dass Claudia plötzlich an ihre Kindheit denken musste. An ihre Mutter, die sie allein großgezogen und ihr alles beigebracht hatte, was im Leben wichtig war. Schon damals hatte sich Claudia vorgenommen, sich niemals von einem Mann wehtun zu lassen.

Und doch hatte Markus es geschafft. Das Schwein hatte sich nicht einmal Mühe gegeben, die Briefe seiner Tussi zu verstecken. Zart grünes Papier mit aufgedruckten Röschen. Eine Schnörkelschrift wie die eines Schulmädchens. Doch der Inhalt war frei von jeder Unschuld.

Als Markus beteuerte, dass die Affäre mit dieser aufgetakelten Boutiquentante aus der Kaiserstraße längst beendet sei, war für Claudia das Fass übergelaufen. Das war es, was sie an ihrem Mann am meisten gehasst hatte: Einfalt gepaart mit Arroganz.

Claudia kramte den Schlüssel aus der Handtasche und freute sich auf ihr ganz privates Fest. Die Bullen hatten sie auf freien Fuß gesetzt. Damit hatte sie gewonnen – der Sekt stand kalt, ein Kerner Brut vom Thüngersheimer Scharlachberg.

Ihr das Atelier, ihm die Luxuswohnung am Hang, so hatte sie sich mit Markus zunächst verständigt. Doch in den letzten Tagen hatte der Kerl draufgesattelt. Ihre Designfirma habe während der Ehe eine beträchtliche Wertsteigerung erfahren.

Als hätte Markus dazu beigetragen.

Raffgier gepaart mit Kaltschnäuzigkeit: Wenn sie nicht flüssig sei, solle sie ihre Klitsche eben verkaufen. Der Nichtsnutz hatte tatsächlich Klitsche gesagt.

Der Bewegungsmelder klickte, die Beleuchtung im Treppenhaus sprang an. Claudia tippte den Nummerncode in das Kästchen neben dem Eingang im ersten Stock. Mit dem Summton drückte sie die Glastür auf. Sie hatte bereits überlegt, die Ziffernkombination zu ändern, um wenigstens hier ihre Ruhe vor Markus zu haben.

Das war jetzt nicht mehr nötig.

Den blinkenden Anrufbeantworter ignorierte Claudia. Sie erkannte, dass ihr Terminplaner aufgeschlagen war. Eine Schublade war nicht ganz geschlossen.

Markus war hier gewesen. Wahrscheinlich als sie am Vormittag mit Conradi die Gestaltung seines neuen Verkaufsprospekts besprochen hatte.

Du Schwein hast hier zum letzten Mal geschnüffelt, dachte Claudia.

In der Schublade fand sie die Kapseln gegen ihre Kopfschmerzen. Jemanden zu ermorden war einfacher, als diese Migräne abzustellen. Und sie hatte es perfekt angestellt. Wie alles, was sie anpackte.

Darauf wollte sie anstoßen.

Auf der Schweinfurter Straße war ein Taxi in einen Kleinwagen geschlittert – keine gute Art, den dritten Advent zu beginnen. Susanne fiel ein, dass heute Abend bereits die nächste Weihnachtsfeier bevorstand. Mit ihrer Badmintongruppe wollte sie nach dem Spiel zum Griechen gehen. Ausschließlich Mädels – Ausrutscher wie mit Blondschopf Kranewitter waren ausgeschlossen.

Um zwanzig nach zwei war Susanne endlich zu Hause. Als Hauptkommissarin konnte sie sich eine hübsche Singlewohnung leisten, mit Balkon und Blick bis hinüber zur Festung Marienberg.

In ihren Gliedern spürte sie ein fiebriges Kribbeln. Noch bevor sie Regenjacke und Pullover auszog, drehte Susanne den Heißwasserhahn der Badewanne auf. In der Küche gabelte sie ein paar Gnocchi aus der Olivensauce, die erkaltet auf dem Herd stand – ihr Abendessen, zu dem sie wegen des toten Markus Lerch nicht gekommen war.

Die Witwe ging ihr nicht aus dem Sinn.

Susanne zog sich rasch aus und stieg in die dampfende Wanne.

Kataleptische Erstarrung – die Diagnose des Rechtsmediziners hielt Susanne für Unsinn. Noch nie hatte sie einen taufrischen Toten gesehen, der so steif war, als hätte er schon vor sechs Stunden den Löffel abgegeben. Und sie hatte Hunderte von Leichen gesehen. Garantiert mehr als dieser Porschefahrer.

Das Telefon schrillte. Susanne wartete darauf, dass sich der Anrufbeantworter einschaltete, dann wurde ihr klar, dass sie das Gerät nicht aktiviert hatte. Sie sprang aus der Wanne und hinterließ eine nasse Spur bis in den Flur. Bevor sie den Hörer packen konnte, brach das Klingeln ab. Zitternd beeilte sie sich ins Wasser zurückzukehren.

Jetzt begann ihr Handy zu dudeln. Sie beugte sich über den Wannenrand und wühlte im Klamottenhaufen, der auf dem Hocker lag. Diesmal schaffte sie es.

Kranewitter war dran.

»Was gibt's?«, fragte Susanne und dachte, dass sie vielleicht eine Spur zu ruppig klang.

»Das Zyankali hat mir keine Ruhe gelassen, Chefin.«

»Du sollst nicht Chefin zu mir sagen.«

»Ich hab noch mal mit dem Labor telefoniert und gedacht, es würde dich interessieren. Liegst du in der Wanne?«

»Wie kommst du darauf?«

»Ich hör's plätschern. Außerdem hast du mir auf der Weihnachtsfeier gebeichtet, dass du nach jedem Leichenfund das Bedürfnis nach einem heißen Bad hast. Erinnerst du dich nicht?«

»Ich will keine Grippe kriegen, das ist alles. Schieß los, was sagen die Laborratten?«

»Dass das Zyanid von einem Algenvernichtungsmittel stammt. Ein Pulver, das Lerch für sein Aquarium benutzt hat. Und dass die Leiche frei von Spuren war. Gift hat seine Frau also nicht verwendet. Falls sie es war.«

Susanne bedankte sich und warf das Handy auf die Wäsche. Wieder eine Spur, die in einer Sackgasse endete.

Sie ließ heißes Wasser nachlaufen und rutschte nach vorn, um mit den Schultern einzutauchen. Nun ragten ihre Knie aus den wärmenden Wellen – es war nicht so einfach, eine komplette Person in die Wanne zu packen.

Plötzlich erkannte Susanne, dass sie die gleiche Haltung eingenommen hatte, in der Markus Lerch angeblich auf die Erde geknallt war. Diese Stellung hatte sie von Beginn an irritiert.

Susanne rekapitulierte, was sie in diversen Lehrgängen über die wichtigsten Kriterien zur Todeszeitbestimmung gelernt hatte: Abkühlung und Rigor mortis.

Sie stieg aus dem Wasser, rubbelte sich trocken und wusste, wie sie die losen Enden verknüpfen konnte.

Kataleptische Erstarrung – von wegen!

Claudia öffnete den Kühlschrank. Der Sekt aus Thüngersheim war jetzt genau das Richtige, um ihre Excedrin-Kapseln hinunterzuspülen: Flaschengärung, feines Mousseux, dezente Frucht, nicht zu säurebetont.

Ihre Firma würde ihr erhalten bleiben. Markus würde ihr nie

wieder in die Geschäfte pfuschen. Und sein millionenschweres Apartment gehörte ihr obendrein.

Claudia ließ das Sprudelgetränk ins Glas schäumen, trat ans Fenster und prostete ihrem Spiegelbild zu.

Nicht zum ersten Mal empfand sie die Einfalt der anderen als einen Grund zu triumphieren. Die Bullen ahnten, dass sie es getan hatte, aber sie kamen nicht auf das Wie. Dabei war es nur eine Frage der Körperpflege gewesen, um zu verhindern, dass Markus in der Wanne eine Waschhaut bekam, während sie an der Party im Rebstock teilnahm und Conradis Flirtversuche über sich ergehen ließ.

Sie nahm zur Sicherheit gleich drei Kapseln und trank einen kräftigen Schluck hinterher. Auf das neue Leben!

In diesem Moment schellte es an der Haustür.

Claudia ignorierte die Klingel. Sie griff nach ihrem Ideengeber und prostete ihm zu, einem rechtsmedizinischen Lehrbuch – das Wissen über die Bestimmung von Todeszeiten konnte man in jedem Buchladen kaufen.

Halt den Mistkerl warm, und sie glauben, er sei hopsgegangen, während du vor Zeugen halbrohes Kalbfleisch gegessen hast.

Das Klingeln hörte nicht auf.

Claudia wurde flau in der Magengegend. Sie sagte sich, dass es keinen Grund gab, nervös zu werden, und lief zur Gegensprechanlage.

»Wer ist da?«

Zuerst lärmte nur ein vorbeifahrendes Auto aus dem kleinen Lautsprecher, vielleicht ein Streufahrzeug. Dann tönte eine Frauenstimme, die ihr bekannt vorkam: »Ich hab Licht gesehen und dachte, wir könnten uns noch mal unterhalten.«

Hauptkommissarin Berg. Die Polizistin in dem ausgeleierten Pullover.

Claudia leerte ihr Glas, stützte sich an der Wand ab und neigte sich dicht an das Kästchen. »So ganz zufällig spazieren Sie hier vorbei?«

»Richtig, Frau Lerch. Mir schwirrt etwas durch den Kopf, was mich nicht schlafen lässt. Sie finden sicher auch keine Ruhe, stimmt's?«

Claudia versuchte, das Rumoren in ihrem Magen zu ignorieren. Selbst wenn die Ermittlerin auf die Idee mit der Wanne gekommen war, hatte sie keine Beweise.

»Und ich dachte, Beamte hielten sich an ihre Bürozeiten.«

»Wir können das natürlich auch morgen im Präsidium besprechen.«

»Wenn Sie schon mal hier sind ...« Claudia betätigte den Türöffner. »Erster Stock.«

Sie würde der Polizistin Frankensekt anbieten. Neugier trieb sie an und eine Art sportlicher Herausforderung.

Claudia war sich sicher, keinen Fehler begangen zu haben. Sie hatte Markus mit der flachen Seite einer Bratpfanne erschlagen – die Verletzung sah aus wie eine Aufprallwunde. Sie hatte das Bad gründlich geputzt und sogar daran gedacht, Wanne und Leiche trockenzureiben. Die alte Schmidt hatte nicht bemerkt, wann Claudia zurückgekehrt war, denn zu dieser Stunde glotzte sie die Quizsendung auf RTL in einer Lautstärke, die durch alle Wände drang.

Schritte näherten sich im Treppenhaus. Claudia hielt sich den Magen. Das Schoko-Dessert, vermutete sie. Warum hatte sie sich von Conradi so viel davon aufdrängen lassen?

Claudia erschrak, als ihr Blick auf das medizinische Lehrbuch fiel. Keine Zeit, es durch den Aktenvernichter zu jagen. Sie stellte es in den Kühlschrank.

Ein Pochen an der Glastür, die unverschlossen war. Claudia nahm ein zweites Glas aus dem Regal. Sie zitterte, als sie eingoss. Ihr war, als bekäme sie zu wenig Luft.

Die Kommissarin betrat den Raum. Claudia zwang sich zu lächeln. Es gab keinen Grund, warum sie das Duell nicht bestehen sollte. Sie würde es meistern wie alles andere.

Mit dem Sektglas deutete Claudia eine einladende Geste an. Es entglitt ihr und klirrte zu Boden. Mist, dachte Claudia.

Susanne registrierte, wie das Lächeln der Witwe einem Ausdruck von Panik wich. Die Frau machte einen Ausfallschritt, als stemmte sie sich gegen einen schwankenden Schiffsboden. Der Alkohol, dachte Susanne zuerst.

Claudia Lerch stieß gegen den Schreibtisch und suchte Halt. Ihre unkontrollierte Bewegung fegte einen Arzneikarton vom Schreibtisch. Kapseln kullerten über das Parkett.

Die Zeugin brach zusammen, dann herrschte Stille im Büro.

Susanne kniete sich hin und tastete nach der Halsschlagader.

Kein Puls zu spüren.

Der Mund war halb geöffnet. Susanne nahm einen leichten Geruch wahr. Als habe die Frau Amaretto getrunken und nicht Sekt.

Bittermandel.

Susanne kramte ihr Handy hervor und alarmierte den Notarzt. Dann studierte sie die Medikamentenschachtel.

Excedrin, ein Schmerzmittel. Die meisten Kapseln lagen über den Fußboden verteilt, ein Teil davon war beim Aufprall geplatzt und hatte helles Pulver verstreut.

Susanne fiel der marmorne Mörser mit den Zyanidspuren in der Wohnung von Markus Lerch ein. Das Algenvernichtungsmittel – offenbar hatte nicht nur der Hass der beiden Eheleute auf Gegenseitigkeit beruht, sondern auch ihr krimineller Einfallsreichtum.

Sie stellte sich Markus Lerch vor, wie er sich Zutritt in die Räume seiner Frau verschaffte und das Medikament präparierte. Wie er die Kapseln aufschnitt, den Inhalt austauschte und mit Fingern, die vor Aufregung zitterten, die jeweiligen Hälften wieder zusammensteckte. Eine langwierige Fummelei, schätzte Susanne und wählte die Nummer der Spurensicherung.

Der Notarzt traf als Erster ein. Er stellte den Tod der Frau fest, schnupperte und sagte: »Vergiftet?«

Susanne nickte. Was hatten die Weißkittel vom Labor behauptet? Man rieche Zyankali nicht immer? Ein Märchen wie das des Rechtsmediziners von der kataleptischen Erstarrung.

Tatjana Kruse

Es prickelt so schön in meinem Bauchnabel

>*Ich trinke Champagner, wenn ich glücklich bin und
wenn ich traurig bin. Manchmal trinke ich Champagner,
wenn ich allein bin. In Gesellschaft geht es gar nicht ohne.
Wenn ich keinen Hunger habe, mache ich mir mit ihm Appetit,
und wenn ich hungrig bin, lasse ich ihn mir schmecken,
sonst aber rühre ich ihn nicht an – außer natürlich,
wenn ich Durst habe ...*«
Mme Lilly Bollinger

Die Werbung lügt – Weizenbier im Bauchnabel prickelt nicht, es klebt. Was dagegen wirklich prickelt, ist Champagner.

Ich muss es wissen: Ich liege nämlich gerade vor dem flackernden Kamin der Präsidentensuite eines Fünf-Sterne-Hotels, und François tröpfelt mir aus seinem Glas die letzten Reste des teuersten Champagners der Welt – ein 1995er Krug Clos d'Ambonnay zu dreitausend Euro die Flasche – in meinen Bauchnabel. Dann streicht er sich die langen schwarzen Locken aus der Stirn, lächelt mich mit seinen unglaublich gletscherblauen Augen an, beugt sich vor und schleckt lasziv meinen Bauchnabel aus.

Ich stöhne.

Und taste nach der zweiten Flasche.

Reisen soll ja mehr sein als nur ein Ortswechsel. Man taucht ein in eine andere Kultur. Wird eins mit dem, was bislang fremd war. Kehrt reich an neuen Erfahrungen und neuen Einsichten nach Hause zurück. Ich tauchte ein in Paris, die Stadt der Liebe. Aber ob ich nach Deutschland zurückkehren würde, war mehr als fraglich. Also ... zurückkehren würde ich schon, möglicherweise allerdings in einem Bleisarg. Mein Name tut nichts zur Sache. Ich arbeite für den Bundesnachrichtendienst, und ich sollte in Paris einen der abgebrühtesten Verbrecher des noch jungen 21. Jahrhunderts aufspüren.

Und ihn töten.

Mit einem Champagnerkorken.

Die Nacht vor dem Treffen war der reine Horror. Ich hatte meine Schlaftabletten nicht dabei, und meine Schlaflosigkeit wusste das ganz genau. Egal wie ich mich auf den luxuriösen Laken des Fünf-Sterne-Hotels drehte und wendete, es war immer unbequem. Außerdem gingen mir zu viele Dinge durch den Kopf. Ob sich beispielsweise für eine BND-Agentin ein Bausparvertrag wirklich rentierte. Und ob ein langes Leben bei Aldi an der Kasse nicht doch besser war als ein kurzes, intensives Leben beim deutschen Geheimdienst. Bevor mir vor lauter Grübeln die Gehirnwindungen durchschmorten, musste ich etwas unternehmen. Ich klingelte nach dem Roomservice und bestellte eine Flasche Veuve Clicquot Ponsardin Brut. Strohgelbe Farbe, fruchtig und gleichzeitig fein, mit einem Hauch von Aprikose, im Nachklang trocken und frisch. Wenn ich die Wahl gehabt hätte – die ich nicht hatte, weil mein Spesenkonto keine großen Sprünge erlaubte –, dann hätte ich einen Laurent-Perrier Cuvée Rosé Brut von der Karte gewählt: heller Lachston, fruchtiges Aroma, weich und rund, feinperlig und elegant. Was Champagner angeht, kenne ich mich aus.

Das mit dem Korkenkillen muss ich erst noch üben.

Eigentlich arbeite ich ja im mittleren Dienst beim Bundesnachrichtendienst in Pullach. Abgesehen von meiner Ausbildung und dem jährlichen Training im Schießstand hatte ich meine Dienstwaffe exakt ein einziges Mal in der Hand gehalten: für ein Fotoshooting. Mittels Anzeigen sollte für mehr Frauen im BND geworben werden.

Ich wollte auch nie Agentin werden. James Bond ist überhaupt nicht mein Ding. Viel lieber hätte ich die Weinhandlung meines Vaters übernommen. Und daraus eine Champagnerhandlung gemacht. Ich glaube, ich bin die weltgrößte Expertin für Schaumwein aus der Champagne. Als Jugendliche war ich zweimal als Praktikantin in großen Häusern, durfte bei Moët & Chandon in Épernay die Rüttelroboter bedienen und bei Drappier in Urville das Etikett auf die Melchisedech-Flasche – Fassungsvermögen dreißig Liter – kleben, die ein japanischer Geschäftsmann bestellt hatte. Aber mein Vater, voll der Patriarch aus dem vorigen Millennium, fand, dass mein älterer Bruder Kai den Laden übernehmen sollte. Das muss man sich mal vorstellen. Kai! Der zur Einstimmung auf den Feierabend gern Freixenet trinkt. Und das auch noch lecker findet. Es war eine reine Trotzreaktion meinerseits, dass ich mich daraufhin beim BND bewarb. Nicht für den operativen Dienst, wohlgemerkt. Reines Schreibtischagententum.

»Ah, da sind Sie ja. Nehmen Sie doch bitte Platz.«

Der BND ist weder MI5 noch CIA. Das Büro vom Chef meines Chefs kein chromglänzendes Hightech-Headquarter, sondern ein unscheinbares Rechteck mit Uralt-Rollschrank und Gummibaum. Das typisch deutsche Beamtenbüro eben. Es gibt auch keine Schalthebel der Macht, wiewohl eine Standleitung zum Verteidigungsminister.

Ich bin kein junges Küken mehr, aber die fünf Männer mittleren bis höheren Alters – mein Chef, sein Chef und drei stämmige Top-Fahnder, die ich sonst nur von Fotos mit dem Vermerk »Top Secret« kannte – schüchterten mich doch ein wenig ein. Mit einem Nicken in die Runde setzte ich mich an den Besprechungstisch.

»Sehen Sie sich diese beiden Fotos an.«

Ich beugte mich vor und sah gestochen scharfe Bilder von einer Frau, die aussah wie ich: sehr weiblich gerundet, klein, aber mit enorm großen Füßen. Sie trug Designerkleidung, ich hüllte mich in H&M, sie war dunkelhaarig, ich blond, aber abgesehen davon hätten wir Schwestern sein können.

»Verblüffend, nicht wahr?«, sagte der Chef meines Chefs.

Ich nickte nur und ließ meinen Blick fragend über fünf Paar Männeraugen schweifen.

»Diese skrupellose Frau hat vermutlich sieben Menschen auf dem Gewissen«, erklärte mein Chef, der sich gern moralisch gibt.

Ich schluckte.

»Wir kennen die Identität dieser Serienmörderin noch nicht.

Das sind die ersten Fotos von ihr, an die wir eher zufällig gerieten. Ihre Mordmethode ist einzigartig: Champagnerkorken.«

Ich musste wohl eine Augenbraue angehoben haben.

»Genial«, befand einer der drei Stämmigen. »Sie lässt Champagnerkorken punktgenau an die Schläfen der Opfer knallen. Wenn man die richtige Stelle erwischt und die Schläfenarterie trifft ...« Er ließ den Rest offen.

»Tot?«, hauchte ich entgeistert.

»Tot«, bestätigte mein Chef.

»Und wir vom BND sollen sie jetzt ausfindig machen?«, fragte ich, wohl wissend, dass der BND sich mit Kleinkram wie Einzelmördern nicht aufhält. Wir jagen Topterroristen oder hochrangige Nasen des organisierten Verbrechens, keine Kleinkriminellen. Unter fünfzig Toten fangen wir gar nicht erst an. Aber es juckte mich, das blonde Dummchen zu geben.

Mein Chef räusperte sich. »Letzten Monat ... der Familienminister ... das war kein Autounfall.« Er sah seinen Chef an, der wiederum angelegentlich seine manikürten Altmännerhände studierte. »Wir haben aus Rücksichtnahme auf seine Familie einen Unfall inszeniert, aber ...«

»Sie ist eine schwarze Witwe? Sie bringt die Männer um, von denen sie sich begatten lässt?« Jetzt klang ich vielleicht einen Tick zu begeistert. Das war der Stoff, aus dem Hollywoodfilme sind.

»Das ist jetzt irrelevant«, erklärte prompt der Chef meines Chefs. »Aber es geht nicht an, dass die Welt erfährt, wie leicht man einen deutschen Minister umbringen kann.« Er guckte finster. Bestimmt sind da einige Personenschützerköpfe gerollt. »Die Sache ist persönlich geworden. Die Frau muss weg.«

Mein Chef griff rasch ein. »Sie ist eine profane Auftragsmörderin. Wir haben einen codierten E-Mail-Kontakt entschlüsselt. Sie trifft sich am Wochenende mit dem Kopf eines internationalen Kartells in einem Pariser Hotel. Offenbar nimmt sie Aufträge nur persönlich, Auge in Auge, an. Wir denken uns das so: Per Mail verlegen wir den Termin mit ihm zwei Stunden vor, Sie treffen sich mit dem Kartellmenschen und schalten ihn aus, und wenn die Zielperson eintrifft, erwarten wir sie mit einem gebührenden Empfangskomitee.«

»Wer? Ich?«

»Sie sehen der Frau ähnlich genug, um den Kartellmann zu täuschen.«

»Aber ... was ist, wenn er sie von früher kennt? Wenn ich ihn nicht täuschen kann?«

»Dann müssen Sie ihn mit einem Champagnerkorken erschießen«, frotzelte einer der Stämmigen.

»Wir müssen wissen, wer den Mord an unserem Familienminister beauftragt hat!«, rief der Chef meines Chefs. »Sind Sie bereit, Ihrem Land einen Dienst zu erweisen?«

Es war eine rhetorische Frage.

Paris im Frühling.

Als ich in meinem weißen Leihmantel von Dolce & Gabbana mit dem Leihkoffer von Louis Vuitton einen Tag vor dem vereinbarten Termin am Gare de l'Est eintraf, regnete es. Der durch die Straßenpfützen tanzende Gene Kelly fehlte, aber sonst war Paris genau so, wie ich es erwartet hatte. Wohl wissend, dass sich so gut wie alle BND-Agenten in der Stadt befanden, witterte ich allerdings in jeder schicken Frau und jedem charmanten Mann Kollegen aus Bayern. Ich bezog die vorbestellte Suite und orderte je eine Flasche Pommery Brut Royal, Ruinart Blanc de Blancs Brut und Roederer Cristal Millesième. Dann ließ ich übungsweise die Korken knallen. Aus den Formel-1-Siegerehrungen wusste ich ja, dass man ordentlich schütteln musste, damit der Korken so richtig kräftig herausschoss, aber es kostete mich unendliche Überwindung, denn zusammen mit dem Korken schoss ja auch das kostbare Nass, und Champagner sinnlos zu verschwenden, kam in meinem Andachtsbuch einer Todsünde gleich. Nach dem dritten böllerartigen Korkenknallen beschwerten sich die GSG 9-Jungs, die in den beiden angrenzenden Zimmern postiert waren. Der Einsatzleiter rief auf dem abhörsicheren Handy an. »Was machen Sie denn da?«

»Ich übe«, sagte ich, schon nicht mehr ganz zungenfertig, weil ich natürlich den Rest in den Flaschen austrank.

»Wozu das denn? Unterlassen Sie das! Und hören Sie auf zu trinken. Sie sind im Einsatz und müssen einen klaren Kopf behalten. Und denken Sie gefälligst an den deutschen Steuerzahler und bestellen Sie morgen Asti Spumante!«

Asti Spumante? Ignorant!

Also unternahm ich zum Ausnüchtern einen kleinen Spaziergang.

Die Situation war surreal.

Natürlich hatte ich bei »Verbrecherkartell« an Waffen, Drogen oder Mädchenhandel gedacht. Aber der Kartellmensch entpuppte sich als französischer Käsehersteller, der das weltweite Käsemonopol mit weit illegaleren Mitteln als nur Preisabsprachen anstrebte. Halb Europa hatte er schon in der Tasche. Meine mordende Doppelgängerin sollte offenbar den nordamerikanischen Käsemarkt für ihn öffnen. Killen für Käse? Das konnte man doch nicht ernst nehmen, oder?

Außerdem hatte ich nur einen Teaser dabei. Mit dem sollte ich den Käsemagnaten ausknocken. Sobald er zuckend auf dem knöchelhohen Teppich lag, würden die in den angrenzenden Zimmern wartenden GSG9-Jungs einfallen.

»Es gibt überhaupt kein Risiko für Sie«, hatte mein Chef zum Abschied noch gemeint. »Sobald der Käsemann betäubt ist, übernimmt ein altgedienter Agent dessen Rolle, und Sie verlassen die Suite. Es geht nur darum, dass der Käsemann Sie für die Auftragskillerin hält und nicht vorzeitig abspringt. Wir müssen eine gelungene Falle für die Mörderin aufstellen. Das schaffen Sie!«

Ich hatte genickt. Und daheim in Pullach hatte das auch alles wie ein Kinderspiel geklungen. Aber in Paris lief alles irgendwie nicht rund.

Das Wetter war schlecht. Die Kollegen waren mies drauf. Und als ich mitten in der schlaflosen Nacht mit meiner Veuve-Clicquot-Flasche im Bett lag, ging die Tür auf, und der Käsemann trat ein!

Und nun liege ich hier.

In der Präsidentensuite eines Pariser Luxushotels. Der Kamin flackert. Im Hintergrund spielt leise Miles Davis. Und einer der bestaussehenden Männer meines Lebens schleckt mir den teuersten Champagner der Welt aus dem Bauchnabel. Sehr viel besser kann es nicht werden.

Wer hat gesagt, dass ein böser Käsemonopolist hässlich sein muss? Nein, er war schön wie ein griechischer Gott. Und duftete nicht nach Münster oder Harzer, sondern nach Aramis. Als Liebhaber war er kenntnisreich und ausdauernd. Hoch lebe der Käse!

Ich ziehe die zweite Flasche Krug Clos d'Ambonnay aus dem Sektkübel und biege wohlig stöhnend den Rücken durch, während François langsam tiefer gleitet. Hmmm ...

Um die Abhörgeräte mache ich mir keine Gedanken. Die sind sieben Häuserblocks weit weg. Ebenso wie die Scharfschützen. Und die GSG 9-Jungs.

Mein Ausnüchterungsspaziergang hatte mich nicht einmal ums Hotel herum, sondern schnurstracks in ein Café geführt, wo ich den Dolce & Gabbana-Mantel mit dem GPS-Peilsender im Saum auf der Damentoilette entsorgte und durch die Hintertür entschwand. Dann rief ich den Käsemann an und verlegte unseren Termin in ein anderes Hotel. In Paris gibt es ja Gott sei Dank genug Fünf-Sterne-Herbergen.

Also ehrlich, mich hätte beinahe der Schlag getroffen, als mir mein Chef im Büro seines Chefs Fotos von mir bei meinem kleinen Nebenverdienst präsentierte. Aber es läuft mittlerweile so gut, dass ich den Nebenjob zum Hauptjob machen werde. Adieu, Pullach!

Mein Chef und sein Chef waren gut. Nur in einem hatten sie sich gründlich geirrt. Ich treffe mich nie persönlich mit Auftraggebern.

Während François selbstvergessen meine tieferen Regionen verwöhnt, schüttele ich – schweren Herzens – den Edelschampus, lege an ... und lasse den Korken knallen.

Die Autorinnen und Autoren

Ulf Annel
Ulf Annel ist seit seiner Alphabetisierung Autor, später lernte er Journalist und wurde Kabarettist. Letzteres praktiziert er seit 1981 mit kurzer Unterbrechung (1989) erfolgreich beim Kabarett »Die Arche« in Erfurt. Annel liebt seine Frau, seine drei Kinder und seine vielfältige Arbeit, wobei er das Wort Arbeit zumeist durch Vergnügen ersetzt. Annel lebt seit 1955, hauptsächlich in Erfurt.

Matthias Biskupek
Geboren 1950 in Chemnitz, Maschinenbauer, Diplomingenieur, Regieassistent und Kabarettdramaturg, lebt als freier Schriftsteller in Rudolstadt und Berlin. Bisher drei Dutzend eigene Bücher, meist Kurzgeschichtensammlungen, aber auch Romane, Essays und Herausgaben. Umfangreiche publizistische Tätigkeit, Radiofeatures, jährlich etwa fünfzig Lesungen. Näheres unter www.matthias-biskupek.de

Wolfgang Burger
Geboren am 3.10.1952 in Oberwihl im schönen Hotzenwald. Aufgewachsen in Bad Säckingen, wo laut Victor von Scheffel »Die Cultur aufhört und die Schweiz anfängt«. Später Studium der Elektrotechnik in Karlsruhe. Heute Akademischer Mitarbeiter am KIT und Leiter einer Forschungsabteilung des Instituts für Produktentwicklung. Schreibt seit 1995 Kriminalromane sowie hin und wieder einschlägige Kurzgeschichten. Bis heute zwölf veröffentlichte Kriminalromane, unter anderem bei Emons und Piper. Letzte Veröffentlichungen: »Schwarzes Fieber«, Piper 2008; »Echo einer Nacht«, Piper 2009; »Eiskaltes Schweigen«, Piper 2010.

Horst Eckert
Geboren 1959 in Weiden/Oberpfalz, Studium in Erlangen und Berlin. Lebt seit 1987 in Düsseldorf. Arbeitete als TV-Journalist. Debütierte 1995 mit »Annas Erbe«. Marlowe-Preis für »Aufgeputscht«, Friedrich-Glauser-Preis für »Die Zwillingsfalle« sowie drei weitere Nomi-

nierungen für diesen Preis. Eckerts Romane gelten als »im besten Sinne komplexe Polizeithriller, die man nicht nur als spannenden Kriminalstoff lesen kann, sondern auch als einen Kommentar zur Zeit« (Deutschlandfunk). Übersetzt ins Französische, Niederländische, Tschechische und Bulgarische. Neu: »Sprengkraft«, Grafit 2009. »Ein rasender Thriller, der Momente der Spannung mit menschlicher Berührung ausbalanciert« (WAZ), »Ein furios komponiertes Stück Gegenwartsliteratur« (Westfalenpost). Nominiert für den Friedrich-Glauser-Preis 2010 (bester Roman).

Martina Fiess
Erstklassiger Jahrgang 1964, Südhang. Vielschichtig, finessenreich und mit Tiefgang. Aufgewachsen an der Badischen Weinstraße im Weinort Keltern, dessen Schwarzriesling zu den Spitzenweinen Badens zählt. Leider nie Weinkönigin geworden. Studium in Würzburg, damals eher Bier als Bocksbeutel, Promotion zur Dr. phil. in Stuttgart, der Metropole zwischen Wald und Reben. Einige Traumberufe überstanden wie Journalistin, Lektorin, Werbetexterin. Seit 2001 Krimiautorin, inzwischen über zwanzig veröffentlichte, zum Teil preisgekrönte Kurzkrimis. 2006 erschien ihr erster Roman »Tödlich schön«, 2007 folgte »Tanz mit dem Tod« und 2010 »Tod in Degerloch. Stuttgart-Krimi«. Nicht zuletzt wegen der genussvollen Recherche in Weinkellern, auf Weingütern und bei Verkostungen gab sie 2006 die erfolgreiche Anthologie »Nur Bacchus war Zeuge. Mörderische Weinkrimis« mit Britt Reißmann bei Emons heraus.
Mehr unter www.martina-fiess.de

Monika Geier
Monika Geier war jahrelang als Malermodell in Ateliers und Volkshochschulen unterwegs. Dabei trank sie von allem, was die Künstler so mitbrachten. Geschmeckt hat es irgendwie immer, wenn auch zuweilen erstaunlich. Inzwischen, aus Altersgründen solider geworden, schreibt Monika Geier Kriminalromane, und beim Wein ist sie wählerisch. Doch einer Flasche ohne Etikett kann sie immer noch nicht widerstehen. Sie war zweimal für den »Glauser«- und einmal für den »Glaser«-Literaturpreis nominiert, sie erhielt den »Marlowe« der Raymond-Chandler-Gesellschaft und ist außerdem Trägerin der goldenen Wandernadel von Bayrischzell. Ihr aktueller Krimi »Die Her-

zen aller Mädchen«, Argument Verlag, Hamburg, ist der fünfte um die Ludwigshafener Kommissarin Bettina Boll.

Brigitte Glaser

Geboren 1955 in Offenburg, aufgewachsen am Fuße des Schwarzwaldes. Studium der Pädagogik in Freiburg. Lebt seit über fünfundzwanzig Jahren in Köln, arbeitet in der Erwachsenenbildung, im Medienbereich und als Autorin. 1996 veröffentlichte sie ihren ersten Krimi »Kölsch für eine Leiche«. Seit 2001 schreibt sie mit »Tatort Veedel« eine eigene Krimiserie im Kölner Stadtanzeiger. 2009 erschien »Bienenstich«, der fünfte Katharina-Schweitzer-Roman, und 2010 ihr Jugendroman »Schreckschüsse«.

Carsten Sebastian Henn

Der Kölner Autor (Jahrgang 1973) gilt als »Deutschlands König des kulinarischen Krimis«. Von den Büchern seiner Reihe um den Meisterdetektiv und Ahrtaler Koch Julius Eichendorff wurden bereits über hunderttausend Exemplare verkauft; erschienen auch in Hörbuchform, gelesen von Jürgen von der Lippe. Seit Sommer 2006 ist Henn als literarischer Kolumnist für das »Gault Millau Magazin« tätig. 2005 erhielt er den Kulturpreis der Stadt Hürth. Auch durch seine zahlreichen Sachbücher zum Thema Wein hat er sich deutschlandweit einen Namen gemacht. Dank seiner Arbeit als ständiger Mitarbeiter des internationalen Weinmagazins »Vinum« und bei Deutschlands berühmtestem Weinführer, dem »Gault Millau WeinGuide«, gilt er als eine der feinsten Nasen der Szene – und als eine der spitzesten Federn. In seinem Garten keltert Henn, der während seines Studiums auch in Australien Weinbauseminare belegte, eigenen Wein. Er ist Mitglied in der »Fédération Internationale des Journalistes Ecrivains et des Vins et Spiritueux« (FIJEV).

Elisabeth Herrmann

Geboren 1959 in Marburg/Lahn, kam erst auf Umwegen zum Schreiben. Nach einer abgebrochenen Lehre als Bauzeichnerin arbeitete sie zunächst als Betonbauerin und Maurerin, ehe sie auf dem Frankfurter Abendgymnasium ihr Abitur nachholte und ein Studium absolvierte. Heute arbeitet sie als Fernsehjournalistin für den RBB und lebt in Berlin. Romane: »Das Kindermädchen« (2005), »Die siebte Stunde« (2007), »Die letzte Instanz« (2009), »Lilienblut« (Jugendkrimi, 2010).

Silvija Hinzmann
Geboren 1956 im nördlichen Kroatien, lebt seit ihrer Kindheit in Deutschland. Sie arbeitet als Literatur- und Fachübersetzerin und Dolmetscherin. Mit Britt Reißmann Autorin des Kriminalromans »Die Farbe des Himmels«, Emons 2005, sowie Autorin zahlreicher Kurzkrimis in verschiedenen Anthologien. Mitherausgeberin von vier Anthologien in der Reihe »Tatort Ost« (mit Ruth Borcherding-Witzke), Mitteldeutscher Verlag Halle 2006–2009, und der Anthologien »Südliche Luft« (mit Alida Bremer und Dagmar Schruf), Ullstein-List 2008, und »Immer Ärger mit den lieben Verwandten« (mit Ruth Borcherding-Witzke), Ariadne 2009. Mehr unter www.silvija-hinzmann.de

Thomas Hoeth
Geboren 1962 in Berlin, am Bodensee aufgewachsen. Er hat Politik, Wirtschaftswissenschaften und Philosophie studiert. Nach einem Zeitungsvolontariat und einer Ausbildung zum Drehbuchautor arbeitet er als freier Journalist, Regisseur und Autor. Außerdem lehrt Thomas Hoeth an einer Hochschule Journalismus und Kreatives Schreiben. Bisher sind von ihm zwei Romane, zahlreiche Kurzgeschichten und Erzählungen erschienen. Der vielfach ausgezeichnete Autor lebt in Stuttgart. Zuletzt wurde er unter anderem mit dem Stuttgarter Krimipreis geehrt und für den Friedrich-Glauser-Preis nominiert.

Regine Kölpin
Geboren 1964 in Oberhausen/NRW, lebt in Friesland. Sie liebt die Nordseeküste, weil sie das raue Klima, die Weite des Meeres und der Landschaft für ihre Inspiration braucht. Regine Kölpin hat einige Preise und Auszeichnungen erhalten, zuletzt war sie nominiert für den Kärntner Krimipreis 2008, hat 2009 den E.G.O.N.-Naturgeschichten für Kinder gewonnen und für 2010 das Krimistipendium Tatort Töwerland erhalten. Für Kinder und Jugendliche schreibt sie unter ihrem Mädchennamen Regine Fiedler. Sie arbeitet freiberuflich an Schulen als Dozentin für kreatives Schreiben, ist Mitglied im Verband Deutscher Schriftsteller, in der Europäischen Autorenvereinigung »Die Kogge«, im Syndikat und bei den Mörderischen Schwestern. Dort ist sie außerdem Chefredakteurin der Website und 2. Vizepräsidentin. Mehr unter www.regine-koelpin.de

Tatjana Kruse

Tatjana »Taittinger« Kruse, Jahrgangsgewächs aus süddeutscher Hang-
lage mit Migrationshintergrund (Vater Schweizer, Mutter Friesin), lebt
und arbeitet in Schwäbisch Hall. Ihr Lieblingsgetränk ist definitiv
Champagner. Nach der legendären »Wuchtbrumme«-Reihe bei Gold-
mann und zwei Nordseeinselkrimis bei Leda schreibt sie derzeit die
»Kommissar Seifferheld«-Reihe für Droemer Knaur.
Mehr unter www.tatjanakruse.de

Christine Lehmann

Schreibt Krimis mit der Kult-Detektivin Lisa Nerz, gendermäßig os-
zillierend, politisch unkorrekt und tough. Ist für den SWR als Autorin in der neuen Reihe »Radio Tatort« tätig, lebt in Stuttgart und
Wangen im Allgäu und arbeitet als Nachrichten- und Aktuellredak-
teurin beim SWR in Stuttgart. Recherchiert gern, denkt sich gern in
fremde Welten ein, liebt schwierige Charaktere und komische Situa-
tionen. Letzte Veröffentlichungen: »Nachtkrater« (2008), »Mit Teu-
felsg'walt« (2009), »Malefizkrott« (2010).

Ulla Lessmann

Geboren in Bremerhaven, studierte Diplomvolkswirtin, gelernte Journalistin. Lebt als freie Journalistin, Moderatorin und Schriftstellerin
in Köln und Italien. Seit 1983 veröffentlicht sie Kriminalromane, Kurzkrimis, Erzählungen, Kurzprosa, Satiren und Gedichte und hat mehrere Preise gewonnen, unter anderem den EMMA-Journalistinnenpreis
und den Satirepreis der Stadt Herne. Zuletzt erhielt sie das Krimi-
Schreib-Stipendium Tatort Töwerland und war für den Kärntner
Kurzkrimipreis und den Krefelder Kurzkrimi-Preis nominiert. Sie ist
Mitglied im Syndikat und im Verband deutscher Schriftsteller/innen
(VS) sowie Präsidentin des Krimiautorinnen-Netzwerks Mörderische
Schwestern.

Hannes Nygaard

Hannes Nygaard wurde 1949 in Hamburg geboren. Nach einem be-
triebswirtschaftlichen Studium war er als Unternehmensberater in der
Mineralöl- und Kreditwirtschaft in Hamburg, Frankfurt und München tätig. Heute lebt und arbeitet er als freier Autor auf der grünen
Insel Nordstrand direkt hinterm Deich, nach dem auch eine der er-

folgreichsten Krimireihen des Nordens benannt ist. Von ihm sind bisher sechzehn Kriminalromane um den liebenswerten Grantler Große Jäger von der Husumer Kripo, den Sonderermittler Kriminalrat Dr. Lüder Lüders vom LKA Kiel und die bissige Hauptkommissarin Frauke Dobermann aus Hannover sowie zwei Tatorte erschienen, alle im Emons Verlag, Köln. Nygaard weiß einen guten Rotwein oder einen Ruländer zu besonderen Gelegenheiten zu genießen, ist aber auch bekennender Biertrinker und Whiskyliebhaber.

Heidi Rehn
Geboren und aufgewachsen im romantischen Mittelrheintal, entdeckte sie dort schon früh ihre Liebe zu alten Geschichten und vergangenen Zeiten. Nach dem Studium arbeitete sie zunächst als Journalistin, bevor sie mit dem Schreiben begann. Nach mehreren historischen Kriminalromanen im Emons Verlag, zuletzt »Tod im Englischen Garten« (2007), erschien 2010 der historische Roman »Die Wundärztin« (Knaur Taschenbuch) als Auftakt einer Romantrilogie über den Dreißigjährigen Krieg und seine Folgen. Heidi Rehn lebt als Autorin in München.

Britt Reißmann
Geboren und aufgewachsen im Weinbaugebiet von Saale und Unstrut, arbeitet bei der Mordkommission Stuttgart. Sie ist Autorin der Krimiserie um die Ermittlerin Thea Engel im Emons Verlag und einer Vielzahl von Kurzkrimis in verschiedenen Anthologien. Ihr Roman »Der Traum vom Tod« wurde 2009 mit dem DeLiA-Literaturpreis ausgezeichnet. Im Emons Verlag erschienen die Romane »Die Farbe des Himmels« (mit Silvija Hinzmann, 2005), »Der Ruf der Schneegans« (2006), »Der Traum vom Tod« (2008) und »Zimmer ohne Aussicht« (2009). 2006 gab sie mit Martina Fiess die Weinanthologie »Nur Bacchus war Zeuge. Mörderische Weinkrimis« bei Emons heraus.

Nina Schindler
Lebt mit Mann und fünf Kindern in Bremen und arbeitete viele Jahre lang als Lehrerin an einer Gesamtschule, gleichzeitig als Literaturkritikerin für Zeitschriften und Rundfunk und hielt Vorträge über Kinder- und Jugendmedien. Seit 1991 schreibt sie selbst Kinder- und Ju-

gendbücher und verfasst Beiträge für Anthologien. Außerdem übersetzt sie Romane aus dem Englischen und Französischen, verfasst Kurzkrimis und schreibt oder gibt Bücher für Erwachsene heraus. Daneben hat sie ein Drehbuch und ein Theaterstück verfasst. Veröffentlichungen unter anderem: »Das Mordsbuch« (Hg., 1997), die Kinderkrimiserie »Ein Fall für Familie Dobberstedt« und Kurzkrimis unter anderem in »Mord zwischen Messer und Gabel« (Gerstenberg, 2001), »Mordsjubiläum« (Scherz, 2003), »Verdächtige Freunde« (Scherz, 2004), »Mord zum Dessert« (Gerstenberg, 2003) und »Mord im Weinkeller« (Gerstenberg, 2007).